ガバナンスと評価 7

NPOと労働法

――新たな市民社会構築に向けたNPOと労働法の課題――

渋谷 典子 著

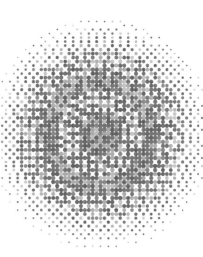

晃洋書房

は じ め に

　社会の変化とニーズに比例して NPO は増え，認知度と期待が高まっている．しかし，そこに従事する者たちを取り巻く環境は整備されることなく，さまざまな歪みが目立つようになってきた．

　著者は，NPO に参画し，2005年に NPO 法人を設立し代表理事となり，自治体施設 (名古屋市男女平等参画推進センター) の指定管理者事業を担う機会を得た．施設のセンター長を務め，事業を推進・実践するうえで，さまざまな問題に直面することになり，問題発見志向をもつこととなった．そして，自分自身も含まれる「NPO 活動者」という概念を手がかりに次々と問いをたて，労働法を導きとして解決への道すじを探っていった．

　著者がたてた問いは，① NPO における雇用問題，② 自治体との協働に関する問題，③ NPO に従事する者の多くが女性であることによるジェンダー問題の三項目であり，いずれも従来の法的枠組みでは適切に対処できない事柄である．同時に，NPO で働く者 (従事する者) という用法は不確定なうえ抽象的であり，何らかの規定をしなければ，法的にも的確で具体的な問題解決の道すじは曖昧になりがちである．

　NPO で働く者 (従事する者) は，労働者というくくりにこそ馴染まない．当然，問題解決を現行の法の枠に押込むことは無理難題であった．対して，著者は，本書で「NPO 活動者」という用語を創出・規定し，問題解決に向けた方向性を示唆した．

　そして，「NPO 活動者」を，NPO に係わる有給職員・有償ボランティア・無償ボランティア等の総称とし，改めて「NPO 活動者」の現状を正面から捉えることにより，労働法を基盤として解決への方向性を示すことができた．

　本書は，実践者として研究領域へ "越境" し，研究者として実践領域へと "越境" した「実践研究者」が，境界線上から意義を共にする仲間たちとの実践を礎に，新たな市民社会の構築を目指す道標である．

iii

目　次

はじめに

【序　章】
「NPO 活動者」と労働法 ··· 1
　　＋ 1．NPO および「NPO 活動者」の射程　　(1)
　　＋ 2．変容する NPO および「NPO 活動者」の位置づけ　　(3)
　　＋ 3．市民社会を構築する NPO および「NPO 活動者」　　(8)

【第 1 章】
NPO および「NPO 活動者」の変遷 ································· 11
　　＋ 1．NPO および「NPO 活動者」に関する法制度　　(11)
　　＋ 2．NPO および「NPO 活動者」が抱える課題　　(25)
　　＋ 3．NPO および「NPO 活動者」の現状　　(36)

【第 2 章】
「新しい公共」と NPO ··· 53
　　＋ 1．自治体アウトソーシングと NPO　　(53)
　　＋ 2．「新しい公共」論と NPO　　(60)
　　＋ お わ り に　　(81)

【第 3 章】
指定管理者制度と NPO および「NPO 活動者」················· 85
　　＋ 1．指定管理者制度の制度設計　　(85)
　　＋ 2．「公の施設」における政治的混乱と NPO　　(95)
　　＋ 3．指定管理者制度運用上の課題　　(103)
　　＋ 4．指定管理者事業と NPO および「NPO 活動者」　　(109)
　　＋ お わ り に　　(113)

【第4章】

男女共同参画センターにおけるNPOおよび「NPO活動者」… 117

+ 1．男女共同参画センターの現状と課題　（117）
+ 2．男女共同参画センターの労働および評価　（128）

【第5章】

NPOおよび「NPO活動者」が求める
公共サービスに関する法制度のあり方 ……………………… 135

+ 1．公共サービスとNPOおよび「NPO活動者」　（135）
+ 2．公共サービス基本法とNPO　（142）
+ 3．公契約法／条例とNPO　（147）
+ おわりに　（155）

【第6章】

有償ボランティアとNPO ……………………………………… 159

+ 1．NPO活動における有償ボランティアの現状と課題　（159）
+ 2．労働法における有償ボランティアの位置づけ　（172）
+ おわりに　（182）

【終　章】

NPOと労働法の未来 ……………………………………………… 185

あ と が き　（191）

初 出 一 覧　（193）

主要参考文献　（195）

索　　　引　（205）

序　章 「NPO 活動者」と労働法

╋ 1．NPO および「NPO 活動者」の射程

　1998年に「特定非営利活動促進法」(以下，NPO 法)が制定・施行され，2018年の時点で20年がたとうとしている．NPO 法の成立にいたるまでには，1980年代以降，多くのボランティア活動や市民活動が登場し，それらの活動効果が社会的に認められていったことが基礎となっている．さらに，1995年の阪神・淡路大震災において，多くのボランティアが活動に参加し，その成果が法制度の構築を後押ししていった．議員立法として成立した NPO 法は，「市民の発案にもとづいた市民と議員が協働した法の制定である」[小島 2004：245]とされている．しかし，その後の動きをとらえると，各地で多様な NPO 法人が設立され，社会課題解決に向けてさまざまな試みがなされるとともに，その活動が抱える可能性と課題の重層性，組織継続の困難さ，政府や自治体との協働，市民参加の推進，企業との峻別など，数々の問題や課題が明らかとなる．

　本書では，こうした状況をふまえ，NPO[1)]と「NPO 活動者[2)]」の全体像について現状を把握したのち，多種多様な NPO のなかから，NPO 法人として，特定非営利活動（法2別表[3)]）の分野である「男女共同参画社会の形成の促進を図る活動」を目的として活動し，自治体との協働で，男女共同参画センター（女性センターという名称もある）の指定管理者事業に取り組んでいる NPO 法人の活動実態を把握し，現状と課題を分析する．そのうえで，NPO 活動に携わる「NPO 活動者」に着目し，労働法の視点から考察する．

　研究の対象として，自治体との協働で「男女共同参画センター」の指定管理者事業に取り組んでいる NPO 法人を取り上げる理由は，以下の3点である．

　第1に，指定管理者事業を総体でみた場合，主たる事業は，男女共同参画政

策の推進事業であるため，営利事業としての確立が困難で，企業が参入しにくく，他の分野に比べてNPO法人が指定管理者を担当している比率が高い．

　第2に，人件費の積算プロセスについてである．男女共同参画センターでは，指定管理者制度が導入される以前から職員構成が複雑であり，非正規雇用の職員が多数，存在していた[4]．また，男女共同参画センターが設置された目的は，男女共同参画社会の実現であったが，当初は，婦人会館や女性センターと呼ばれ，婦人・女性を教育するという名目のもとボランティア（無償，有償を含む）が活用されていた［伊藤 2015：36-46］．その結果，指定管理事業の積算では，ボランティア（無償，有償も含む）も想定しつつ，非正規雇用の人件費を基盤とした枠組みとなり，人件費が低く抑えられている傾向がある．

　第3の理由は，自治体が策定する男女共同参画計画では，女性の労働問題解決のための目標等が定められているにもかかわらず，その政策を推進する男女共同参画センターの職員は，前述のように非正規雇用で労務提供の対価設定も安価である場合が多く，職員の雇用については，男女共同参画政策との乖離が続いている．

　また，上記の「NPO活動者」に着目した理由として，次の3点があげられる．

　第1に，ボランティアも想定しつつ人件費が低く抑えられていることにより，「NPO活動者」の雇用の劣化が想定され，労働法の視点からみると，グレーゾーンに位置する"労働者"の問題，つまり，「NPO活動者」に関するボランティア（無償，有償を含む）の問題が浮かびあがってくる．

　第2は，"婦人教育"，"女性政策"から，"男女共同参画政策"へという政策の流れがあるため，ケアの担い手である女性のプレゼンス[5]（職員比率をはじめ代表者や管理職の女性比率等）が高いことである．ケアの担い手であることから，家計補助的な労働として位置づけられ，それを理由に，労務提供の対価設定が抑えられている．いわゆるジェンダーと労働の問題が，密接に関わっている．こうした負荷を抱えつつも，指定管理者事業に参入したNPO法人のなかには，独自のプログラムを構築・実践し，事業に関わる女性たちをエンパワーメントしていった事例もある．

　第3に，指定管理者事業では，男女共同参画政策の推進よりも，施設管理への要求に重きが置かれ，男女共同参画政策の専門性をもつ「NPO活動者」が多く存在するにもかかわらず，政策推進にその専門性が活かされていない事例

がある．加えて，専門性に対する対価設定が困難なことから，公務との均等待遇に関する問題が起きている．

これまでにみてきたように，「男女共同参画社会の形成の促進を図る活動」を目的とし，自治体との協働で，男女共同参画センターの指定管理者事業に取り組んでいる NPO 法人と，「NPO 活動者」が抱える問題は，他の分野と比べ，より複雑な要因が絡んでいる．本書では，こうした絡み合った要因の糸をほぐしつつ，どのような法制度設計が求められているのかを問い，新たな市民社会を構築する NPO と「NPO 活動者」のあり方を提言しようとするものである．

本書では，2003年6月から2014年3月までの11年間にわたって，名古屋市の男女共同参画政策の拠点施設の運営に携わることとなった筆者が，「NPO 活動者」として携わった NPO 活動の実践事例を手がかりとしている．同時期の社会的潮流である新自由主義の流れのなかで，自治体アウトソーシングが推進されることにより，筆者の事例のように NPO および「NPO 活動者」は公務を担うこととなった．新自由主義は，それまで公務分野に参入できなかったアクターを公務へ参入させるという機会をもたらした一面もあるといえる．一方，行財政改革による負の側面も抱えていた．本書では，こうした新自由主義がもつ両義性のなかで生じた労働分野の課題について抽出し，将来につながるNPO のあるべき姿について提案する[6]．

＋ 2．変容する NPO および「NPO 活動者」の位置づけ

日本において，NPO という言葉が市民権を得るのは1990年代半ばである．しかし，今日の NPO が課題とする論点のいくつかは，すでに，1990年代以前から論じられてきている．

NPO の活動が活発化する背景として，現代社会が「脱産業化の時代」を迎えつつあったこと，また，福祉国家が転換期を迎えたことがあげられる〔橋本2013：41〕．日本の NPO に関する研究は，NPO を包含する非営利組織全体に対して，米国を中心とした欧米諸国におけるさまざまな議論の影響のもとで進展を遂げている．ここで，日本における非営利組織研究の進展について記したい．

日本における非営利組織研究に影響を与えた論者は，時代を担う重要な役割を果たす存在として，非営利組織を取り上げたドラッカーである．ドラッカーは，「今後，『社会セクター』に属するこれらのコミュニティの非営利組織の育

成が，政府に方向転換をさせ，政府が再び成果をあげるための重要な一歩となる」と指摘し，「独立した非営利組織がなしうる最大の貢献は，『市民性』の回復の『核』となることにある」と論じている [Drucker 1993a：邦訳 285-85]．また，ドラッカーは，著書『未来への決断』のなかで，非営利組織のマネジメントについて，次のように述べている．この半世紀のあいだに，マネジメントは，企業に限ることなく，あらゆる種類の組織が必要とすることが明らかとなった．組織は，それをいかなる名前で呼ぼうとも，マネジメントに相当するものを必要とする．組織の目的が何であるにせよ，経営管理者は皆マネジメントを行わなければならない [Drucker 1995：邦訳 277-278]．組織と経営，マネジメントといった視点から言及しているドラッカーの発言は，日本の学界や経済界・経営者に影響を与えた．ドラッカーの存在は，日本において，非営利組織への注目を高めるために，多大な役割を果たした[7]．

　さらに，日本に影響を与えている分野としては，米国で展開されてきた非営利組織に関しての理論分析がある．非営利組織分析として，日本における代表的な研究書としては，本間正明編『フィランソロピーの社会経済学』（東洋経済新報社，1993年）や，非営利組織の経済理論分析とともに協同組合の分析を試みた川口清史『非営利セクターと協同組合』（日本経済評論社，1994年）があげられる．理論分析の進展と並行して，非営利組織の概念についての検討が進んでいった．この分野では，ジョンズ・ホプキンス大学 NPO 国際比較プロジェクト（JHCNP）の成果があげられる．このプロジェクトが提示した NPO の定義は，以下の7つの要件で構成されている [Salamon and Anheier 1994：邦訳 21-23]．

① 正式に組織されていること──その組織が，ある程度，組織的な実在を有していること．
② 民間であること──基本構造において本質的に民間の組織であること．
③ 利益配分をしないこと──当該組織の所有者すなわち理事に組織の活動の結果生まれた利益を還元しないこと．
④ 自己統治──自己の活動を自分で管理する力があり，外部の組織にコントロールされていないこと．
⑤ 自発的であること──その組織活動の実行やその業務の管理において，ある程度の自発的な参加があること．ただし，組織の収入のすべてあるいはほとんどが寄付からくることやその組織のスタッフのほとんど

がボランティアであることを意味しない.

⑥ 非宗教的であること——宗教的礼拝や宗教的啓蒙の促進には基本的に
関わらない.

⑦ 非政治的であること——選挙で選ばれる職の候補者を奨励するような
ことに関わらないこと. ただし, 特定のトピック（たとえば公民権, 環境
など）の政府の政策を変更しようというアドボカシー活動に関わる組織
はNPOに含まれる.

また, ㋐サービスの提供, ㋑価値の擁護, ㋒問題の発見と解決, ㋓コミュ
ニティ（社会的資本）形成といった4つの機能を果たすことが条件となっている
[Salamon 1997：邦訳 16-21].

1990年代前半には, 日本においても非営利組織の理論研究が, 主に米国の先
行研究を追随するかたちで進んできた. 他方, ボランタリズムなどにもとづく
非営利組織としての市民活動が活発化し, 米国制度との比較から, 日本の非営
利組織の制度面の不備が指摘され, 制度整備の必要性を中心に据えた研究が展
開されていった. こうした状況で進められた研究の成果として, 税制面では公
益法人・公益信託税制研究会により『フィランソロピー税制の基本的課題』
（公益法人・公益信託税制研究会, 1990年）がまとめられ, 総合研究開発機構が市民
活動の基盤整備を中心に扱った研究報告書『市民公益活動基盤整備に関する調
査研究』〈通称：NIRA レポート〉（総合研究開発機構, 1994年）を出版している.
NIRA レポートでは, 「市民公益活動」をキー概念に, 1980年代以降の市民を
中心とした活動や組織の実態を調べ, そこに新たな公益性の芽を認め, その発
展こそが日本社会に欠かせないことが示され, 新しい非営利法人制度の具体像
を提示している.

こうした流れに沿い, 1998年, 特定非営利活動促進法（NPO法）が制定され,
「NPO ブーム」ともいえる状況が生じた. 2001年に出版された, 初谷勇
『NPO 政策の理論と展開』（大阪大学出版会, 2001年）では, 社会現象としての
NPO の姿について, 国際比較をしつつ概観し NPO の課題を明確化している.
さらに, 公共政策としての「NPO 政策」の意味を考察し, 「NPO 政策の変遷」
について政府セクターと民間セクターの両面から, 立法, 行政等の動向, 各時
期の制度改革論の状況を概観し評価し, 続く各論では NPO 税制の問題・立法
政策過程・地域国際化政策を論じている.

同時期，各活動分野の学問領域においても，非営利組織は脚光を集め始めた［橋本 2013：41］．特に，2000年の公的介護保険制度の導入により，福祉 NPO という概念も生まれ，社会福祉の領域では固有の研究が進められていった．

その後，NPO は政府の補助金事業や自治体からの委託事業を担当し，指定管理者制度においても公の施設の運営管理について，営利企業とともに NPO が指定を受ける対象となり雇用の受け皿としても期待されることとなる．

やがて，政府と自治体の行財政改革のもと公的な制度の変化が進み，それらの制度にもとづく事業を行う NPO の事業規模が拡大し，事業化の進展がみられる．こうした事業型 NPO の躍進により，コミュニティビジネスや社会的企業，ソーシャルビジネスといった方向が生まれ，それまでは非営利組織研究として扱われていた内容が，社会的企業論としてビジネスや経営といった視点で論じられるようになる．代表的な研究書としては，谷本寛治編『ソーシャル・エンタープライズ——社会的企業の台頭』（中央出版社，2006年）や塚本一郎・山岸秀雄編『ソーシャル・エンタープライズ——社会貢献をビジネスにする』（丸善，2008年）が出版されている．

「官から民へ」，「国から地方へ」というスローガンに代表されるような公的諸制度の転換が進むなかで，福祉 NPO と並んで，NPO を支援する NPO が NPO セクターを代表する存在として位置づけられるようになる．NPO 法施行後の10年の成果として，NPO セクターと呼びうるような実体が何とか成立したこと，NPO という言葉が普及したこと，公益法人改革への道筋ができたこと，市民参加や協働を重視する傾向が強まり，その際のパートナーとして NPO を位置づけるようになった［後 2009：1-5］．こうした背景から，公共サービス改革の担い手としての NPO に関しての研究が，協働をキーワードとして進んでいった．

一方，「協働」という美名のもと，行政から NPO への安価な下請け化の問題が浮き彫りになっていった．田中弥生は，下請け化の特徴について，「行政の仕事（仕様）がそのまま委託先に依頼されるが，権限は行政側に維持されていること．そして，受託側は委託条件に不都合を感じても，受託することを優先するために，断ることができないこと」［田中 2006：109］と述べている．そのうえで，NPO は社会的使命を軸に進化を遂げる組織であるため，市民の信頼を得て，市民に支えられる，自発的で自立した使命にもとづく活動を行うことが重要である［田中 2006：236］．現状では「自治体との協働をかかげて公共

サービスの担い手となる NPO」と「市民からの賛同を得て自立して自発的な動きを進める NPO」という，二つの潮流がみられる［渋谷 2015：97-99］．NPO のあり方は混迷を極め，それぞれの視点からの研究が進んでいる状況である．

次に，NPO のあり方とともに，NPO の担い手である「NPO 活動者」に関する研究がある．「日本の非営利組織研究をたどれば，市民活動やボランティアの担い手・受け皿として非営利組織を位置づけることが 1 つの主要な流れ」［橋本 2013：11］であり，「NPO 活動者」の源流は，主にボランティアといえる．

NPO 法が制定される以前の1980年代には，ボランティアが新聞にさかんに取り上げられるようになり，社会的な認知度も高まり，1987年に開催された「全国ボランティア研究集会」（日本青年奉仕協会主催）では，過去最高の1000人以上が参加するなど，ボランティア活動が隆盛する．その一方，量的に不十分であるという認識も見受けられるようになった．停滞の原因として，女性の職場進出があげられた．その背景として，ケアの担い手である多くの主婦（女性）がボランティアとして活動し，家事・育児・介護といった無償労働とともに，無償でのボランティア活動に取り組んでいたことが判明する．そこで，女性の就労（＝パート）の増加にともない，ボランティア活動の実効性を高めるために，ボランティアをペイドワークに近づけていくという選択肢が模索され，1980年代には，有償ボランティアが登場する［仁平 2011：324-325］．こうした経緯から，有償ボランティアとケアおよびジェンダー問題は切り離すことができない．

その後，NPO 法が施行されて約10年を経た段階で，NPO の「有給職員」，「有償ボランティア」，「無償ボランティア」の存在は労働政策の分野からも注目を集め，労働政策研究・研修機構編『NPO の有給職員とボランティア――その働き方と意識――』労働政策研究報告書 No. 60（独立行政法人労働政策研究・研修機構，2006年）および労働政策研究・研修機構編『NPO 就労発展への道筋――人材・財政・法制度から考える――』労働政策研究報告書 No. 82（独立行政法人労働政策研究・研修機構，2008年）で，詳細に調査と研究が進んでいった．さらに，日本労働法学会第115回大会ミニシンポジウムで「有償ボランティアと労働法」が開催され，検討を深めることとなった．[8]しかしその後，「官から民へ」の流れのなかで，指定管理者事業，委託事業等の公共サービスに NPO が積極的に参入していった段階においては，このテーマは労働法の分野では取り上げられなくなっている．

＋ 3．市民社会を構築するNPOおよび「NPO活動者」

　ドラッカーが非営利組織の組織と経営に着目して以来，日本では，米国の影響を受けつつ，非営利組織についての理論分野から概念研究へと進んでいった．市民活動としての非営利組織が活発化するとともに，米国との比較研究も含めた制度研究が行われ，NPO法制定にいたっては，各活動分野の学問領域での研究（例：福祉NPO等）へと研究が広がっていった．さらに，介護保険制度に参入して実力をつけた介護系の福祉NPOに象徴されるような，事業型NPOの出現により，コミュニティビジネスや社会的企業，ソーシャルビジネスといった分野での研究が進み，一定の成果をあげてきた．NPOという組織に関する研究，事業運営といったマネジメント研究，NPO法を根拠とする制度研究が推進されていった半面，本書で着目している「NPO活動者」に関する研究は，ボランティアをテーマとする研究が主流であった．

　一方，市民社会構築を目指し，議員立法で法律が制定されたNPO法施行後，NPO活動は，多種多様なNPOによって担われ，市民社会構築に向けて発展してきたかのようにみえる．約10年を経た段階で，「自治体との協働をかかげて公共サービスの担い手となるNPO」と「市民からの賛同を得て自立して自発的な動きを進めるNPO」といった二つの潮流が明らかになり，NPOと自治体の協働のもと，新たな市民社会構築に向け，公共サービスの担い手として活動する「NPO活動者」の存在が可視化されたのである．しかし，NPOと「NPO活動者」は，「自治体との協働をかかげて公共サービスの担い手となるNPO」と，「市民からの賛同を得て自立して自発的な動きを進めるNPO」という，二つの潮流とその流れを取り巻く政府と自治体の政策からの影響を多大に受けている．本書では，上記の二つの潮流に巻き込まれていったNPO分野の一つとして，福祉や子育てといったケアに関わる分野やまちづくりといった分野と異なり，学問領域として研究の対象とされにくかった「男女共同参画社会の形成の促進を図る活動」に着目する．そして，「自治体との協働をかかげて公共サービスの担い手となるNPO」として，男女共同参画センターの指定管理者を担当しつつ，「市民からの賛同を得て自立して自発的な動きを進めるNPO」として，男女共同参画政策にコミットするNPOを取り上げ，二つの潮流のなかで浮かび上がってきた自治体とNPOとの齟齬を課題とし，その解決

策を提案する．さらに，自治体との協働の課題を設定し，まず，NPO の下請け化における雇用の劣化問題もふまえ，"労働者として保護すべき「NPO 活動者」は，保護する"，"公の事業の担い手として，政策を進める「NPO 活動者」としての保護は可能である"という認識のもと，協働における公務との均等待遇を検討する．次に，ジェンダー問題が関与している，有償ボランティアの法的位置付けを提案する．

　さらに，本書での研究は，こうした「NPO 活動者」に関する，労働法上の課題は何かを検討する．労働法学では，労働法システムのアクターはもちろん，そのバイプレイヤーたちの捉える法現象を総合的に把握すること，すなわち「業際」といった視点から労働法の現象をとらえることが重要となっている［毛塚 2012 : 79-80］．「業際」研究においては，法律学の世界で自己完結せず，NPO も含まれる労働法のさまざまなアクターたちがどのような社会を紡ごうとしているのか．その行動原理をふまえ，労働法はどのような自律的な社会を展望するのかを追及することが求められている［毛塚 2013 : 4-5］．労働法の視点から「NPO 活動者」に着目し，新たな市民社会のありようを研究することは，労働法における「業際」研究として位置づけられることとなる．雇用の流動化により従来とは異なる形態での働き方が増加するにしたがい，そのような労働者自身および使用者の責任をどのように考えるべきかという議論は，2000年代以降盛んとなっているが，NPO における労働にまで射程を及ぼしたものは少ない．

　男女共同参画政策を進める NPO とその活動を担う「NPO 活動者」は，市民社会構築という"使命"と"生きがい"をもって，市民の視点から労働法のあり方を主張する，その一翼を担うことができるはずである．

　注
1）　NPO とは "Non Profit Organization" または "Not Profit Organization" の略称である．本書の第 1 章で「NPO とは何か」を詳細に検討するため，序章では NPO と表記した場合には上記の略称をとらえ「非営利組織」という広義の意味とする．
2）　NPO には，有給職員・有償ボランティア・無償ボランティア等のメンバーがいるが，本書では，その総称を「NPO 活動者」とする．
3）　NPO 法では第 2 条別表において，以下の20分野で活動する任意団体に法人格を付与している．① 保健・医療又は福祉の増進を図る活動，② 社会教育の推進を図る活動，③ まちづくりの推進を図る活動，④ 観光の振興を図る活動，⑤ 農山漁村又は中山間

地域の振興を図る活動，⑥ 学術，文化，芸術又はスポーツの振興を図る活動，⑦ 環境の保全を図る活動，⑧ 災害救援活動，⑨ 地域安全活動，⑩ 人権の擁護又は平和の推進を図る活動，⑪ 国際協力の活動，⑫ 男女共同参画社会の形成の促進を図る活動，⑬ 子どもの健全育成を図る活動，⑭ 情報社会の発展を図る活動，⑮ 科学技術の振興を図る活動，⑯ 経済活動の活性化を図る活動，⑰ 職業能力の開発又は雇用機会の拡充を支援する活動，⑱ 消費者の保護を図る活動，⑲ 前各号に掲げる活動を行う団体の運営又は活動に関する連絡，助言または援助の活動，⑳ 前各号に掲げる活動に準ずる活動として都道府県又は指定都市の条例で定める活動等．

4）　たとえば，公設公営の場合には，自治体職員とともに，再雇用の公務員（自治体職員や教員を定年退職した者）と非正規公務員が混在していた．自治体が出資する財団が運営する公設民営の場合には，自治体からの出向職員のほか再雇用職員（自治体職員や教員を定年退職した者）や非正規職員が多く存在していた．

5）　本書では「ケア」を「依存的な存在である成人または子どもの身体的かつ精神的な要求を，それが担われ，遂行される規範的・経済的・社会的枠組みのもとにおいて，満たすことに関わる関係」と定義する．上野［2011：39］を参照．

6）　新自由主義における両義性については，渋谷［2017：3-17］．

7）　ドラッカーの非営利組織に関する言及は，Drucker［1990；1992；1993b］を参照されたい．

8）　ミニシンポジウムについては，『日本労働法学会誌』（112号，2008年，91-119ページ）にまとめられている．

第1章 NPO および「NPO 活動者」の変遷

╂ 1．NPO および「NPO 活動者」に関する法制度

（1）社会的背景

　社会の発展とともに価値の多様化が進展し，人々の多様な価値をふまえた多様な社会を市民が主体となって構築していくことが重要となり，市民公益活動や NPO 活動に対する関心が高まっている．

　NPO に代表されるような非営利組織の活動が活発化する背景として，一般的に，第1には現代社会が「脱産業社会」を迎えつつあること，第2には福祉国家が転換期を迎えたことがあげられる［橋本 2013：41］．それ以前，近代国家の形成が大きな命題であった時代には，産業や教育を含む多くの社会構造が，国家形成のためのものであった．そのような社会構造のなかでは，非営利で公益的な活動は，国・行政，もしくは国や行政が認める団体が担うものであり，営利な活動は企業が担い，「市場」という概念と国・行政の保護のもと自由な成長が促されてきた経緯がある．一方，育児や介護といったケアワーク[1]を担う活動は，"私"領域の部分として，家族という枠のなかに位置付けられてきた．そのような社会では，社会課題の解決は，"行政か企業が担うもの"と理解され，いわゆる"市民活動"は"反政府・反企業活動"である，というイメージが定着しており，"私"領域である家族については，社会が介入しにくい状況が続いていた．

　日本では高度経済成長期を経て，1970年代以降，このようなイメージが変化の兆しをみせはじめ，市民による自主的な活動である"市民活動"が注目を集めることになった．これは，経済が右肩上がりから右肩下がりの時代へと移行し，市民ニーズが多様化したこと，それに伴い行政が市民に提供できるサービ

スの限界が明らかになってきたこと，企業も市民社会の一員として社会的責任
を果たすべきであるといった考え方が定着してきたこと，家族圏が担っていた
ケアワークが社会化されたことにより，ケアワークを主に担ってきた女性たち
が自らのキャリア形成の場を市民活動に求め始めたこと，など多様な要因があ
る．近年の動向をみると，「企業が必要とする『企業内有用労働』と，社会に
とっての『社会的有用労働』との間の乖離」が起こったことも要因となってい
る［内橋 1995：223］．さらに，「利潤動機」とは異なるもう一つの働き方として
社会に必要とされ，なくてはならない労働である「社会的有用労働」への関心
が広まっていった［日詰 2005：176］．

その後，1995年1月に発生した阪神淡路大震災の復旧・復興活動では，個人
のボランティアや市民活動団体が活躍し，市民による公益的な活動の重要性が
再認識されることとなった．これを契機に，NPO 活動を継続的に行う団体に
対して，法人格の容易な取得や税制面の優遇が可能となる制度の創設と法律制
定に向けた動きが盛り上がり，1998年3月に，特定非営利活動促進法（以下，
NPO 法）が制定された．

NPO 法制定後，約20年を経て，内閣府『平成27年度　特定非営利活動法人
及び市民の社会貢献に関する実態調査　報告書』（89ページ）によると，「NPO
法人に関する関心」（図1-1）は，40.6％となっている．また，NPO と密接な
関係にある「ボランティア活動に関する関心」（前掲報告書，68ページ）では，
59.6％となっている（図1-2）．それぞれの関心度を比較すると，ボランティ
ア活動に関心を持っている層は60％近くあるが，NPO 法人に対しては40％前
後となっており，市民社会構築に向け，市民が NPO 法という法制度を活用し
て，主体的に組織の担い手になっていくための仕組みに対する関心度はまだま
だ低く，今後は NPO 法への関心度を高める動きが必要となってくる．

（2）NPO とは何か

NPO は，"Non Profit Organization" の略で，直訳すると「非営利組織」と
なる．意味を正確に伝えるために，「民間非営利組織」と訳すことが多い．

「民間」とは，「政府の支配に属さないこと」であり，「非営利」とは，「利益
が出ても構成員に分配せずに，団体の活動目的を達成するための費用に充てる
こと」である．また，「組織」とは，「社会に対して責任ある体制で継続的に存
在する人々の集まり」である．

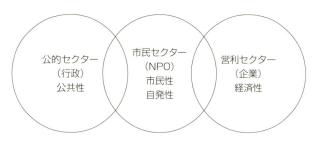

図1-3 現代社会における，3つのセクター
出典：筆者作成．

公社，公団，事業団といった特殊法人や外郭団体も含まれる．公的セクターの目的は，市民への公共サービスを行うことから，公共性の担保が必要となる．

　第2のセクターとして，経済性をもって営利活動を行う営利セクターがあり，企業が主にそのセクターを構成する．企業は利潤の追求を第一の目的とし，株主から集めた資本金で事業を行い，利益が出た場合には株主へ配当する．

　第3のセクターとして，市民セクターがある．このセクターは営利を目的とせず，市民性と自発性を基盤として，公益的な活動を展開している．主体はNPOである．一般的に，日本ではNPOは草の根の市民活動団体やNPO法人を示し，欧米では公益法人や学校法人，医療法人もNPOに含まれ，これらの法人も含めてNPOと解釈されている．

　世界的にみると，NPOという言葉は，ジョンズ・ホプキンス大学NPO国際比較プロジェクト（JHCNP）で，非営利セクターと他のセクターとの境界を明らかにするために定義された範囲を表している[2]．

　序章においても示したが，この定義は以下の7つの要件で構成されている［Salamon and Anheier 1994：邦訳 21-23］．

① 正式に組織されていること——その組織が，ある程度，組織的な実在を有していること．
② 民間であること——基本構造において本質的に民間の組織であること．
③ 利益配分をしないこと——当該組織の所有者すなわち理事に組織の活動の結果生まれた利益を還元しないこと．
④ 自己統治——自己の活動を自分で管理する力があり，外部の組織にコントロールされていないこと．

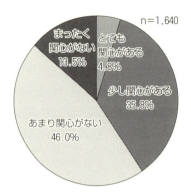

図1-1 NPO法人に関する関心
出典:『平成27年度 特定非営利活動法人及び市民の社会貢献に関する実態調査』(内閣府, 2016年3月) 89ページ.

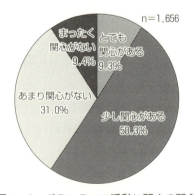

図1-2 ボランティア活動に関する関心
出典:『平成27年度 特定非営利活動法人及び市民の社会貢献に関する実態調査』(内閣府, 2016年3月) 68ページ.

利益の配当を目的とする「組織」である企業に対して，NPOは社会的命を達成することを目的とする「組織」である．NPOの詳細を述べる前現代社会の構造について記したい．現代の社会は，私見によれば3つのセーによって成り立っているといえる（図1-3）．

第1のセクターとして，税金を主な財源として公共性をもった活動を行的セクター（行政）がある．この中には，国，都道府県，市町村だけでは

⑤ 自発的であること──その組織活動の実行やその業務の管理において，ある程度の自発的な参加があること．ただし，組織の収入のすべてあるいはほとんどが寄付からくることやその組織のスタッフのほとんどがボランティアであることを意味しない．

⑥ 非宗教的であること──宗教的礼拝や宗教的啓蒙の促進には基本的に関わらない．

⑦ 非政治的であること──選挙で選ばれる職の候補者を奨励するようなことに関わらないこと．ただし，特定のトピック（たとえば公民権，環境など）の政府の政策を変更しようというアドボカシー活動に関わる組織はNPOに含まれる．

　また，(ア)サービスの提供，(イ)価値の擁護，(ウ)問題の発見と解決，(エ)コミュニティ（社会的資本）形成といった4つの機能を果たすことが条件となっている[Salamon 1997：邦訳 16-21]．

　なお，日本では，内閣府NPOホームページにおいて，次のように記されている[3]．

　　「NPO」とは，「Non Profit Organization」又は「Not for Profit Organization」の略称で，様々な社会貢献活動を行い，団体の構成員に対し収益を分配することを目的としない団体の総称です．したがって，収益を目的とする事業を行うこと自体は認められますが，事業で得た収益は，様々な社会貢献活動に充てることになります．

　　このうち，特定非営利活動促進法に基づき法人格を取得した法人を，「特定非営利活動法人」といいます．法人格の有無を問わず，様々な分野（福祉，教育・文化，まちづくり，環境，国際協力など）で，社会の多様化したニーズに応える重要な役割を果たすことが期待されています．

　上記のように，NPOに関する定義の方向性は同じであっても場面によっては異なることが多い．そのため，本章以降は，狭義のNPOといわれている「民間の市民活動団体」のうち最狭義のNPOである「NPO法人」（以下，NPOという）を対象とし，NPOはNPO法により認証を得た団体のこととして論を進めていく．

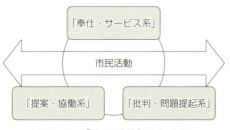

図1-4 「市民活動」の概念図
出典：加藤哲夫『NPO その本質と可能性』（せんだい・みやぎNPOセンター，2001年）13ページを参考に筆者作成．

(3) NPOと法制度の推移

1960年代，個人が社会に自発的に関わるボランティアという考え方が定着し，1969年には「ボランティア」という言葉が初めて広辞苑へ掲載された．NPO活動の先駆者である加藤哲夫は「市民活動」について，「奉仕・サービス系」，「批判・問題系」，「提案・協働系」といった三つの活動の系が集合し，図1-4で示すように，これらの活動を全体的に掌握する概念が1980年代の終わりごろに生まれ，「市民活動」と呼ばれるようになったと分析している［加藤 2001：12-13］．

以下，加藤哲夫の分析も参照しつつ，そのプロセスを記したい．「奉仕・サービス系」は1960年代以降に，個人の自発性に依拠した市民による活動が基盤となり，福祉領域を中心に成長した．社会的弱者への奉仕や支援という活動から，活動主体の自己実現というアプローチを発見し，多様なボランティア像を生み出しつつ，担い手の幅と量を拡大していった．その後，高度経済成長期のひずみである公害が社会的な問題となり，公害の被災者救済運動，消費者運動，さまざまな開発への反対運動が広がる．「降りかかる火の粉をはらう，いのちを守る運動」ともいわれた「批判・問題系」の活動が発展していく．さらに，1970年代から1980年代には，市民の主張やアイデアを制度化する活動が発生し，これまでの社会には存在しない仕組みを，市民が新たにつくる活動へと発展していった．たとえば，自らが無添加や無農薬の食品を生産している人々を探し出し，共同購入をするという活動をきっかけに，有機農業の生産者運動と有機農作物の流通を新しくつくりだす活動へとつなげた事例がある．また，1990年代には高齢者問題が顕在化し，特に在宅介護サービスの分野において社会の仕

組みが不完全であったために，市民が互いに助け合う仕組みをボランタリーに
つくりだす活動が実践され，1999年には介護保険制度施行へと結びついていっ
た．こうした活動は，一種の社会実験を行うことで，自分たちの主張やアイデ
アを社会に広め制度化する「提案・協働系」と位置づけられる．「奉仕・サー
ビス系」，「批判・問題系」，「提案・協働系」といった三つの活動の系が集合し
た「市民活動」は，縦割り行政の弊害を乗り越えようとする明確な意図をもち，
1990年代の初めには，社会のさまざまな分野で発展し，社会的影響力をもつよ
うになる．しかし，活動を展開するにあたって制度が不備であることが判明し，
「法人格・情報公開・税制優遇制度」といった制度設計へと，市民が主体的に
参加することとなった［加藤 2001：12-13］．

　日本におけるNPOは，その担い手としてボランティアの存在が欠かせない．
1960年代には，社会福祉協議会や民間の団体がボランティア活動の推進を開始
するなかで，「奉仕」といった考え方をもっていたボランティアのあり方から
「自発的」という特徴が付与されていった．1970年代には大きな転換点を迎え，
「自己実現」や「自己成長」につながるといった意味論形式がとられる．この
時期は，ボランティア活動の推進が，高齢者と主婦の生きがい対策という観点
から行われた時期と重なる．そして，社会保障の抑制期となった1980年代には
有償ボランティア，住民参加型福祉サービス，時間預託型サービスなど「交
換」をより実体化させた境界事例が生まれた［仁平 2011：418-20］．

　1990年代には，市民が行う自由な社会貢献活動としてのNPO活動を促進す
るために，その活動を行う非営利団体に簡易な手続きで法人格を取得できる道
を開くために法の制定を目指す運動が展開され，1998年12月にNPO法施行へ
と結びついた．

　現在，NPO法は，以下の20分野で活動する任意団体に法人格を付与してい
る[4]．

　　特定非営利活動（法2別表）
　　① 保健・医療又は福祉の増進を図る活動
　　② 社会教育の推進を図る活動
　　③ まちづくりの推進を図る活動
　　④ 観光の振興を図る活動
　　⑤ 農山漁村又は中山間地域の振興を図る活動

⑥ 学術，文化，芸術又はスポーツの振興を図る活動

⑦ 環境の保全を図る活動

⑧ 災害救援活動

⑨ 地域安全活動

⑩ 人権の擁護又は平和の推進を図る活動

⑪ 国際協力の活動

⑫ 男女共同参画社会の形成の促進を図る活動

⑬ 子どもの健全育成を図る活動

⑭ 情報社会の発展を図る活動

⑮ 科学技術の振興を図る活動

⑯ 経済活動の活性化を図る活動

⑰ 職業能力の開発又は雇用機会の拡充を支援する活動

⑱ 消費者の保護を図る活動

⑲ 前各号に掲げる活動を行う団体の運営又は活動に関する連絡，助言または援助の活動

⑳ 前各号に掲げる活動に準ずる活動として都道府県又は指定都市の条例で定める活動等

　NPO 法施行後の推移をみると，2001年10月に租税特別措置法の改正により，認定特定非営利活動法人制度（以下，認定 NPO 法人制度）が制定された．認定NPO 法人には税制優遇措置が適用される[5]．認定 NPO 法人として制度の適用を受けるためには，以下の要件を満たすことが必要である[6]．そのため，一般のNPO 法人と比べ，より一層，公益的な活動を主軸に据えた法人運営が必要となる．

- パブリック・サポート・テスト（PST）に適合すること[7]
- 事業活動において，共益的な活動の占める割合が，50％未満であること
- 運営組織及び経理が適切であること
- 事業活動の内容が適切であること，情報公開を適切に行っていること
- 事業報告書等を所轄庁に提出していること
- 法令違反，不正の行為，公益に反する事実がないこと
- 設立の日から 1 年を超える期間が経過していること

その後，2003年5月には，NPO活動の範囲拡大や暴力団の排除の強化等を内容とする法律改正が行われた．2012年には，NPOをめぐる制度の充実が図られ，NPO法人の活動分野に，「観光の振興を図る活動」，「農山漁村及び中山間地域の振興を図る活動」，「都道府県・政令市の条例で定める活動」という3分野が追加された．また，内閣府の認証事務をなくし認証は主たる事務所の都道府県・政令市に移管すること，会計書類について「収支計算書」から「活動計算書」に名称変更すること，解散公告回数を削減し届出事項を追加することなど，認証の柔軟化と簡素化が図られた．同時に，認定NPO法人制度も改正され，認定NPO法人制度をNPO法に盛り込むこと，認定機関を国税庁から都道府県および政令市へ移管すること，パブリック・サポート・テスト（PST）が免除される「仮認定制度」を導入すること，インターネットを通じた情報開示を進めることを決定した．

　NPO法が成立・施行されてから10年の節目の年である2008年，明治時代以来の公益法人制度が110年を経て改正された．NPO法の定着は，公益法人制度の改正へと結びついていったといえる．現代社会において，NPOを含む民間非営利セクター全体の基盤強化は，重要な社会的課題となっている．こうした課題の下，NPOを支える法制度構築が市民主体として進められるか，あるいは，政府によって形づけられるかは，その後の社会にとって重要な岐路となる．そこで，NPO法の成立経緯を確認し，法の意義および施行後の影響等について検討する．

（4）NPO法成立の経緯

　NPO法制定の直接の契機となったのは，1995年1月に発生した阪神・淡路大震災である．全国から多数のボランティアが，被災者の救援等のために駆けつけ，1日約2万人，3カ月で延べ約117万人のボランティアが活躍し，1500億円を超える寄付や義捐金が集まった．これを機に，政府が立法に向けて動き出し，市民団体や政党も行動を起こすこととなった．議員立法として取組みが進められたNPO法成立の経緯につき，政府，市民団体，政府の三つの動向を記していく．

1）政府の動向

1995年2月，政府は関連18省庁から成る「ボランティア問題に関する関係省

庁連絡会議」（以下，省庁連絡会議）の事務局を経済企画庁（当時）に設置し，「ボランティア支援法」の立法の検討に入り，ボランティアや市民活動団体への支援に向けた法制度化の検討を開始した．「省庁連絡会議」は同年10月に「ボランティア支援法案」（中間素案）をまとめ，各都道府県や関係者に意見を求める作業を開始したが，同時期に連立与党が議員立法で進めることを宣言したため，この連絡会議の動きは休止する．

2）　市民団体の動向

　政府が検討していた「ボランティア支援法」の目的は，ボランティア活動を支援する法人制度の創設を目指していた．単なるボランティア活動だけではなく，幅広い市民活動を促進する法制度を求める市民団体は，その方向性に批判的であった．「シーズ＝市民活動を支える制度をつくる会」，「NPO研究フォーラム」，「市民公益活動の基盤を考える会」，「自由人権協会」などの市民団体は，市民活動やNPOの促進・改革に関して，1995年2月以降，それぞれに要望，提言，報告，試案の発表，集会の開催などを行った．そうした市民団体の意向を「省庁連絡会議」や各政党に伝え，それを政策に反映させることを目的に結成されたのが，「市民活動の制度に関する連絡会」（設立は1995年4月，後に「市民活動制度連絡会」と改称）である．その後，「市民活動の制度に関する連絡会」を中心とし，多数の集会等の開催，政党や政府への提言および要望活動などが積極的に展開されていった．

　さらに，議員立法となった段階で，市民団体側もさまざまな試案を発表している．その代表的なものに，総合研究開発機構がまとめた「市民公益活動の促進に関する法と制度のあり方—市民公益活動基盤整備に関する調査（第2期）」（1995年5月）で示された「民法改正2案」および「特別法による非営利活動法人法要綱2案」，シーズによる試案「市民活動推進法・試案」（1995年8月），日本弁護士連合会からの提言「市民活動団体に関する法制度に関する提言」（1995年12月），神奈川ワーカーズ・コレクティブ連合会等が示した「市民活動法人法案」（1996年2月），日本青年会議所の案である「地球市民活動推進法案」（1997年1月），構想日本による「公活動促進法案」（1997年1月）などがあげられる．

3） 政党の動向

1995年2月，自由民主党，社会民主党，新党さきがけによる「与党NPOプロジェクトチーム」が結成された．法案については，1995年11月には，新進党（野党）が「市民公益活動団体法人付与法案」を与党に先んじて国会に提出する．さらに，1996年12月には「市民活動促進法案」が，国会に提出された．同時期に新進党は法案を再提出し，共産党からも法案が提出された．こうして1997年3月までに3つの法案が上程され，同年5月には国会での議論が本格化した．なお，民主党は独自の案は提出せずに，与党案に修正を図る立場を選択した [治田 2007：174]．

1997年6月，与党案は「市民活動促進法（修正案）」として衆議院にて可決され，参議院へ送付された．同年11月，国会で同修正案の趣旨説明が行われたが，国会閉幕に際して継続審議となる．1998年1月の通常国会で，再度「市民活動促進法案」に関する趣旨説明が行われ，参議院の労働・社会政策委員会での審議を通して全党参加の場で，法律の名称を「特定非営利活動促進法」とするなどの9項目の修正案がつくられ，それを受けて1998年3月19日に，全会一致で可決された．その後，同年12月1日に施行されることとなる [渡辺 2008：30-31]．

ここで，注目しておきたいことは，1995年2月から成立直前まで「市民活動促進法」として立法が進められてきた法案が，最終的には「特定非営利活動促進法」となった点である．「市民」という名称が，国会審議の際に受け入れられなかったことがその一因である．「市民活動」という，ある種の主張を明確にした名称に対して，営利活動との対比する形式で「特定非営利活動」と名付けられたことにより，NPO法施行後に認証を受けた「特定非営利活動法人（NPO法人）」の実態に多大な影響を及ぼしている．

4） 法制度の現状

NPO法の立法過程をみると，立法に向けての政策形成システムの境界は曖昧で，参加者の参入および退出は煩雑で，多様な参加者にパワーが分散しており，種々の偶然性に支配されている [小島 2004：2]．小島廣光は，NPO法立法過程を「改訂・政策の窓モデル」にもとづき，「政策アクティビスト」，「政策形成の場」，「問題の流れ」，「政策の流れ」，「政治の流れ」，「政策の窓が開いた際の問題・政策・政治の三つの結び付き〈政策の決定・正当化〉」について，

参加者の行動とその相互変化のパターンを第1期から第6期として年代記をもとに分析を行っている.「NPO立法」というアジェンダ（政府および国会の内部や周辺の参加者が注目している複数の問題リスト）は,「わが国公益法人制度改革」,「各政党の無党派層の取込み」,「阪神・淡路大震災で活躍するNPOとボランティアへの注目」,「自社さ連立政権の野合批判をかわした存続」（「自社さに民主を加えた連携強化」）,「介護保険法にともなうNPOとボランティア労働力の確保」,「続々誕生するNPO法人への支援税制」へと次々と発展していった〔小島 2004：21〕.

　詳細は第2節で検討するが,NPO法施行後10年を経た2009年,民主党政権は内閣府に「『新しい公共』を実現するための円卓会議」を設置し,国民一人ひとりに「居場所」と「出番」を創出する「社会的仕組みづくり」プロジェクトが実施され,政府および企業とともにNPOは社会的活動を担い,公共的人材を育成する役割も担うこととなった[8].しかし2012年12月,自民党政権へと政権交代が行われ,内閣府に「共助づくり懇談会」が設置され「共助社会づくり」が提唱されることとなる.「共助社会づくり」において,NPOは「共助社会づくりの担い手」および「公共サービス提供者」としての役割が特に強調され,現在は,政府主体での動きへと舵をきっている.

（5）NPO法の特徴と課題

　NPO法は成立直前まで「市民活動促進法」として国会に上程されていたにもかかわらず,「特定非営利活動促進法」いう名称で,法律が成立し施行されることとなった.とはいえ,市民主体の活動にとって,以下の四つの視点から意義ある法となった.

　第1には,行政の公益性の判断によらず法人格が取得できるようになり,民間による多元的な価値観にもとづく公益性が認められ,市民による自由な社会貢献活動を促進することができるようになった.第2には,行政でも,企業でもない,「第3セクター（The Third Sector）」という存在が社会的に認知され,民間が非営利・公益活動を行うという位置づけを明確にし,行政とは異なる価値観にもとづく社会変革を推進することとなったことがあげられる.第3には,従来の公益法人制度における主務官庁による規制を廃し,団体の自治が尊重されることにより,行政の関与をできるだけ最小限に抑え独立性が高まったことである.第4に,公益性の判断を市民社会に委ねるとともに,情報開示による

事後チェックが前提となり，「機関委任事務」ではなく「団体委任事務」となったことで，都道府県および政令市（NPO法成立時は，都道府県および団体の事務所が複数の都道府県にまたがる場合は内閣府）が認証を行うこととなった［渡辺 2008：31］．

　このように，NPO法の成立により，新しい公益性の確立，非営利セクターの社会的な位置づけの確立，団体自治の尊重，地方分権への対応が実現したのである．こうした法の実現を可能とした手法は，議員立法であるが，立法過程での市民と議員の共同作業という点をふまえれば，「市民の発案にもとづいた，市民と議員が協働もしくは市民と政府が協働した法の制定である」［小島 2004：245］とする市民立法とも言うべき点に大きな特徴がある．

　市民立法という視点から，NPOと政治活動についてNPO法を概観する．NPOは「ボランティア活動をはじめとする市民が行う自由な社会貢献活動」として，さまざまな社会的課題の解決に取り組むプロセスで，その解決を阻む制度等の改善のための政策提言および立法に向けての政治的な活動を行うことは当然となってくる．ところが，NPO法第2条2項2号ロで示されている「認証要件」に「政治上の主義を推進し，支持し，又はこれに反対することを主たる目的とするものでないこと」と記されていることから，NPOが政治活動を行うことに対して，誤解が生じている状況がある．この条文では「政治上の主義」を対象としており，政治上の施策とは異なることから，NPO法では，政治上の施策の推進は認められており，政治活動は制限されていない．

　NPO法の法的な位置づけは，公益法人の設立を規定する民法第33条の特別法である．公益法人は主務官庁であるが，NPO法人は所轄庁による認証制という準則主義に近い方法で法人格の取得が認められた点に特徴がある［治田 2007：170］．市民による自由な社会貢献活動の促進を目的としたNPO法は，ボランティアグループや任意の市民団体など法人格を有さない市民グループが，法人制度を活用することを想定している．そのため，認証基準の要件を高く設定せず，できるだけ多くの人々が制度を利用できるよう設計されている．

　NPOは，市民の自主的な参加により社会貢献活動を行う団体であり，その自由な活動を促進するために，NPOの事業運営のあり方についてNPO法では細かく規制されてはいない．基本的に，NPO自身が自律的に決めることとなっている．NPO法第1条では，その目的を「この法律は，特定非営利活動を行う団体に法人格を付与すること並びに運営組織及び事業活動が適正であっ

て公益の増進に資する特定非営利活動法人の認定に係る制度を設けること等により，ボランティア活動をはじめとする市民が行う自由な社会貢献活動としての特定非営利活動の健全な発展を促進し，もって公益の増進に寄与することを目的とする」と定めている．

　ここで注目すべきは，「ボランティア活動をはじめとする市民が行う自由な社会貢献活動」と，NPO法で明文化されていることである．法律の名称は「特定非営利活動促進法」となり「特定非営利活動を行う団体」と記されているにもかかわらず，「ボランティア活動をはじめとする市民が行う」と記され，「市民」が主体となったことに法としての意義を認めることができる．ただし，NPO活動の主体者が「ボランティア」と「市民」となっているため，「NPO活動者」が収益事業の担い手となった場合の想定がなく，「NPO活動者」の位置づけに混乱が生じている．

　第2条では特定非営利活動を「別表に掲げる活動に該当する活動」と限定し，「不特定多数のものの利益の増進に寄与することを目的とするもの」と定義している．さらに，「社員の資格の得喪に関して，不当な条件を付さないこと」，「役員のうち報酬を受ける者の数が，役員総数の三分の一以下であること」，以上の「いずれにも該当する団体であって，営利を目的としないもの」と記されている．

　第3条では「特定の個人又は法人その他の団体の利益を目的として，その事業を行ってはならない」との原則を規定するとともに，第11条第1項で法人の目的及び行う活動の種類と事業の種類を絶対記載事項として，定款への明記を義務づけている．こうした条文からも読み取れるように，営利企業とは異なり，特定の人々が専有できるような組織形態をとることや営利を目的とすることは不可能であり，社会貢献や公益増進，地域への寄与が求められている．なお，第70条では「税法上の特例」が規定されており，営利企業とは明らかに異なる社会的優遇が与えられている．

　しかし，NPO法は，出資規定の欠如という問題を抱えている．事業の立ち上げ時や設備投資の際に出資という形で資金調達を行うことが不可能であり，そもそも事業性を発展させていく際に一定の制約を課された法制度であることも課題となっている．また，NPO法では，NPO活動に係る事業以外の事業を実施できることとしているが，その収益は本来の事業であるNPO活動に充当する旨を規定している．こうした状況であるため，事業収支のうち，特に

「NPO 活動者」への支払いや役員への報酬等，支出の透明性が重要視され，役員報酬についても限定がかけられている．

NPO 法からみると，NPO には，強い公益性とともに，市民活動の正当性が付与されている．特に，公共サービスの実施および政治上の施策について政策提言を行うといった政策過程にかかわる NPO には，営利企業とは異なる社会的責任とアカウンタビリティが重要となる．

┼ 2．NPO および「NPO 活動者」が抱える課題

（1）政府の政策と NPO および「NPO 活動者」

NPO 法は，1998年，森政権下で施行された．施行後，NPO 関連政策について顕著な動きを見せはじめたのは，小泉政権下である．小泉政権での NPO 関連政策は，経済諮問会議が雇用創出をテーマに提案した「530万人雇用創出プログラム」である．同プログラムでは，公共サービスの外部委託において NPO 等を活用すると明記された．NPO が雇用の受け皿として想定され，NPO への事業委託を政府が積極的に進めようとしていたことがうかがえる．あわせて，NPO を活用するために，PFI，官民協力型事業，公設民営，民間委託を進めると記されていた．

2003年10月に公表された「政権公約2003」では，「NPO が活躍する経済社会の実現」という項目があげられた．高齢者，障害者，家事専従者（主婦）の社会参画を促すために，NPO を積極的に活用すると記された．これまで，雇用の対象となりにくかった人々の雇用の受け皿として，NPO が確実に位置づけられたのである［田中 2011：266］．

2004年には，規制改革・民間解放推進会議が内閣府に設置され，規制改革や市場化テストなど，これまで政府が担ってきた公共サービスを民間に解放する動きが加速化し，NPO もこうした議論の射程に含まれていくこととなる．雇用の受け皿としての NPO という位置づけが，「政権公約2005」では変化をみせ，「NPO など社会活動・ボランティア組織の育成と支援」というタイトルのもと，税制優遇政策の抜本的な検討を行うことが記され，NPO は，新たな市民社会づくりの担い手として位置づけられた．その後，2006年には「官から民へ」の流れが強調され，公共サービスを委託するための財源として用いられる緊急地域雇用創出特別交付金において，NPO もその受託事業者として加わる

など，NPO の活用を念頭においた施策が各府省および自治体にて実施されていった．

　こうしたプロセスについて，田中弥生は「エクセレント NPO」[9]の基本条件の一つである「市民性」[10]という視点から分析し，NPO のサービス提供機能に着目した方針が多く，「市民性」に対する方針が少ない理由として，次の三つの視点から警鐘を鳴らした［田中 2011：68-71］．

　　⑴サービス提供機能に着目した方針はより具体的で，予算化しやすい点である．
　　⑵NPO が提供する社会的なサービス方針は行政の関心領域と一致する点が多く，アウトソーシングや補助の対象になりやすい．
　　⑶ボランティアや社会活動への参加は具体的な施策に落としにくい．

　その後の大きな転換点として，2009年，民主党政権が「新しい公共」政策に着手し，内閣府国家戦略室が主体となり『明日の安心と成長のための緊急経済対策』（2009年12月）を発表した．同書（27-28ページ）の「6．国民の潜在力の発揮」という章で，「新しい公共」推進プロジェクトが打ち出され，三つの案が提示された．第1が地域社会雇用創造事業の創設，第2が「社会的企業」の法的側面の検討，第3が「『新しい公共』を実現するための円卓会議」の開催である．2009年，内閣府に「『新しい公共』を実現するための円卓会議」が設置され，国民一人ひとりに「居場所」と「出番」を創出する「社会的仕組みづくり」プロジェクトがスタートした．「『新しい公共』を実現するための円卓会議」では，NPO に関係する寄付税制の問題，法人制度，NPO に対する金融・コミュニティマネーの導入も議論も活発に行われることとなった．2010年度からの「新しい公共支援事業」では予算90億円のもと，研修事業および人材と財政等に関する調査研究事業等が実施された．

　田中弥生は，「新しい公共」について以下のように述べている．日本の NPO セクターの現状に鑑みれば，「市民性」が最も脆弱であり，「新しい公共」はこの問題を乗り越える概念となると期待された．しかし，審議を経るにつれ，その視点は，NPO のサービス提供機能や雇用創出へと移り，「市民性」から乖離していった［田中 2011：262］．

　その後，自民党政権へと政権交代が行われ，2012年には NPO 法（認定・所轄庁制度の変更）が改正された．新たな政権では，「共助社会」が提唱された．長

文になるが共助社会についての提言を，以下に引用する［共助社会づくり懇談会 2015：1］．

　　地域を支える担い手や医療・介護施設の不足，地域経済の衰退など，地域住民の将来不安が高まっている．同時に，大多数の人々が，社会のニーズや課題に対して，地域住民による自主的な取組が大切と考えており，実際，大規模災害発生時などには，地域住民自身による助け合いが生活支援等において大きな役割を果たしており，それは日常的な近所付き合いや関係性の構築度合いによるところが大きい．しかしながら，人口減少・少子高齢化が急速に進み，都市部を中心に人間関係や地縁的なつながりの希薄化が指摘されている現在では，住民のみで従来のような地域での支え合いを求めることは難しいのが実情である．こうした中で，NPO 法人及び一般・公益法人等（以下，NPO 等），企業，ソーシャルビジネス事業者，金融機関，教育機関，行政などのさまざまな主体による地域課題解決のための活動参加が見られるようになり，共助社会づくりの担い手は多様化している．今後も一層多様な担い手の参画と，活動の活発化が期待されるところ，共助社会においては，このような多様な担い手が相互に連携しながら住民を支え，また住民自身も担い手の一人として，自身の価値観や生活状況などに応じた活動参画を選択していくことが必要である．

　こうして，NPO は“共助社会づくりの担い手”として，公共サービス提供者としての役割が強調され，政権交代の影響を受けつつ，田中弥生が着目している「市民性」から，ますます乖離していくこととなった．
　上記の経緯をふまえ，本書では，次の三つの課題を提示し，検討を進めていく．第 1 は，ボランティアの存在から生まれる課題である．第 2 には，政府および自治体との協働から生まれる課題，第 3 には，「市民性」からの乖離に関する課題である．

（2）ボランティアを起源とする課題——有償ボランティア

　日本社会の産業構造が大きく変化し，地域経済において雇用の受け皿として重要な役割を担っていた製造業や建設業の雇用の場が，1990年代以降大幅に減少し，これらに代わる雇用の受け皿として，NPO に対する期待が高まっていった．さらに，人口の少子高齢化が進展することにより，地域が抱える生活に

密着した問題が表出し，安心して暮らせる活力ある地域社会を構築する上で，NPOの存在がクローズアップされた．同時並行して，若年層のなかから，民間企業での労働に生きがいを求めるのではなく，社会に貢献できる事業に対して，生きがいを見出す人々が増加している．

　法人化された当時のNPOでは，ボランティア活動の延長線上で，対価が支払えなくとも，当然であるといった状況が続いていたが，NPO法制定後には，NPOの社会的認知度も高まり，社会の問題を解決するための市民事業体として，NPOは認識されるようになっていった．その結果，生きがいをもって取り組める労働の場として，NPOに期待をもって，新しく参入してきた「NPO活動者」が出てきたのである．

　NPO法の施行後，NPOは量的，質的にも転換期をむかえ，そこでの“働き方”も変化しつつある．長い間，NPOで“働く”というイメージは無償ボランティアの存在を思い起こさせ，高い社会貢献意識を持ち，人のために尽くすことと認識されてきた．また，無償で活動できる経済的そして時間的余裕をもつ，限られた層の人々が対象であるとも思われてきた．確かに，そのイメージが続いている側面もあるが，NPOで“働く”ことは確実に変化した．そもそも市民活動と深いつながりを持ち，専業主婦や企業退職者，企業から給与を得て余暇として行っていたボランティア活動であった時代から，現在のNPOは，社会状況と社会構造が変化したことにより，担い手に大きな変化が生じている．

　政府の政策からNPOへの影響として，NPO法施行後10年を経た段階で，政府が事業を提案して賛同する地域に補助金を出す“政府主導制度”から，地方が地域に密着したサービスを提案し，政府はその内容を審査した上で補助金または助成金を出す“地域提案型制度”へと方向転換が起きていったことがあげられる．

　たとえば，地域の雇用において失業情勢が厳しいなか，離職した失業者等の雇用機会を創出するため，厚生労働省が各都道府県に基金を造成し，各都道府県および市区町村の実情や創意工夫にもとづき雇用の受け皿を創り出す事業を行い，NPOが受託するといったケースが多くみられるようになっていった．

　具体例として，厚生労働省関連では，ふるさと雇用再生特別基金事業（2008年度～2011年度），実践型地域雇用創造推進事業（2007年度～現在），重点分野雇用創造事業（2010年度～2013年度）等がある．また，内閣府関連では，社会的企業支援基金による地域社会雇用創造事業（2009年度～2011年度），復興支援型地域社

会雇用創造事業（2011年度〜2012年度）があげられる．たとえば，2009年度の地域社会雇用創造事業では，起業希望者に対して1人300万円を限度に800人に対して補助金を支出する事業（社会起業インキュベーション事業），社会的企業が活動する分野で働くNPOなどでのインターンや有償ボランティアに対して1年間を限度に月額10万円を合計1万2000人に補助金を支出する事業（社会的起業人材輩出・インターンシップ事業）が実施された．いずれも，人件費を対象とした補助事業であり，社会的企業の組織形態がNPO法人である場合，NPO法では想定されていなかった「NPO活動者」（後述する有償ボランティアをも含めて）を対象とした補助金が支出されるに至った．

　NPOの原点に立ち帰れば，市民が自発的に結成した市民活動団体としてのNPOは，市民主導のボランタリー・アソシエーションとしてとらえることができる．ボランタリー・アソシエーションの主たる担い手は，ボランティアであり，ボランティアには自発性と無償性といった二つの特質がある．

　ボランティアにおける自発性や無償性といった特質は，ボランティアが効率性や成果主義，あるいは固定的な役割に縛られることなく，相手の状況に応じて個別的に柔軟な対応をする際の前提条件となっている．また，ボランティアが，他者との間で人格的信頼関係を構築し，親密圏を生み出す潜在的可能性と結びついている．こうした可能性は，見えにくかった潜在的な社会問題やニーズを顕在化し，新たな公共性を形成する起点となる［佐藤 2002：155-59］．市民主体を重んじるNPOにとって，ボランティアは欠かすことのできない存在である．

　ボランティアは，その語源からしても「自発的な志」によって動く人のことを意味するが，この時の自発性とは「自分の責任で状況を認識し，価値判断を行い行為すること」ととらえられている［入江 1999：4-21］．つまり，ボランティアの自発性の重要な基盤には自己決定が存在しており，一般的な雇用労働者と比較すると，指揮命令といった明確な関係と所与の役割にしばられていないことを意味している．あわせて，ボランティアの無償性については，「自発的な志」を担保する重要なポイントであるにもかかわらず，ボランティア活動の敷居を低くするために，交通費等の経費を支払うといったケースや，少額の謝礼が発生している場合もある．そうしたボランティア活動は，有償ボランティア活動と呼ばれ，労働法の観点からみると労働者性が高い場合も見受けられる．

　NPO活動の現場においては，有給職員，有償ボランティア，無償ボランテ

ィアが存在し，それぞれの位置づけが明確でなく，混乱が生じている．雇用を前提としていないNPO法のもと，活動を展開しているNPOにとって，有償ボランティアの存在から引き起こされる混乱は，NPOの発展を阻害する要因となる．

また，国や自治体が，積極的にNPOへ事業委託する事例も増加する一方で，有償ボランティアを含め，十分な対価が支払えなくとも当然であるといった風潮が続いていると，本来であれば自治体がすべき公共サービスを，NPOが安価な設定で事業受託する場合も出てくる．これは，「NPO活動者」の活動の搾取につながる．

一方，「エクセレントNPO[12]」といったNPOに対する評価への取組みも進んでいる．この評価システムのなかには「人材育成」が評価項目として立てられており，職員の待遇について「職員に対して，法律などで定められた基準にしたがった待遇，労働環境を提供しているか」と明確な指標がある［田中 2011：18］．後述する事業型NPOの出現と，社会的企業とNPOの関係の深まりをうけ，NPOは運動体とともに事業体としての側面をもつようになってきた．

本書では，上記のような経緯をたどったNPOの役割変化を労働の視点から考察し，新たな市民社会構築を見据え，公共の担い手としてのNPOでの労働のあり方について明らかにしていく．市民社会におけるNPOの能力が高まることで，NPOが担う公共の分野はより豊かなものとなる．NPOが担う場で，「NPO活動者」の労働のあり方を論じることは，公共の担い手としてのNPOの発展に貢献し，新たな市民社会構築へ寄与すると考えている．

（3）政府および自治体との協働における課題──公務との均等待遇

NPOが公共分野へ進出したきっかけは，2002年に，国民生活審議会総合企画部会が発表した『我が国経済社会におけるNPOの役割と展望[13]』であった．そこでは，NPOの社会的意義は「国民ニーズの多様化，従来のコミュニティの役割の縮小などから高まっている」とし，「市民が個人としての時間を使い，行政や企業がこたえられない社会の多様なニーズに対応することが重要」とされていた．また，「行政は法律や予算にもとづきシビル・ミニマムや最大多数の希望を公平一律に実現するよう社会資本や社会福祉等の財・サービスを提供している．NPOは多様なニーズに対応して，多元的な価値観による社会サービスを自発的に提供している．このように行政やNPOが提供する社会サービ

スには，それぞれの特徴があり，その特徴を生かした役割分担がある．他方，両者が併存し得る部分も存在しており，社会資本，福祉，教育等，行政とNPOが時に競争，時に協働して提供し得る領域がある」として，「公共財の提供における行政とNPOのパートナーシップ」を打ち出し，行政とNPOの望ましい関係を説いていた．

　この提言の背景には，国や自治体の財政が逼迫している状況や，市民の価値観やニーズの多様化に伴い，増加する公的サービス需要に行政が応答できない現実，阪神・淡路大震災で経験した迅速かつきめ細やかなNPOの支援への応答に対する行政組織の限界などをふまえ，市民やNPO等の活動に期待し，市民自らの行動を喚起する構図がある．同時並行して，NPOが「新たな公」および「豊かな公」の担い手として強調され，その後は「新しい公共」の担い手として位置づけられていく．

　具体的には，2002年の産業構造審議会（経済産業省諮問機関）の中間とりまとめ，2005年の総務省による『地方公共団体における行政改革の推進のための新たな指針』，総務省の分権型社会に対応した地方行政組織運営の刷新に関する研究会による『分権型社会における自治体経営の刷新戦略──新しい公共空間の形成を目指して──』，2007年内閣府による『豊かな公を支える資金循環システムに関する実態調査』，2008年の経済産業省ソーシャルビジネス研究会『ソーシャルビジネス研究会報告書』等があげられる．

　NPOへの期待が高まるといった状況の進展は，公共のあり方に大きな変更を求めている．公共のあり方の変化にともない，政府や自治体が従来と同様な姿勢や仕組みで公共を担うことは，困難を極めるようになっている．こうした背景の下，政府から自治体へと積極的な権限の移譲が求められるようになってきた．公務としての業務は，市民生活の近いところで行われることが必要であるとの考えが，人々の認識のなかに定着している．政府がもつ政治的・財政的・行政的・経済的な権限を自治体へと移譲していくことが，地方分権化と地域主権を確立する上で必要であると議論され，基本的な流れとなっている．

　このような傾向は，公共を，市民生活とより近い場において定義していこうとする動きである．特に，NPOは市民生活に密着した立場で課題をとらえ解決していく，公共サービスの担い手として重視されるようになっている．行政側にも「小さな政府」志向と，現業部門のアウトソーシングによるサービス提供コストを低減する動きが起こり，法人格を取得した団体と行政との「連携や

協働」の必要が一挙に生じた．NPO に関するこれまでの実証研究では，対象に取り上げるのが困難であった「連携や協働」の事例が具体的に起こり始めたのである．そして，「連携や協働」は，NPO によって新しく生み出された可能性であり，新たな研究テーマとなっている［安立 2007：18-19］．

「連携と協働」の下，NPO 法にもとづく NPO 法人が急速に増えたのは，2003年から2007年にかけてで，毎年5000団体以上が認証を受けている．公共サービスの担い手として NPO が位置づけられ，行政からの委託事業等を担うことが増えてきたことが，増加要因の一つである．その契機の一つとなったのは，2003年6月の地方自治法改正により，同年9月から導入された指定管理者制度である．指定管理者制度は，それまで自治体が管理運営していた施設等を営利企業，公益法人，NPO や市民グループが代行できる法的根拠を与えるもので，自治体が各議会の議決を経て公共施設の管理運営を委任する制度である．自治体が独占していた公共施設の管理運営に，営利セクターや市民セクターが参画できることとなり，活動拠点や活動資金の確保に苦慮していた NPO にとって，自らの活動を安定させ発展させる大きなきっかけとなった．

ところが，政府および自治体では「新しい公共」[14]論にもとづき，公的機関から民間への事業委託が積極的に進められ，NPO と公的セクターの契約が増大しているにもかかわらず，NPO の財源における公的資金についての位置づけは，未だに定まっていない［松井 2010：252］．今日，NPO に求められる役割は時の経過とともに多様となっている．NPO の発展のためにも，公共サービスという視点で，NPO と国および自治体との契約関係を考えることが重要となってきている．

日本の近代化過程における行政主導は，本来の官僚組織が自らの実務を行うより，民間の事業組織（特殊法人，指定法人，公益法人，地縁組織など）を，行政体系の一環に組み込み，行政事業を代行させるという点に特徴があったというのが，最近の有力な説である［新藤 2001：27-29］．行政事業の代行という視点からとらえると，政府の NPO 関連予算の急増や，それをもとにした自治体の NPO への事業委託の急増は，NPO の行政体系への組み込みを招く可能性もある．これまで，NPO がこうした行政事業に組み入れられなかった要因には，市民運動ないし，市民運動の伝統を継承する形で生まれてきたという経緯がある．政府および自治体との協働が推進され，行政から自立した非政府・非営利の団体が無数に無限に成長していくことは，日本における行政主導の牙城を崩

すという巨大な意義をもつことになる［後 2010：70-71］.

　今後，NPO が市民社会で公共サービスを担っていく分野は，NPO 自体がどのような能力を発揮できるかによって，大きく変わってくるはずである．新たな市民社会構築に向け，NPO は重要なアクターとなることはまちがいない．NPO と政府および自治体は，透明で対等であり，政策推進に有効な協働関係を生み出していくことができるのか．ここが決定的なポイントであり，課題となってくる.

（4）市民性と事業性のバランスについての課題——市民性からの乖離

　NPO 法の制定および改正等による制度の充実を経て，日本における NPO の発展の兆しは，寄付型 NPO ではなく，社会性・事業性・収益性という条件を兼ね備えた事業型 NPO にみることができる．大きな変化は，2000年度の介護保険制度の成立である．公的機関と社会福祉法人に独占されていた介護保険事業において，NPO は供給者として位置づけられた．「保健・医療または福祉の増進を図る活動」を第一の目的に掲げた NPO が事業型 NPO として，自治体からの介護保険事業を引き受けるようになった.

　介護保険市場は，2000年度の3.6兆円から2015年度の9.8兆円へと，約2.7倍に拡大し，社会福祉法人や社会福祉協議会が依然として大きなシェアを占めてはいるが，NPO も一定のシェアを確保している．介護保険事業を行う NPO のなかには，事業規模が数億円規模となった団体もあり，事業継続率も高い．NPO そのものの自立的な事業力が養われ，公的な制度そのものを一つの経営資源として，事業に活かしていく力量が整ってきたといえる．完全に独立した経済市場で，事業型 NPO が一般的な事業のみで経済的自立を果たすことは困難ではあるが，介護保険事業にみられるような公共的部門と関連した分野で事業展開をしていく可能性が高くなっている．NPO が，サービスの担い手として認定されたという制度的および社会的位置づけにとどまらず，事業体として自立できる方向づけができたことともつながり，NPO の収入構造に大きな変化をもたらしている.

　また，2005年前後から，NPO や市民活動研究の延長としてソーシャルビジネスについての調査研究が盛んになっている．社会問題解決と組織存続の両立を可能にする収益構造をもつ革新的な事業のことを，ソーシャルビジネスと呼び，このような事業を本来業務として営む事業体を社会的企業，その創業者を

社会起業家という．国内で，社会起業家という言葉が姿を見せたのは，2000年前後のことであった．それから約20年経ち，ソーシャルビジネスに対する関心が高まっている．特に，経済分野と政治分野で，その傾向が著しい．

内閣府が2015年に公開した『我が国における社会的企業の活動規模に関する調査』（1-25ページ）によると，2014年時点で，日本における社会的企業の経済規模は20.5万社にのぼり，本調査の母集団である174.6万社に占める割合では，11.8％となっている．また，社会的企業の付加価値額は16.0兆円（対GDP比3.3％），有給職員は577.6万人，さらに社会的企業の社会的事業による収益は10.4兆円となり，マクロ推計60.7兆円に占める割合では17.1％と推計されている．

谷本寛治は，社会変革を意味する「ソーシャル・イノベーションの担い手」という視点から，社会的企業を「社会的課題の解決をミッションとしてもち事業として取り組む新しい事業体」と定義している［谷本 2006：1-5］．また，塚本一郎とNPO法制定にも深く関わった中間支援組織「NPOサポートセンター」理事長の山岸秀雄が編者となって著した書籍『ソーシャル・エンタープライズ——社会貢献をビジネスにする——』（丸善，2008年）では，社会的企業を「非営利組織が商業的なビジネスを行うこと」と定義している．そのうえで，その組織形態を「社会的活動に取り組む営利組織」，「営利活動と社会的目的追求を平等に扱うハイブリッド組織」，「非営利組織で商業的活動に従事する組織」という3種類に区分している．また，同書で，山岸秀雄はNPOについて，「社会的資源（寄付，ボランティア，委託事業等）を活用して公共的サービスを提供する民間事業体のことであるが，基本的にはビジネス（事業）をする市民運動である」と定義し，NPOの経済的自立の重要性を説いている［山岸 2008：198］．こうした社会的企業の動きは，事業型NPOが市場において社会的事業に取り組む可能性とも連動し，NPOとは何かということの問いにもつながっている．

経済産業省ソーシャルビジネス研究会が2008年に公開した『ソーシャルビジネス研究会報告書』（5-8ページ）では，ソーシャルビジネスを社会性・事業生・革新性の三つの要件を満たす主体が営む事業と定義している．こうした事業体の組織形態には，株式会社やNPO法人といったさまざまな法人格をもつ事業者が含まれている．同報告書を作成するにあたって実施したアンケート調査では，組織形態はNPO法人が46.7％と約半数を占めており，営利法人（株式会社等）は20.5％であった．[15] 組織形態としてNPO法人を選択した場合，社会

課題の追求というミッションが直接的に社会に理解される反面，一般企業とは異なり，資金面をはじめとするさまざまな支援を金融機関や行政等から受けられないといった負荷も抱えることとなる．

　NPO の存在意義は，市民による自由な社会貢献活動を促進し，政府や自治体とは異なる価値観にもとづく，社会変革を推進することである．そのために，多くの人々の関与と参加を促進しながら，地域や社会の課題解決に向けた事業や活動を創出し，展開していくことが重要である．事業型 NPO の出現にみられるように，NPO が何らかの事業を展開するようになった場合，ボランタリー・アソシエーションであった NPO は，徐々に，社会的に組織化の道すじをたどる傾向がみられる．対価性のある事業に力点を置きすぎると，組織のミッションに共感し，市民性をもって社会変革を望む会員や寄付者の存在を軽んじることとなる場合もある．また，提供するサービスや事業に関する安定性や継続性を求められるようになり，NPO がもっている資源を効果的に用いるために，効率的で合理的な組織運営へと変化を余儀なくされ，一般の企業組織とほとんど同じ組織形態に近づいていく．その結果，事業経営といった視点での組織運営がなされ，プロフェッショナリズムが進行すると，NPO に求められていたコミュニティ形成やアドボカシーといった社会的機能が劣位に置かれ，サービス提供を行うのみの組織となる可能性がある．さらには，それ以前のボランタリー・アソシエーションとしてのあり方とは，対立が生じる可能性もある．

　NPO の組織マネジメントを考える際には，ボランタリー・アソシエーションとしての要素（市民性）と事業経営という要素（事業性）をもった組織を，いかにバランスよく運営していくかが大きな課題となる．また，市民性を担保する会費および寄付の獲得には，手間と経費がかかるため，事業性と市民性といった両者のバランスをいかに調整するかが，NPO と「NPO 活動者」にとって組織運営上の大きな課題となる．

　組織マネジメントとして必要な視点として，NPO の組織目標である社会的使命の共有ならびにそれを可能にするリーダーシップ，ボランティアと有給スタッフ間の適切なチームワークを促進するボランティア・マネジメント，官僚制化が過度に進行しないように組織の規模を一定の範囲に抑制すること等が考えられる［藤井 2010：11-15］．NPO 活動における筆者の実践からは，組織マネジメントのあり方は，「NPO 活動者」一人ひとりの存在と組織との適切な関係構築にあると判明した．市民性と事業性をどのようにバランスよくとりつつ組

織を運営していくのか．「NPO 活動者」に着目した組織マネジメントについて重要な課題となる．

そこで，NPO の全体像をとらえるためにも，NPO の現状と「NPO 活動者」の現状について概観しておくこととする．

3．NPO および「NPO 活動者」の現状

（1）NPO 法人の現状

NPO 法人制度には，創設以来，法人数が継続して増加し2017年 6 月末現在で 5 万1629法人（うち認定 NPO 法人〈仮認定 NPO 法人を含む〉は969団体[16]）となり，NPO 法制定後，約20年を経て一つのセクターを形成し社会的認知度も高まっている．

活動に関わる人々も多様な形で増加し，結果として，多種多様な社会サービスが提供されるようになってきた．このような状況と併せて，国や自治体の政策や企業の行動も変容しつつある．こうした背景の下，現段階における NPO の概要について分析を進めていく．法人の概要については，内閣府が実施した『平成25年度　特定非営利活動法人に関する実態調査』（2013年[17]）を参考にした．

まず，図 1 - 5 によれば，2013年 3 月末現在の認証法人数でみると，主たる事務所の所在地は東京都の割合が高く，次いで大阪府と神奈川県で，その次は，ほぼ同数値（約 3 - 4 ％）で兵庫県，愛知県，福岡県と続いている．

最も多い活動分野は，図 1 - 6 で示すように，「保健，医療又は福祉の増進」となっている．認定・仮認定を受けていない法人では「保健，医療又は福祉の増進」，「まちづくりの推進」，「子どもの健全育成」と続いている．認定・仮認定法人では，「保健，医療又は福祉の増進」，「子どもの健全育成」，「社会教育の推進」の順となっている．

「特定非営利活動事業の収支構造」（表 1 - 1 ）では，NPO 全体の総収入金額平均値は3691万円，中央値は689万円であり，総支出金額平均値は3527万円，中央値は643万円となっている．認定・仮認定を受けている法人と受けていない法人を比べると，認定・仮認定を受けている法人の収益力が高い．

「特定非営利活動事業の総収入金額」（図 1 - 7 ）の内訳をみると，認定・仮認定を受けていない法人では「1000万円超〜5000万円以下」が最も高い．ついで，「 0 円超〜100万円以下」，「100万円超〜500万円以下」が続く．認定・仮認定法

第1章　NPOおよび「NPO活動者」の変遷　37

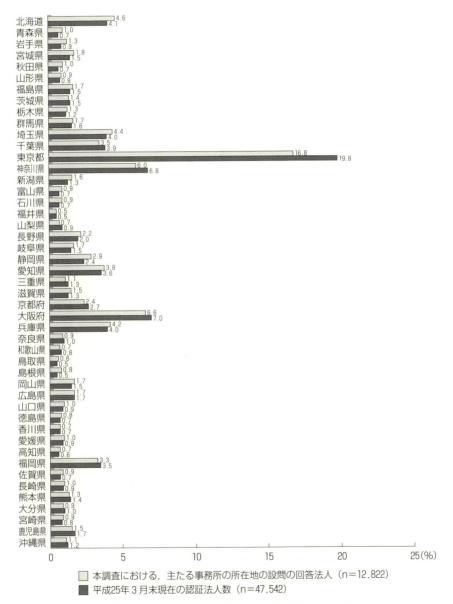

図1-5　主たる事務所の所在地（都道府県）別割合

出典：『平成25年度　特定非営利活動法人に関する実態調査』（内閣府，2013年12月）3ページ．

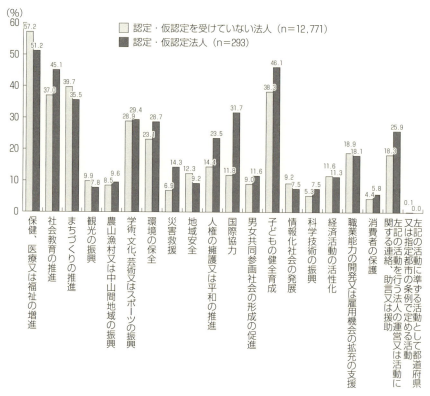

図1-6 活動分野

出典:『平成25年度 特定非営利活動法人に関する実態調査』(内閣府,2013年12月)7ページ.

表1-1 特定非営利活動に係る事業(総収入・総支出)

(単位:万円)

| | 法人数 | 総収入金額 |||| 総支出金額 |||| 収支差額 |
		中央値	平均値	最小値	最大値	中央値	平均値	最小値	最大値	平均値
全体	10,727	689	3,691	0	9,792,009	643	3,527	0	9,791,909	164
認定・仮認定を受けていない法人	10,459	662	3,553	0	9,792,009	618	3,390	0	9,791,909	164
認定・仮認定法人	268	2,043	9,069	34	467,926	1,944	8,878	33	467,926	191

出典:『平成25年度 特定非営利活動法人に関する実態調査』(内閣府,2013年12月)31ページ.

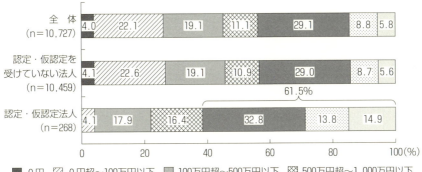

図1-7 特定非営利活動事業の総収入金額

出典:『平成25年度 特定非営利活動法人に関する実態調査』(内閣府, 2013年12月) 32ページ.

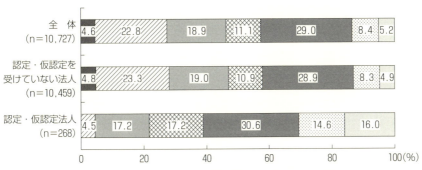

図1-8 特定非営利活動事業の総支出金額

出典:『平成25年度 特定非営利活動法人に関する実態調査』(内閣府, 2013年12月) 32ページ.

人では「1000万円超〜5000万円以下」の法人の割合が最も高く,「1000万円超」法人の合計は61.5%であり,認定・仮認定を受けていない法人に比べ,より総収入金額が多い法人の割合が高い.「総支出金額」(図1-8) は,「総収入金額」の内訳と同様の構造となっている.

特定非営利活動事業収入の財源別構造(図1-9)をみると,全体では事業収入の割合が最も高く,補助金・助成金,寄付金,会費となっている.認定・仮

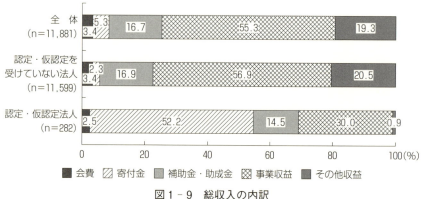

図1-9 総収入の内訳

出典：『平成25年度 特定非営利活動法人に関する実態調査』（内閣府，2013年12月）35ページ．

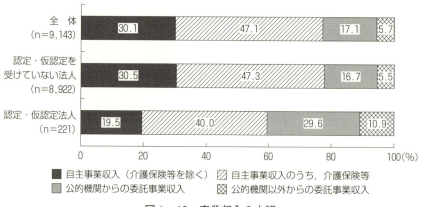

図1-10 事業収入の内訳

出典：『平成25年度 特定非営利活動法人に関する実態調査』（内閣府，2013年12月）37ページ．

認定を受けていない法人では，事業収益が56.9％と高く，認定・仮認定法人では，寄付金と事業収益の割合が高い．

　事業収入の内訳構造（図1-10）をみると，全体では「介護保険等」，「自主事業収入」，「公的機関からの委託事業収入」の順となっている．認定・仮認定を受けていない法人の場合は「介護保険等」が認定・仮認定NPO法人よりも高く，認定・仮認定NPO法人の場合は「公的機関からの委託事業」の割合が，認定・仮認定を受けていない法人よりも高くなっている．

表1-2　職員数・有給職員数・常勤有給職員数

(単位：人，%)

	法人数	職員数				有給職員数				常勤有給職員数				職員内構成比
		中央値	平均値	最小値	最大値	中央値	平均値	最小値	最大値	中央値	平均値	最小値	最大値	常勤有給職員数／職員数
全 体	12,093	5	10	0	696	3	9	0	548	1	4	0	504	20.0
認定・仮認定を受けていない法人	11,815	5	10	0	696	3	9	0	548	1	4	0	504	20.0
認定・仮認定法人	278	6	15	0	225	5	12	0	171	2	6	0	170	33.3

出典：『平成25年度　特定非営利活動法人に関する実態調査』(内閣府，2013年12月) 10ページ.

　これまでみてきたように，NPO法人は大都市圏に多く存在し，活動分野をみると「保健，医療又は福祉の増進」が最も多く，「まちづくりの推進」，「子どもの健全育成」といった分野が続いている．また，特定非営利活動の「事業収入」の割合が50％を超えて最も高く，「事業型NPO」の活躍が数値に表れている．事業収入の構造は，「介護保険等」(47.1％)と非常に高く，「公的機関からの委託事業収入」(17.1％)も比較的高い数値を示しており，積極的に公共サービスへ参入している現状がある．認定・仮認定NPO法人は，運営が安定しつつあり，マネジメントも順調に発展している兆候がみられる．

（2）「NPO活動者」の現状

　『平成25年度　特定非営利活動法人に関する実態調査』では「NPO法人の人材」という項目を立てて，調査している．職員数（表1-2）は，全体でみると平均値が10人，中央値が5人となっている．認定・仮認定を受けていない法人よりも，認定・仮認定法人の職員平均値が5人多くなっている．

　職員数の人数区分は，図1-11のとおりである．認定・仮認定を受けていない法人，認定・仮認定を受けている法人のどちらも，比較すると「6人〜10人」の割合が少し高い．「6人以上」の職員がいる割合は，認定・仮認定法人で50％を超えていることから，認定・仮認定法人ではより多くの職員を確保していることがわかる．

　有給職員の数が0人であるNPO法人は，図1-12で示すように，全体で32.2％である．認定・仮認定法人では，「0人」の割合が低い．「6人〜10人」，「11人〜20人」がともに15.6％と高く，認定・仮認定を受けていない法人との

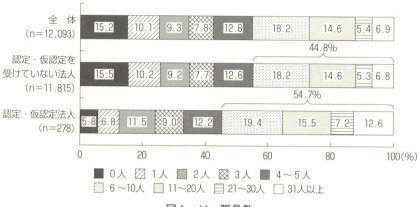

図1-11 職員数

出典:『平成25年度 特定非営利活動法人に関する実態調査』(内閣府, 2013年12月) 11ページ.

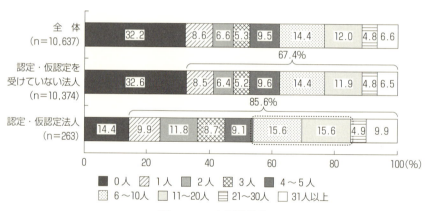

図1-12 有給職員数

出典:『平成25年度 特定非営利活動法人に関する実態調査』(内閣府, 2013年12月) 12ページ.

差が大きい.

　常勤有給職員の人数(図1-13)においても,認定・仮認定を受けていない法人よりも,認定・仮認定法人が,多くの常勤有給職員を確保している.全体では,常勤有給職員の数が5人以下の法人が,79%を占めている.

　ボランティア数(表1-3)をみると,全体のボランティア数の中央値は10人,平均値は336人である.認定・仮認定を受けていない法人では10人に対し,認

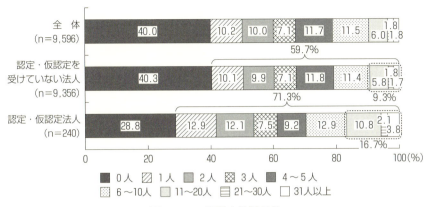

図1-13 常勤有給職員数

出典:『平成25年度 特定非営利活動法人に関する実態調査』(内閣府,2013年12月)12ページ.

表1-3 ボランティア数
(単位:人)

	法人数	合計 中央値	合計 平均値	合計 最小値	合計 最大値
全体	11,870	10	336	0	1,000,000
認定・仮認定を受けていない法人	11,599	10	331	0	1,000,000
認定・仮認定法人	271	72	532	0	51,500

出典:『平成25年度 特定非営利活動法人に関する実態調査』(内閣府,2013年12月)22ページ.

定・仮認定法人では72人とより多くのボランティア数を確保している.ボランティアの人数別割合(図1-14)をみると,0人の法人は,認定・仮認定を受けていない法人に多く,認定・仮認定法人では,100人以上の法人が多い.

次に,人件費に着目する.年間を通じて従事している有給職員の人件費合計は,表1-4のとおりである.全体では,平均値が1554万円,中央値が489万円である.認定・仮認定法人が,認定・仮認定を受けていない法人よりも,全体の人件費では,中央値も平均値も高くなっている.常勤有給職員の場合も同様である.

有給職員および常勤有給職員の1人当たり人件費は,表1-5のとおりであ

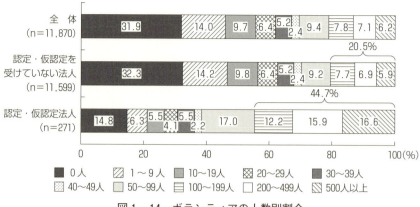

図1-14 ボランティアの人数別割合
出典:『平成25年度 特定非営利活動法人に関する実態調査』(内閣府, 2013年12月) 23ページ.

表1-4 有給職員人件費・常勤有給職員人件費

(単位:万円)

	法人数	有給職員年間人件費				常勤有給職員年間人件費			
		中央値	平均値	最小値	最大値	中央値	平均値	最小値	最大値
全体	8,813	489	1,554	0	88,520	339	1,132	0	70,604
認定・仮認定を受けていない法人	8,575	481	1,532	0	88,520	336	1,118	0	70,604
認定・仮認定法人	238	654	2,344	0	42,911	521	1,664	0	42,911

注:四捨五入により整数表示にしているため,0.5未満の値については0と表記されている.
出典:『平成25年度 特定非営利活動法人に関する実態調査』(内閣府, 2013年12月) 13ページ.

[19)]
る.有給職員および常勤有給職員の人件費は,認定・仮認定を受けていない法人の場合よりも,認定・仮認定法人が,平均値および中央値も金額が高くなっている.

有給職員の1人当たりの平均給与額は,153万円で,常勤有給職員は227万円となっている.営利セクターにおける同年の給与所得者の1人当たりの平均給与額が414万円[国税庁 2014:12]であり,また,地方公務員平均給与額が370万円であるのに対して,NPO職員の賃金は全体に低いことがわかる.[20)]

常勤有給職員1人当たり人件費(図1-15)をみると,「300万円超」が「保険,医療又は福祉の増進」の活動分野に多く,全体の割合を押し上げている.

表1-5 有給職員人件費・常勤有給職員人件費（1人当たり）

(単位：万円)

	法人数	有給職員年間人件費				有給職員年間人件費（常勤）			
		中央値	平均値	最小値	最大値	中央値	平均値	最小値	最大値
全体	6,801	137	153	0	939	222	227	0	939
認定・仮認定を受けていない法人	5,587	137	152	0	939	221	227	0	939
認定・仮認定法人	171	145	162	4	751	229	234	4	751

注：四捨五入により整数表示にしているため、0.5未満の値については0と表記されている。
出典：『平成25年度　特定非営利活動法人に関する実態調査』（内閣府、2013年12月）13ページ。

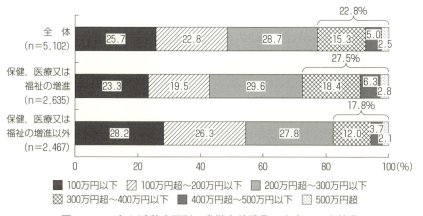

図1-15　主な活動分野別　常勤有給職員1人当たり人件費
出典：『平成25年度　特定非営利活動法人に関する実態調査』（内閣府、2013年12月）15ページ。

　図1-16では，法人の総収入額に占める内訳財源の比率による「常勤有給職員1人当たり人件費」を比較している．法人の類型を，「会費比率が高い法人」，「寄付金比率が高い法人」，「補助金・助成金収入が高い法人」，「自主事業比率が高い法人」，「受託事業収入比率が高い法人」，「均衡型」と六つに分類した結果，「常勤有給職員1人当たり人件費」が「100万円以下」の場合は，「寄付金比率が高い法人」，「会費比率が高い法人」が他の類型の法人よりも割合が高い．また，「200万円超」の場合は，「自主事業収入比率が高い法人」が，65.3％と最も高い．

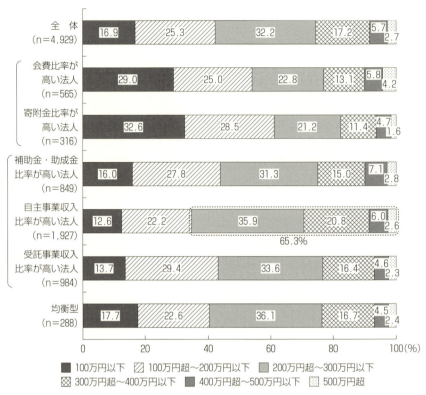

図1-16　法人類型別　常勤有給職員1人当たり人件費
出典:『平成25年度　特定非営利活動法人に関する実態調査』(内閣府, 2013年12月) 21ページ.

　常勤有給職員1人当たり人件費が300万円を超える法人の場合（図1-17）でも，全体では，自主事業収入比率が高い法人の割合が高い．ただし，保険医療又は福祉の増進以外を目的とする法人においては，自治体等との協働が推進されている影響もあり，受託事業収入比率が高い法人の割合が高くなっている．雇用を確保するためには，「自主事業」の基盤整備とともに，会費や寄付といった市民性が担保されるバランスのよい収入比率が必要となってくる．
　地域別での常勤有給職員1人当たり人件費（図1-18）をみると，「300万円超」では，南関東，近畿が全体に比べて高い．都市圏が，地方よりも人件費が高い傾向にあり，最低賃金の高低と同じような傾向がみられる．
　NPOの現状をみると，NPO法人という一つの組織のなかに，ボランティア，

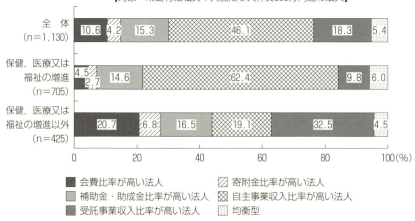

図 1-17 主な活動分野別 法人類型

出典:『平成25年度 特定非営利活動法人に関する実態調査』(内閣府, 2013年12月) 18ページ.

　常勤有給職員, 常勤ではない有給職員, 役員といった存在が混在しており, 業務全体を執行するなかで, 労働法の適用に対してグレーゾーンに位置する者が多数, 存在する. 賃金の支給に関しても, ボランティア, 常勤有給職員, 常勤ではない有給職員, 役員といった存在が混在していることにより, 明確なルールづくりがなされていない場合には, 混乱をきたす可能性がある.

　賃金の決定要因については, 民間企業では個人の学歴や性別, 勤続年数, 役職などの個人要因が影響しているのに対して, NPO では個人の学歴や性別などの個人要因よりも, どのような NPO (分野, 規模, 協働事業の有無等) で活動しているのかという団体要因が影響を及ぼしている [浦坂 2006：90]. 「NPO活動者」の賃金は, NPO の財政基盤に大きく依存している.

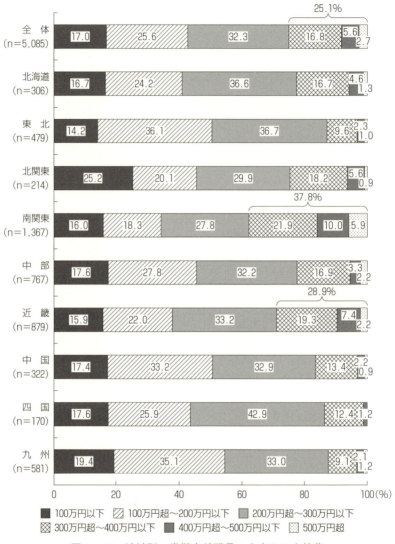

図1-18 地域別 常勤有給職員1人当たり人件費

出典:『平成25年度 特定非営利活動法人に関する実態調査』(内閣府, 2013年12月) 20ページ.

（3）NPO の運営と多様性

　実態調査から，NPO は，活動分野，組織形態，活動のスタイルなど，いずれにおいても多様性に富んでいることがわかる．組織規模を例にとってみても大小さまざまであり，年間収入規模が0円であるボランティアグループから始まり，事業型 NPO と総称されて事業高が億単位にもなっている NPO もある．

　NPO 法第2条第2項には，「社員の資格の得喪に関して，不当な条件を付さないこと」と規定されている[21)]．そのため，会員の入退会は，原則として会員個々人の自由意思に委ねられている．運営において重要視されることは，すべての会員に与えられる同等の発言であり，合議と合意の基本である．いわゆるヒエラルキー型の組織にはなじまず，会員同士の対等の関係を基軸とした組織が構成される．NPO の最高意思決定機関である総会では，会員は同じ権利を有し，議決権も同等に扱われることから，会員の意思によって理事や事務局の交代も可能となり，一部の会員による強力なリーダーシップを発揮しにくい環境がつくられる可能性が高い．このことは，会員の個別事業への参加意欲にも影響を与えるとともに，合意形成を困難にする一面も含んでおり，事業の推進あるいは活動の展開において，統率のとれた組織的・同一的行動の難しさを示すものであり，実態調査からも，その傾向が見えてくる．だからこそ，NPO の組織の維持や活動の継続には，資金確保を含めたマネジメントの導入が欠かせない．NPO 法では「特定の個人又は法人その他の団体の利益を目的として，その事業を行ってはならない」（NPO 法第3条）と規定された団体であっても，法に則り，人件費を含め最適な利益を確保しなければ，継続的な組織運営は困難である．

　NPO の場合，企業と異なり，受益者がサービスのコストを十分に，場合によっては全く支払うことが不可能な場合も多く，そのため，NPO は第三者から資金調達をすることが必要になる．たとえば，会員からの会費，一般市民や企業からの寄付，民間助成財団からの助成金といった贈与性の強い資金もあれば，自治体からの補助金や委託事業および指定管理者事業からの公的資金もあり，多様な資金調達を行っている．NPO は，自治体や企業との協働，他のNPO や地域集団とのネットワークを基盤として存立している．NPO という組織そのものをとらえたときには，関わっている人々や資源の面から考えると多様な要素が結びつき，複雑性をもつ NPO 組織の側面が浮かびあがってくる．また，NPO の活動資金が会員の会費と賛同者の寄付によって賄われているこ

とも組織構成に影響を与えている．こうしたことから，NPO は，組織の外部環境に多くの資源を依存せざるを得ない．

現状では，NPO 法人といっても一括りに捉えることは難しく，たとえば収益性の高い事業を営む法人とそうでない法人の間には，活動に対する意識や事業モデルの完成度に大きな差がある．NPO がボランティア促進の延長線上に位置づけられていることもあって，国内では依然として後者が中心的存在である．

NPO の活動分野は，NPO 法により20分野と定められているが，その活動内容は個々の法人において多種多様であり，NPO として法人化したプロセスにもさまざまな背景がある．また，「NPO 活動者」に関しては，事業型 NPO の進化とともに積極的に公共サービスに参入する NPO も増加していることから，ボランティア，常勤有給職員，常勤ではない有給職員，役員といった存在が混在し，労働法の適用に対してグレーゾーンに位置する者が多数いることも判明した．一方，市民活動という視点から市民性を第一に掲げる NPO も，政治的，経済的その他の社会的な変化と政策形成を含む社会構造から多大な影響を受けている．NPO の発展条件を考えるには，個々の NPO のマネジメントのあり方を考えるだけでは不十分であり，NPO と「NPO 活動者」を支える制度的基盤，並びに社会的基盤に関して検討する必要がある．

本書では，積極的に公共サービスに参入し，労働法の適用に対してグレーゾーンに位置する者が多数存在し，政治的，経済的その他の社会的な変化と政策形成を含む社会構造から多大な影響を受けている事例として，NPO 法により定められている20分野の一つである「男女共同参画社会の形成の促進を図る活動」を取り上げ，検討を進める．検討にあたっては，「男女共同参画社会の形成の促進」のために自治体が設置する拠点施設であり，筆者が指定管理者として事業運営に関わった男女共同参画センターにおける NPO および「NPO 活動者」の関係に着目し，現状分析を行う．なお，男女共同参画センターの担い手は，その設置経緯から女性が多数を占めており，ジェンダーの視点を合わせもって，労働法を検討する．

注

1）　本書では，「家族圏でなされる家事・育児・介護など」の総称を「ケアワーク」とする．くわしくは，浅倉［2006：26］を参照．

2） 1990年，ジョンズ・ホプキンス大学のレスター・サラモン教授の指揮の下，各国の学識者によって定義がつくられた．定義や調査についての詳細は，Salamon and Anheier［1994］を参照．

3） 内閣府 NPO ホームページ（https://www.npo-homepage.go.jp/，2017年12月1日閲覧）．

4） NPO 法第2条で定められている活動分野が20分野ある．

5） 税制優遇措置は，具体的には以下のとおりである．① 個人が寄付した場合には，一定限度内で寄付金額に応じた所得控除もしくは税額控除が得られる，② 企業が寄付した場合には，一定限度内で寄付金額に応じた損金算入が認められる，③ 個人が相続財産を寄付した場合は，その寄付分が課税対象外になる，④ 当該認定 NPO 法人がその収益事業所得を非収益事業に充てた場合（みなし寄付という）は，一定限度内でその金額に応じた損金算入が認められる．

6） 内閣府 NPO ホームページ「認定制度について」（https://www.npo-homepage.go.jp/about/npo-kisochishiki/ninteiseido#PST，2017年12月1日閲覧）．

7） パブリック・サポート・テスト（PST）では，総収入における寄付の割合を判断する基準（相対的基準，絶対的基準，条例個別指定基準）を設けている．詳細は，内閣府 NPO ホームページ「認定制度について」（前掲注6）を参照．

8）「新しい公共」円卓会議「「新しい公共」宣言」内閣府（http://www5.cao.go.jp/npc/pdf/declaration-nihongo.pdf，2017年12月1日閲覧）．

9）「エクセレント NPO」については，田中弥生が「自らの使命のもとに，社会の課題に挑み，広く市民の参加を得て，課題の解決に向けて成果を出している．そのために必要な，責任ある活動母体として一定の組織的安定性と刷新性を維持していること」と定義し，基本条件として「市民性」，「社会変革性」，「組織安定性」をあげている．詳細は，「エクセレント NPO」をめざそう市民会議編［2010］を参照．定義については20ページ，基本条件については27ページに記載されている．

10）「市民性」について，「寄付」「ボランティア」「自覚」の評価項目を設定している．

11） 地域雇用創造推進事業（2007年度～2011年）と地域雇用創造実現事業（2008年度～2011年）が統合され，2012年度から実践型地域雇用創造推進事業として2018年度の時点でも実施されている．

12）「エクセレント NPO」については前掲注9を参照．

13） 第17次国民生活審議会『我が国経済社会における NPO の役割と展望』（旧内閣府旧国民生活局，2002年）（http://warp.da.ndl.go.jp/info:ndljp/pid/10311181/www.caa.go.jp/seikatsu/shingikai2/17/saishu/first.html#first，2017年12月1日閲覧）．

14）「新しい公共」論については，奥野・栗田［2010；2012］『社会政策』5(1)等を参照．

15）「ソーシャルビジネス・コミュニティビジネス事業者アンケート」は経済産業省が2007年11月から2008年1月の間に実施した．アンケートの発送数は1287団体で，有効回答は473団体，有効回答率は36.0％であった．

16)　内閣府NPOホームページでは「全国特定非営利活動法人の検索」,「認定・仮認定NPO法人一覧」,「NPO法人の申請受理数・認証数」,「監視・監督情報」等を公開している（https://www.npo-homepage.go.jp/, 2017年12月1日閲覧）.

17)　改正特定非営利活動促進法（2012年4月1日施行）において「法律の施行後三年を目途として，新特定非営利活動促進法の実施状況，特定非営利活動を取り巻く社会経済情勢の変化等を勘案し，（中略）特定非営利活動に関する施策の在り方について検討が加えられ，その結果にもとづいて必要な措置が講ぜられるものとする」（附則第19条）との規定が設けられ，それにもとづき「特定非営利活動法人に関する実態調査」が実施されている．本書で参照しているのは『平成25年度　特定非営利活動法人に関する実態調査』である．調査対象は全国の特定非営利活動法人（認定・仮認定法人を含む）4万7303法人（平成25年3月末現在の全特定非営利活動法人）．調査方法はオンライン調査（ただし，郵送・FAXの回答も可とした）．調査期間は2013年8月9日から9月30日までの50日間．回収率は29.8％，回答数は1万3130（発送数：4万7303, 不達数：3186）である．なお，同様な調査は2014年度（平成26年度）も実施されているが，調査対象としたNPO数が4800法人（発送数：4800, 不達数：313）で回答数が1343と少ないため，本書では2013年度（平成25年度）調査を参照した.

18)　本調査では「常勤」は週28時間（7時間×4日）以上勤務している者である.

19)　参考までに「NPO法人における雇用と働き方——現状・課題・今後に向けて——」（愛知県NPO雇用状況等調査事業　調査報告書, 2011年）では，常勤有給職員の給与の年収総額は平均値で265.4万円（中央値：252.0万円）となっている.

20)　総務省『平成25年度地方公務員給与実態調査結果』（総務省, 2014年）（http://www.soumu.go.jp/main_content/000281339.pdf, 2017年12月1日閲覧）.

21)　NPO法上では，意思決定に関わるメンバーを「社員」と記しているが，一般的には「会員」として認識されているため，本書では「会員」と表記した.

第 2 章 「新しい公共」と NPO

＋ 1．自治体アウトソーシングと NPO

（1）自治体と NPO の協働

　1990年代後半から，「官から民へ」の潮流が生まれ，従来は政府と自治体が担っていた任務が民間企業や民間団体へと移されていくようになっていった．アウトソーシング，民間開放，規制改革であるとともに，「新しい公共」の領域である．「新しい公共」を紡ぎだしていくためには，公的分野（政府および自治体等）と，NPO の間で一定の協力関係が必要となってくる．その際の協力関係のあり方として「協働」という用語（異質なアクターが，共通の目標のために，対等かつ相互に自立した形で協力すること，また，そのような関係性を構築するために，相互の理解や信頼関係を醸成すること）が定着し，理念的に語られてきた［原田 2010：26］．

　本章では，こうした公共圏の変化により，正規公務員以外のアクターが公務[1]における活動領域を拡げていることに着目する．そして，行政機関が行う行政評価[2]が，政策立案部門・政策実施部門・正規公務員以外のアクターといった三者に対して実施されることにより，さまざまな混乱が生じている実態を浮き彫りにする．そのうえで，三者が分断された状態でなされる行政評価によって生じる，労働分野における課題を検討する．検討にあたっては，同一価値労働同一賃金を争点の一つとして争った裁判事例として京都市女性協会事件を取り上げる．また，自治体との協働事業に NPO として参入した実践事例として，筆者が代表理事を務めている NPO 法人参画プラネットの指定管理者事業を検討する．

（2）国と自治体の市場化の動き

1）　国と自治体のアウトソーシング

1998年に制定された中央省庁等改革基本法 4 条（中央省庁等改革の基本方針）では，「国の事務及び事業のうち民間又は地方公共団体にゆだねることが可能なものはできる限りこれらにゆだねる」（3 号）ものとされ，「政策の企画立案に関する機能とその実施に関する機能とを分離する」（企画と実施の分離，4 号）と，かかげられた．また，同法32条（国の行政組織等の減量，効率化推進方針）では，「民間事業への転換，民間もしくは地方公共団体への委譲又は廃止を進め」（1号），次善の策として「独立行政法人の活用等を進め」（2 号），あるいは「民間への委託を進めること」（3 号）とされている．

同法の制定により，実施部分については，国から自治体へ，自治体が実施できない事業はアウトソーシング（外部化）することが，明確に打ち出された．自治体においても，これと同様のコンセプトでアウトソーシングが進められてきた．その結果，人件費はコストとして位置づけられ，コストを削減して価格に見合った品質のサービス提供をめざす，新自由主義的な行政経営手法が展開された．この手法は，アウトソーシングされた部分だけではなく，アウトソーシングされない部分においても，人件費コスト削減のために可能な限り低賃金労働者である非正規公務員が，公共サービスの担い手となっていったのである．

自治体アウトソーシングには，公務を市場化し，利潤追求の場にしようというねらいもこめられている．たとえば，総合規制改革会議は，第二次答申（2002年12月12日）に「民間の多様なサービス産業が発展してきている今日，公共サービスの提供についてもできる限り民間事業者にゆだねていくことにより，今まで以上に消費者の多様なニーズに対応した良質で安価なサービスを提供することが可能となっていると考えられる」などとして「民間でできるものは官は行わない」とした．そして，第三次答申（2003年12月22日）では，「公共施設・サービスの民間開放促進」の一つとして「指定管理者制度の活用促進」がかかげられた［城塚 2004：152］．

2）　指定管理者制度

2003年 6 月，地方自治法が改正され「公の施設」の管理については指定管理者制度に一本化された．指定管理者制度についての現状と課題については本書の第 3 章で詳細に検討するが，制度導入の背景には，2002年の総合規制改革会

議による「官製市場の見直し」があったことは，よく知られている．官民関係を抜本的に変えようという意図のもとに，市場メカニズムを積極的に導入する方針は，指定管理者制度においても，貫徹されることになった．

多様な運営主体が指定管理者となることは，自治体以外にも，公権力行使にかかわる主体が登場したことを意味する．それは，従来の公共部門のあり方を，NPO あるいは地域住民団体や企業などの民間部門との協働によって組み替え，「新しい公共」あるいは「新たなる公」と呼ばれる地域社会の担い手の再構築を探る動きとも連動している［新川 2008：4］．ただし，参入する民間事業者は，競争力を強化するために，低賃金雇用労働者を活用してコスト削減を図ることになり，市場化による雇用の劣化をもたらす可能性もある．

3）　労働法制の再編と日経連『新時代の「日本的経営」』

1990年代以降，「労働力の流動化」，「非正規雇用の増加」，「年功制から成果主義へ」，「処遇の個別化」，「働き方の多様化」などのスローガンが飛び交い，現実にもこうした雇用慣行の急速な変化によって，企業社会の構造は大きく変貌してきた．1997年以降，急速に進められてきた労働法制の規制緩和や弾力化は，いうまでもなく，この間の労働関係の変化と密接に関係している［西谷 2005：4］．労働法制再編によって，労働時間が弾力化し，有期雇用の拡大により雇用が不安定となり，派遣労働法制の確立により直用主義の考え方が大幅に後退し，統一的な労働者概念を設定してすべての労働者にできるだけ統一的な労働条件を保障しようとする考え方も，大幅に修正されることとなった［西谷 2005：84-85］．

こうした背景の下，1995年5月，当時の日本経営者団体連盟（以下，日経連）が報告書『新時代の「日本的経営」——挑戦すべき方向とその具体策——』（1995年）を発表している．同書（32ページ）では，「長期雇用の重視を含んだ柔軟かつ多様な雇用管理制度の枠組み」が求められているとして，労働者を「長期蓄積能力活用型」と，必ずしも長期雇用を前提としない「高度専門能力活用型」，「雇用柔軟型」の三つのタイプに分け，それらの組み合せによる雇用管理を打ち出し，経営環境の変化に対応した雇用ポートフォリオの作成を提唱した（図2-1，表2-1）．

日経連は，これを通じて，一方では長期雇用の仕組みを維持しつつも，同時に，労働力の流動化を通じて，必要な人材を確保する体制の整備を進めるとし

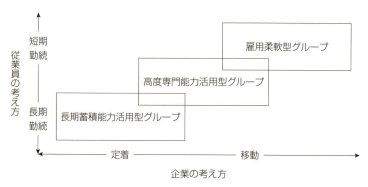

図2-1 雇用ポートフォリオによる処遇のあり方(1)
企業・従業員の雇用・勤続に対する関係

注1：雇用形態の典型的な分類．
注2：各グループの移動は可能．
出典：日本経営者団体連盟『新時代の「日本的経営」』1995年5月，32ページ．

表2-1 雇用ポートフォリオによる処遇のあり方(2)
グループ別にみた処遇の主な内容

	雇用形態	対象	賃金	賞与	退職金・年金	昇進・昇格	福祉施策
長期蓄積能力活用型グループ	期間の定めのない雇用契約	管理職・総合職・技能部門の基幹職	月給制か年俸制職能給昇給制度	定率＋業績スライド	ポイント制	役職昇進職能資格昇格	生涯総合施策
高度専門能力活用型グループ	有期雇用契約	専門部門（企画，営業，研究開発等）	年俸制業績給昇給なし	成果配分	なし	業績評価	生活援護施策
雇用柔軟型グループ	有期雇用契約	一般職技能部門販売部門	時間給制職務給昇給なし	定率	なし	上位職務への転換	生活援護施策

出典：日本経営者団体連盟『新時代の「日本的経営」』1995年5月，32ページ．

ている．ここでは，長期雇用とフレキシブルな雇用との複合的編成という考え方が，明確にされるとともに，それに見合った複線型の人事管理の必要性が示されている．こうした労働力の複合的な編成という雇用管理は，特に目新しいものではない．しかし，1990年代半ば，経済構造の改革が進められている時期に，これが出されたことは，構造変化に対応するために，長期雇用が期待され

第2章 「新しい公共」と NPO　　*57*

るコア労働者（正規職員）を縮小する一方で，流動的な非正規職員の拡大をはかるという雇用管理の方向を示したといえる．

4）「日本的経営」と公務労働

「政策の立案に関する機能とその実施に関する機能を分離する」，「民間への委託を進めること」（中央省庁等改革基本法4条）というかけ声のもと，国と自治体が行ったアウトソーシングの実態に，日経連が提唱した「日本的経営」の雇用ポートフォリオをあてはめてみる．政策の企画立案に関する機能については「長期蓄積能力活用型」として正規公務員が担い，専門的な見地をもつ者へ事業を委託（独立行政法人，指定管理者制度等）することで「高度専門能力活用型」を取り入れ，日常業務の現業部門については「雇用柔軟型」として自治体の非正規公務員でまかなうか，あるいは民間事業者等へ委託することとなる．

指定管理者制度に着目すると，「高度専門能力活用型」として指定管理者事業の担い手は位置づけられ，専門分野での貢献は求められるが公務の企画立案部門には関われないということになる．「雇用柔軟型」に位置づけられる非正規公務員および民間事業者等は，専門性は必要なく，公務の企画立案にも携わらないこととなる．たとえば，自治体にはさまざまな政策を推進する施設があり，「高度専門能力活用型」として専門性をもった指定管理者が業務を担っているが，そこで実施される事業から生まれる政策提言は，公務の企画立案部門へは反映される道すじを持ちにくい．「高度専門能力活用型」として位置づけていることにより，正規公務員も指定管理者からの政策提言については関心を持たないという状況が生まれる．流動性が高い「雇用柔軟型」が定着し，市民とダイレクトに接する現業部門からの意見や提案の吸い上げは，企画立案に徹する「長期蓄積能力活用型」として，正規公務員は関与せずに過ぎていってしまう．こうして，公務における企画立案部門，専門性活用部門，現業部門——この三つの部門の分断が起きることとなった．

これまで検討してきたように，「官から民へ」の新自由主義的改革と，それにともなう公務と公務員の範囲の縮小が，行政の公共性の後退と行政責任の放棄をもたらすものであり，国民・住民の権利保障の観点からみて大きな問題を生じることなり，改めて，公務員および公務員制度の存在意義は何なのか，という問題を投げかけている［晴山 2004：40］．

5） 自治体と行政評価——名古屋市を事例として

1990年の終わりごろ，政策評価とは異なる行政評価が地方自治体で一般化し，行政評価に対する疑問に正面から取り組まないまま行政評価が普及し，さまざまな混乱が生じた．評価としての勧告や提案には，業務費用の見直し，業務の廃止・修了，業務の一元化・集約化，組織のスリム化，競争力の強化，公と民の役割分担の重視，業務の外部委託・アウトソーシング，要員の合理化・縮減，受益者負担などといった言葉が使われていた．2000年代になってからは，指定管理者の評価やPFI事業関係の評価を含め，また2010年ごろになると行政評価とは言いながら，「事業仕分け」と同じ進め方をしている自治体も出てきた［山谷 2012：161-162］．

名古屋市においても，1997年に「行政改革実施企画」を策定し，行財政システム改革の取組み「5つの実行」の一つとして行政評価をかかげた．2002年度からは，第三者による外部評価を導入し，学識経験者等からなる「名古屋市行政評価委員会」を設置した．2003年度には，全体最適の目線を重視して，行政評価委員会は個別の事務事業の評価にあたった［武藤・楢崎 2005：157-158］．外部評価は「公的関与のあり方に関する点検指針」を基本方針とし，公の施設や組織のあり方をめぐる変化（指定管理者制度等）を捉えた可能性を探り，「施設の管理・運営」について，市が設置した施設について踏み込んで検討した．さらに，「総括コメント」として，「市が提供するサービスについて，サービスの具体的な活動は民間でできる業務が多い」とし，「民間が担うことができる部分は民間に任せることが望ましい」と提言した［名古屋市総務局行政システム部 2003：3］．

2002年度から2003年度まで，筆者は，名古屋市行政評価委員として，名古屋市全体の事務事業評価を担当した．特に，2003年度には，「公の施設や組織のあり方をめぐる法的枠組みとの整合性」をテーマに検討した経験がある．評価のとりまとめにあたっては，事業所管局とのヒアリングを実施し，双方向コミュニケーションを図りつつ，判断していった．

市の評価と行政評価委員会の評価が異なることも多々あった．市民主体という立場を保持した行政評価委員会としての姿勢を打ち出すためにも，あえて市の評価と一致させず，異なった評価を公表した．行政評価委員会での議論や検討の際には，「全体最適の目線，市民満足の目線，企業経営の目線」［名古屋市総務局行政システム部 2003：5］といった三つの視座にもとづいて行っていった．

「行政サービスは，それ自体を供給することが目的なのではなく，行政サービスを需要する市民の満足度の向上が目的である．したがって，行政サービスの提供には，供給者の論理（市役所の目線）ではなく，需要者の論理（市民の目線）が優先されなければならない」［名古屋市総務局行政システム部 2003：6］という合意のもと，筆者は「市民主体の視点」と「女性の視点」を重要視して判断していった．

とはいえ，戸惑うことも多くあった．具体的には，内部評価担当者（市の職員）とのヒアリングで，「この事業は昨年度も同じように実施しています」という説明が多々あったことである．昨年度に実施していたことが，事業の継続に合理的な理由になるという発想自体は，「市民主体であること」から大いにかけはなれている．また，成果として，参加者人数や対象人数といった数値目標に偏った傾向もあった．新たな指標づくりを提案したが，担当者からの反応は鈍かった．「もし，評価される側になったら，このような指標が考えられるのでは」と，筆者が提案したこともある．

同時期，2003年6月に名古屋市は，男女共同参画政策を推進する拠点施設「名古屋市男女平等参画推進センター」（以下，センター）を設置した．名古屋市は，センターの運営において，市民との協働をかかげ「協働運営NPO」を公募し，筆者が所属していたNPO法人が「協働運営NPO」として施設管理（一部）と事業運営（一部）を受託することとなった[3]．その後，2006年度からは，自治体アウトソーシングの波に乗り，名古屋市はセンターへ，指定管理者制度を導入する．

2006年度から2009年度までの第1期の指定管理者の公募に，筆者が代表理事を務める参画プラネットが応募し，指定管理者として指定された．第2期（2010年度から2013年度）も，引き続き指定管理者となった[4]．筆者は，2003年6月から2014年3月までの11年間にわたって，名古屋市の男女共同参画政策の拠点施設の運営に携わることとなり，自らが自治体のアウトソーシングの渦中で過ごすこととなる．また，行政評価という視点からみれば，行政評価委員として「評価をする側」から，センターの指定管理者として，自治体から「評価をされる側」へと，双方の役割を果たすこととなったのである．

次節からは，自治体アウトソーシングによって生じた労働分野の課題を抽出するために，筆者がNPO法人として運営に関わった男女共同参画政策を推進する拠点施設である名古屋市男女平等参画推進センター「つながれっと

NAGOYA」を実践事例として取り上げる．あわせて，同様の男女共同参画政策を推進する拠点施設で起きた裁判事例として，京都市女性協会事件について検討する．

＋ 2.「新しい公共」論と NPO

（1）公共サービスと「新しい公共」論
1）「新しい公共」論の動き

「協働」をキーワードの一つとして議論が進んだ「新しい公共」論は，NPO[5]をはじめとする市民セクターへの社会的な関心の広がりを受けて出てきたことを考えれば，「市民社会」の構築をめざす動きともいえる．これを市民主体の地域運営を促進しようとする動きだとすれば，公共サービスの提供は政府が決定する，あるいは公共サービスは政府の責任で政府が提供するといった，従来の権威主義的で上意下達的な考え方と仕組みではなく，公共サービスの企画や提供に市民や NPO が参加し，発言するシステムとして評価するとらえ方が生まれてくる．その場合，「新しい公共」は，市民，NPO などからの従来の行政主導の公共サービスに対するある種の批判であり，市民の参加にもとづいた公共サービスを新たに構築しようとする動きということになる．それは，政府の政策や行政に対して市民の参加を促し，公共政策を市民の求める政策として，行政へと提案するという考え方であり，「新しい公共」に市民主導の社会を構築するという理念があるといえる．

一方，2005年の総務省研究会の報告書「分権社会における自治体経営の刷新戦略」にみられるように，「新しい公共」は，地方分権，地域政策との関係で論じられる傾向がある．そこでは，公共サービスを住民自らが担うことを強調し，「公共サービスの提供主体となり得る意欲と能力を備えた多様な主体」が，これからの公共を担うといった考え方が明らかになっており，公共サービスのアウトソーシングを進めて，行政責任の縮減をめざしているとみることができる．「新しい公共」は，こうしたかたちで取りあげられてきたこともあり，新自由主義の立場に立って，政府の公的な責任を回避し「小さな政府」をめざすものであって，社会サービスの市場原理の導入，民間アウトソーシングを進め，安上がりの行政を推進しているとの批判もある［二宮 2010：41-48］．

このように，「新しい公共」論は，公共サービスにおける市民の主体性を尊

第2章 「新しい公共」とNPO　61

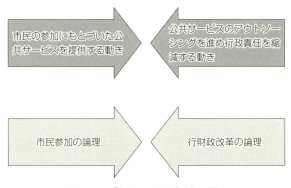

図2-2 「新しい公共」論の動き
出典：筆者作成．

重する「市民参加の論理」か，あるいは，公共部門の縮小のために市場化と市民の動員をねらった「行財政改革の論理」かという，二つの立場から異なった理解や評価が行われてきた．「新しい公共」には，「市民参加の論理」と「行財政改革の論理」といった，二つの側面からの動きがある．本節では，これら二つの動きを基盤にしつつ，公共サービスの担い手の現状に着目する．

2）公共サービスの担い手

ここで，公共サービスの担い手について，公共サービスの提供主体からみた分類をみてみたい．表2-2で示すように，公共サービスは，「自治体が自ら実施する公共サービス」と「自治体が市場から調達するサービス」に区分され，さらに，サービスの提供主体から分類すると，「自治体が実施する公共サービス」は，自治体が正規公務員や非正規公務員を任用して実施する「直営サービス」と民間事業者や公社・事業団，第三セクター，NPO法人などに委託して実施する「委託請負・給付サービス」に区分される．「自治体が市場から調達するサービス」は，「工事請負」と「物品調達」に区分される［上林 2014：2］．

本章では，表2-2で示されている「自治体が実施する公共サービス」に着目する．「自治体が実施する公共サービス」のなかで，直営サービスの担い手として位置づけられている非正規公務員と，委託請負・給付サービスの担い手（指定管理者および民間事業者等への委託請負・給付）であるNPOに焦点をあてる．この枠組みでは，筆者が関わってきた名古屋市男女平等参画推進センター「つ

表 2-2 公共サービスの提供主体からみた分類

公共サービス					
自治体が実施する公共サービス				自治体が調達する公共サービス	
直営サービス		委託請負・給付サービス		工事請負〈公共工事〉	物品調達〈購入〉
正規公務員	非正規公務員	指定管理者	民間事業者等への委託請負・給付		
行政処分（行為）			行政（公共）契約		

注1：網掛けは，公契約条例が対象とする分野.
注2：業務委託と指定管理者の違いは，管理業務の取り扱いの差異．業務委託では管理業務は委託できず（指定管理者制度が入る前は，公共的団体に限って契約で委託することはできた），あくまでも委託請負の関係．したがって，担当部署に所属する職員が委託会社の社員に，業務の指示をすると，偽装請負＝職業安定法違反.
注3：指定管理者には管理業務も委ねることができる．いうなれば指定管理者は自治体と同じ身分で，「公の施設」を管理運営する．したがって，一定の行政処分（＝公の施設の利用許可等）を行えるため，自治体と指定管理者の関係は，契約ではなく，行政処分により決定される.
出典：上林 [2014：2].

ながれっと NAGAYA」の委託事業および指定管理者事業は，委託請負・給付サービスの担い手（指定管理者および民間事業者等への委託請負・給付）として，NPO が担当したケースとなる.

　公共サービスの担い手の立場から，「新しい公共」論の二つの動きをとらえると，直営サービスの担い手として位置づけられている非正規公務員は，「行財政改革の論理」で配置されている．一方，委託請負・給付サービスの担い手である NPO は，「市民参加の論理」で協働のパートナーとして位置づけられている．双方に関係性はないように想定されるが，正規公務員との均等待遇という視点でみると，非正規公務員と委託請負・給付サービスの担い手である NPO は，後述するが，相互に密接な関係が生じている.

（2）地方自治体における公務労働の現状

1）非正規公務員の増加

　公務労働は，労働法・行政法の法的隙間の中に長い間留め置かれてきたテーマであったといっても過言ではなく，労働法と行政法の学際領域に関わる現代的な課題である［櫻井 2013：68-69］．公務員も，憲法27条および28条の保護を受ける「勤労者」であるから，労働法体系の一角を占めていることは疑いない．一般職の公務員（国家公務員法2条，地方公務員法3条）は，各労働法規における

労働者の定義に合致するものであり，当初は，労働法の適用対象者であることが原則とされていた（労働基準法112条，旧労働組合法 4 条）．ところが，各種の公務員法は，「公務」という職務の地位と特殊性を強調することにより，労働法の適用を制限または排除するに至っている［中窪・野田 2015：12-14］．日本における公務員法の領域では，長期にわたって，法律の規定どおりに人事行政が運営されていない．とりわけ地方公務員の場合，自治体の認識不足も含め，そうした傾向が顕著である［櫻井 2013：74］．

総務省は，2000年代以降，非正規公務員に関して2005年，2008年，2012年と 3 回の調査を実施し，「各地方公共団体における臨時・非常勤の職員に関する調査結果について」を公開している．調査対象は，地方公務員法 3 条 3 項 3 号にもとづく特別職非常勤職員，同法17条にもとづく一般職非常勤職員，同法第22条 2 項・5 項にもとづく臨時的任用職員である．

地方公務員の非正規化の進捗は著しく，2005年から2012年の 7 年間で約15万人（32%）増え，いまや地方公務員の 3 人に 1 人は，非正規公務員という状況にある．また，非正規公務員の報酬は，年収ベースは，正規公務員の 4 分の 1 から 3 分の 1 にも満たないものであり，著しい格差が生じている．フルタイム正規職員との比較では，地方公務員の方が，民間労働者よりも男女間格差の度合いは小さいが，正規・非正規間格差の度合いは，民間労働者よりも地方公務員の正規・非正規間格差の方が強い度合いで影響している．格差の要因は，男女間のそれもあるが，正規・非正規間格差の方が要因としては強い．増大する非正規公務員の 4 分の 3 は女性非正規公務員である．[7]

かつては，非正規公務員は臨時的な職務に就く場合や，定員制限のために正職員を採用できない場合に用いられていた．しかし，近年は，国や自治体の財政危機を背景として，人件費削減のために採用される非正規公務員が増加している．その結果，常勤的な非常勤職員や，恒常的な臨時職員という，概念矛盾の職員が大量に存在することになった．本来は，公務員法上の適正な根拠なしに採用された職員は，私法上の契約を締結したものと理解され，そこに労働法上の諸法規を適用するのべきである．しかし，判例は，そういう考え方をとらず，基本的にはこうした臨時・非常勤職員の任用を適法と認め，国や自治体等と職員の関係は，公法上の任用関係であって私法的契約関係ではないと判示してきた．[8]

総務省は2014年 7 月 4 日に公務員部長名で「臨時・非常勤職員及び任期付職

表 2 - 3　臨時・非常勤職員及び任期付職員の任用等について（一部）

1　任用について	(1)臨時・非常勤職員の制度的位置付けをふまえ，職務の内容や勤務形態等に応じて適切に任用.
	(2)募集や任用にあたっては，勤務条件を明示. 任期は 1 年. 客観的な能力の実証を経て再度任用されることはありえる.
2　勤務条件等について	(1)報酬等については，職務の内容と責任に応じて適切に水準を決定. 時間外勤務に対する報酬の支給や，通勤費用の費用弁償について適切に取扱うとともに，関連する裁判例にも留意.
	(2)労働基準法や地方公務員育児休業法，育児・介護休業法にもとづき，各種休暇・休業（年次有給，産前産後，育児，介護）を適切に整備.
	(3)社会保険・労働保険の適用について，法律にもとづく適用条件に則って適切に対応. また，研修や厚生福利について，従事する業務の内容や業務に伴う責任の程度に応じて適切に対応.
3　再度の任用について	(1)任期の終了後，再度，同一の職務内容の職に任用されること自体は排除されないが，あくまで「新たな職に改めて任用」と整理. ただし，長期にわたっての連続任用には留意が必要.
	(2)再度の任用の場合であっても，任期の設定や均等な応募機会の付与について留意.
	(3)職務内容や責任等が変更された場合には，異なる職への任用であることから報酬額を変更することはあり得る.

出典：総務省通知（2014 年 7 月 4 日付）「臨時・非常勤職員及び任期付職員の任用等について」を参考に筆者作成.

員の任用等について」（平26・7・4 総行公第59号）を各都道府県知事，各政令指定都市市長，各人事委員会委員長に通知した. 本通知は，「臨時・非常勤職員及び任期付短時間勤務職員の任用等について」（平21・4・24総行公第26号）を通知して以降，「臨時・非常勤職員の増加と平成21年通知の趣旨の不徹底，国会における議論や指摘，臨時・非常勤職員の任用等を巡る新たな裁判例，非正規労働者を巡る制度改正，経済の好循環の実現に向けた取組」[9]をふまえたものとしている. 具体的には，表 2 - 3 のとおりである.

「臨時・非常勤職員及び任期付職員の任用等について」（2014年 7 月 4 日：総行公第59号）では，「職務の内容や勤務形態等に応じて適切に任用」，「勤務条件を明示」，「報酬等については，職務の内容と責任に応じて適切に水準を決定」，「労働基準法や地方公務員育児休業法，育児・介護休業法にもとづき，各種休暇・休業を適切に整備」といった通知がなされている. 逆説的にみれば，地方自治体が非正規公務員の処遇について，いかに不適切な処遇をしているのかと

いう問題を，表出させているといえよう．この通知により，自治体が適切な処遇をするかどうかについて，引き続き見極める必要がある．

　また，自治体が，非正規公務員の処遇を改善し対応を是正したとしても，新たな手法での動きを展開する可能性もある．たとえば，自治体が実施する公共サービスについては「直営サービス」以外に「委託請負・給付サービス」（指定管理者，民間事業者等への委託請負，給付）といった部門があり，その部門へ転化させる可能性がある．その場合，該当する公共サービスは，現段階での非正規公務員の問題，つまり，公務との均等待遇といった問題を抱えたまま「委託請負・給付サービスへ」と引き継がれていく．[10]

　さて，ここで東京都府中市の事例をあげて，非正規公務員と「委託請負・給付サービス」の担い手との関係性について，確認する．総務省「臨時・非常勤職員に関する調査結果について」（2012年）によれば，東京都府中市では，2008年と2012年を比べると，非正規比率が低落している．数値をみると，2008年に在勤していた非正規公務員の約半数を，雇止めした結果となっている．その背景には，2011年4月からさまざまな公共施設で指定管理者制度が導入されており，期間の定めのない任用である正規公務員は整理解雇されず，府中市の他の職に転任できたものの，有期任用である非正規公務員に関しては，多くの場合，雇止めされたものと考えられる．2008年に比べ2012年の非正規比率が低落している自治体は，府中市と同様の傾向を示し，非正規公務員の雇止めの結果が非正規化率の低落につながっている．[11]

　非正規化と民間委託化は，コインの裏表の関係である［上林 2013：11］．たとえば，自治体直営（自治体と密接な関係にある財団も含む）で運営していた男女共同参画センターでは，民間化以前は，多くの業務を非正規公務員が担っており，正規公務員との待遇格差は可視化されず，センターの運営費は安価に抑えられていた．しかし，自治体アウトソーシングの流れのなかで，指定管理者制度が取り入れられ，運営費全体が公開された結果，民間化以前の非正規公務員と正規公務員との賃金格差が，明らかとなった．男女共同参画センターで，男女共同参画社会を実現しようと努力する女性たちの労働が，不当に低賃金で固定化されているのではないか．賃金格差の実態を訴えた京都市女性協会事件では，男女共同参画センターでの相談事業における同一価値労働同一賃金が課題となっている．資格や免許などが，必ずしも必要とされていない相談事業における賃金設定は，可視化されにくい状況が続いている．[12]同一価値労働同一賃金原則

を争点の一つとした京都市女性協会事件を手がかりに，検討を進める．

（3）京都市女性協会事件／最高裁二小平成22年（2010年）2月5日決定，大阪高裁平成21年（2009年）2月5日判決[13]，京都地裁平成20年（2008年）7月9日判決[14]

本件は，京都市女性協会（以下，Y財団）に嘱託職員として雇用され，相談業務に従事していたXが，Xの労働はY財団の一般職員の労働と同一であるにもかかわらず，Y財団が本件雇用期間において，Xに対し，一般職員の賃金よりも低い嘱託職員の賃金を支給したことに対して，不法行為にもとづき，賃金差額と慰謝料等の支払いを求めた事案である．

1）事案の概要
当　事　者

Y財団は，女性の自立と広範な社会参加を支援する事業を幅広く展開し，男女がともに自立し，参画し，および創造する都市としての京都の実現に寄与することを事業目的として，1993年に京都市によって設立された財団法人であり，1994年4月から京都市の委託を受け，京都市女性総合センター（2006年度から「京都市男女共同参画センター」に改称）の開館・運営を行っており，2006年度からは同センターの指定管理者に指定されている．XはY財団との間で嘱託職員として雇用契約を締結し（1994年2月1日から2000年3月末日まで（以下，「当初雇用期間」．大学院に入学のため2000年3月末日にいったん退職），および2004年4月1日から2007年3月末日まで（以下，「本件雇用期間」）），Yの相談業務に従事していた．

Y財団の2005年度から2007年度までの運営体制は，理事長，専務理事，事務局長という系列のもとに，総務課と事業企画課が設置される二課体制であった．総務課には，庶務係および総合窓口係が設けられ，事業企画課には2005年度には事業相談係および調査研究係が，2006年度および2007年度は事業調査係および相談係が，それぞれ設置されていた．Y財団の2006年6月1日現在における職員数は，21名であり，その内訳は，プロパー職員と呼ばれる一般職員11名（うち1名は事務局長），嘱託職員7名，非常勤職員1名，アルバイト2名であった．事務局長を除く一般職員の男女構成比は，10名のうち女性8名，男性2名であった．本件雇用期間中に，Yの相談係には，一般職員である係長が事業企画課長と兼任で配置されていた．他には一般職員が配置されたことはな

かった.

事件の概要

2005年12月以降,Xを含む嘱託職員はYに対し,嘱託職員の給与は低く,一般職員(正規職員)と比較して格差を感じるので,嘱託職員の処遇の改善を要望する旨の書面を提出するなどしていた.一般職員の給料については,京都市職員の給与表に準じて作成された給料表が適用され,各人の級および号級の区分にもとづいて支給されていた.新たに採用する一般職員で,採用前の前歴のある者の級および号級の決定は経験年数換算表によって決定される.一般職員が現に受けている号級を受けるにいたったときから,12カ月を下回らない期間を勤務したときは1号上位の昇給に昇級させるのが原則である.一方,本件雇用期間当時,週35時間契約の嘱託職員の給与は月額14万2千円,週40時間契約の嘱託職員の給与は月額16万2千円であった.嘱託職員についての時間給は,ほぼ同一額である.Xは,本件雇用期間中,相談係に配属された.当時の相談担当者は3名であったが,いずれも嘱託職員であった.相談業務はY財団内に設けられた相談室における一般または専門相談の電話や面接による対応と,その記録・統計処理が業務の中心であり,その他専門相談の対応,京都市からの受託業務である苦情処理受付,DV被害者支援に関わる人材育成事業の企画運営,グループ相談会の企画運営などである.

本件は,Xが,Xの労働はY財団の一般職員の労働と同一であるにもかかわらず,Y財団が本件雇用期間において,Xに対し一般職員の賃金よりも低い嘱託職員の賃金を支給したこと(以下,「本件賃金処遇」)は,憲法13条および14条,労基法3条および4条,同一価値労働同一賃金原則,民法90条に違反し無効であり,Xが実際に受領した賃金と一般職員としてのY財団の給与規定および退職手当支給規定に当てはめた賃金との差額相当の損害を被ったとして,Y財団に対し,不法行為にもとづき,賃金差額と慰謝料等の支払いを求めた事案である.

本件の争点は,本件賃金処遇が憲法13条,14条に反し不法行為となるか,本件賃金処遇が労基法3条に反し不法行為となるか,本件賃金処遇が労基法4条に反し不法行為となるか,同一価値労働同一賃金原則もしくは公序に反し,本件賃金処遇が不法行為となるか,である.

2) 一審判決

賃金処遇

京都市が全額出資して設立された財団法人である Y 財団の行為に，憲法13条および14条が直接適用されるかには疑義があるとしたうえで，憲法14条の趣旨をふまえて検討している．労基法 3 条が憲法14条の趣旨を受けて社会的身分による差別を絶対的に禁止したことからすると，嘱託職員という地位は，自己の意思によっては逃れることのできない身分ではないから，同条の「社会的身分」には含まれない，として同条に違反するとはいえないとした．

また，嘱託職員については，性別を問わず募集しており，給料表においても男女別ではないことから，「X が女性であることを理由にして機会の平等を侵害するような行為を行ったとは認められない」として，X の賃金処遇が，「女性であることを理由とする差別的な取り扱いとはいえない」と労基法 4 条に違反するとはいえないとした．

同一価値労働同一賃金原則

X の主張する条約（ILO 100号条約，国際人権規約 A 規約，国連女性差別撤廃条約）はいずれも自動執行力を有するものと介することはできないとした．また，日本において ILO 100号条約が批准されて以降，現在までの非正規雇用労働者の賃金に関する状況，パートタイム労働法および労働契約法の規定内容等を検討のうえ，労基法 4 条が同一価値労働同一賃金原則を定めたものではないとした．さらに，本件につき，X は本件雇用期間中，Y の主要事業の一つである相談業務等を高い質を維持して遂行していたといえるが，一般職員と嘱託職員とは責任の度合いが異なることから，X がパートタイム労働法にいう，通常の労働者と同視すべき短時間労働者に該当しないと判断した．

判決の結論

本件の請求は理由がないため，棄却された．

3) 控訴審判決

賃金処遇

控訴審判決では，本件賃金処遇が憲法13条，14条に反し不法行為となるか，本件賃金処遇が労基法 3 条に反し不法行為となるか，本件賃金処遇が労基法 4 条に反し不法行為となるかについては一審と同様に判断した．

同一価値労働同一賃金

一審と同様に，X の主張する条約（ILO 100号条約，国際人権規約 A 規約，国連女性差別撤廃条約）は自動執行力を有さず，各条約は同一（価値）労働同一賃金に関する裁判規範性の根拠となるものでなく，労基法４条が同一（価値）労働同一賃金の原則を定めたものではないとした．パートタイム労働法８条は「通常の労働者と同視すべき短時間労働者」については同一（価値）労働同一賃金原則を具体的に規定しているが，それ以外の非正規雇用労働者については，努力義務規定が置かれたにとどまり，労働契約法にも同一（価値）労働同一賃金原則の採用を義務づけるような規定は置かれていないとした．そのうえで，同一（価値）労働同一賃金原則については，本件雇用期間の当時はもとより，現在においても一般的な法規範として認めるべき根拠はなく，これにもとづく公序があるとも考えることはできないとした．

さらに X が主張する，均衡の理念が設定する公序違反としての不当行為の成立については，憲法14条および労基法４条の基底には，正規雇用労働者と非正規雇用労働者との間における賃金が同一（価値）労働であるにもかかわらず，均衡を著しく欠くほどの定額である場合には，改善が図られなければならないとの理念があると考えられ，非正規雇用労働者が提供する労働が，正規雇用労働者との比較において，同一（価値）であることが認められるにもかかわらず，当該事業所における慣行や就業実態を考慮して許容できないほど著しい理念にもとづく公序違反として，不法行為が成立する余地があるとした．

しかし，本件においては，X について「職掌が相談業務及びこれに関連する業務に限定され，比較対照すべき一般職員が見当たらないうえに，年齢などの採用条件が一般職員とは異なっており，また，採用後も職務上の拘束が弱く，負担も一般職員より軽い扱いであったことなどの差異があったと認められ，これらの点を総合すると，X の労働が一般職員の労働と比較して，同一又は同一価値であると認めることができない．」として，嘱託職員の労働が一般職員の労働と同一または同一価値であるとは認められず，X の労働と一般職員の労働の間には，Y 財団における慣行や就業実態を考慮しても，許容できないほどの著しい賃金格差があるとは認められないとして，X の主張を退けた．

判決の結論

X の請求の理由がないことから，棄却された．

4）　最高裁の判断

本件は上告・上告受理申立されたが，2010年2月5日に棄却・不受理となった．

5）　検　　討

本件は，女性の自立と広範な社会参加を支援する事業を幅広く展開し，男女がともに自立し，参画し，および創造する都市としての京都の実現に寄与することを事業目的として，1993年に京都市によって設立された財団法人の嘱託職員であるXが一般職員（正規職員）と「同一（価値）の仕事」をしていたにもかかわらず，きわめて低廉な賃金に据え置かれていたことによる差別の是正を求めた裁判である．

本件では，Xが主張した，同一（価値）労働同一賃金原則それ自体の公序性を否定しつつ，嘱託職員と一般職員との賃金格差について，均衡理念にもとづく公序違反の余地を認めたという点は評価に値する．しかし，本判決は，均衡理念にもとづく公序違反としての不法行為が成立する条件として，非正規雇用労働者の提供する労働が，正規雇用労働者との比較において同一（価値）労働であり，にもかかわらず，当該事業所における慣行や就業の実態を考慮しても許容できない「著しい賃金格差」が生じていることが必要であると考えられるところ，本件においては，「同一（価値）」労働の存在が大前提であり，「同一（価値）」労働が存在しない以上，許容できない「著しい賃金格差」に関しては問題とならないとし，「同一（価値）」が認められないとして，不法行為の成立を否定し，比較対象正規雇用労働者が同一職務に存在しない場合には，「同一（価値）労働であること」の立証ができないとした．

比較対象正規雇用労働者が，同一職務に存在しない場合についての解釈については，本来，正規雇用労働者が従事していた事業所の業務をすべて非正規雇用労働者に担当させることにより，差別は存在しないという結論を導き，きわめて不合理であるため，同一（価値）労働であることの比較対象は同一職務に限定して考える必要はない［中村 2010：10-11］．また，当該嘱託職員の職掌が相談業務に限定されていること（比較対象すべき一般職員が見当たらず）として，同一業務に従事する一般職員がいないことを強調して，当該嘱託職員の主たる業務（相談業務）の価値に関する十分な検討を行っていないこと，同一価値労働同一価値原則の下では，嘱託・一般職員間で共通する業務の価値の評価とそ

れにもとづく比較が求められるのであり，当該業務に従事する一般職員の不存在という事実は決定的ではない［宮崎 2009：122-123］．

　2007年改正のパートタイム労働法は，雇用・就業形態による待遇格差の是正に関する法政策の到達点として，「働きや貢献に応じた公正な待遇」という基本的視点を示し，法による実現の必要性を提示したものである．そのような観点から，本件を見た場合，Y財団が一般職員と嘱託職員の間には，そもそも区別が必要であるという前提で賃金制度を設けていること，さらにそれを改善していないこと自体に問題がある．また，相談業務に比較対象となる一般職員がいないことのみを重視していること，そして，一般職員の労働との比較が形式的に行われていることなど，日本の賃金制度について公正な処遇をめざす法理が十分に検討されたとは言いがたい［奥田 2010：18-19］．

　こうした背景から，男女共同参画センターにおける正規職員と非正規職員との待遇格差の立証は困難であり，男女共同参画政策を実現するためのセンターで，女性の労働が低賃金で固定化されているという問題が浮かびあがってくる．非正規職員が従事する業務に一般職員が配属されていないような場合は，非正規職員が従事する職務の重要性を判断要素として，同一（価値）労働かどうか，職務価値の比較について検討を行うべきである．本件のような運営形態をとっている男女共同参画センターが，全国各地に設置されており，比較対象とすべき正規職員が存在しないまま，Xと同様な状況に置かれている嘱託職員および非常勤職員が多数，存在する．

　2003年度から指定管理者制度が導入され，男女共同参画センターでは，さらなる人件費の削減が進み，非正規職員の雇用状況を悪化させている．なお，提訴した伊藤真理子によれば，嘱託職員と一般職員の賃金格差が明らかになったきっかけは指定管理者制度への参入であった，とのことである．経緯については，以下のとおりである．

　Y財団は，指定管理者事業への応募に際して，就業規則および給与規程，退職金規程の大幅な変更を行った．応募直前の2005年11月，新給与体系の書類が全職員に供覧された結果，嘱託職員と一般職員の賃金格差が明らかとなった．指定管理者事業への応募前には，一般職員の給与表は，当該自治体職員の給与表が援用されていたため，一般職員との格差は見えにくかったのである．指定管理者事業への応募に向けてY財団が行った数々の就業に関する変更が引き金となって，嘱託職員の処遇格差に対する不満は抑えきれなくなっていった

［伊藤 2011：47-48］．また，この裁判については，「嘱託職員全体」に対する処遇差別を問うものであったにもかかわらず，「相談員である伊藤個人」に対する処遇差別に裁判が矮小化され，不徹底な論理で判決を構成することとなった［伊藤 2011：53］．

　こうして，非正規公務員に準ずる嘱託職員が担っていた業務が，委託または指定管理者事業として民間化される場合，従前に非正規公務員に準ずる嘱託職員の人件費として予算化されていた額と同様の積算金額で，委託費または指定管理者事業費の人件費が設定されていく．このことにより民間化のプロセスで，公務との均等待遇が担保されることが，より一層困難となっている．

（4）「新しい公共」論——その二つの動きを受けて

1）　実践事例の検討

　前述したように「新しい公共」には，「市民参加の論理」と「行財政改革の論理」といった二つの側面からの動きがある．ここで，その二つの動きを真正面から受けた事例として，名古屋市男女平等参画推進センター「つながれっとNAGOYA」（以下，センター）を取りあげる．

　センターは，名古屋市男女平等参画推進センター条例に位置づけられており，第2条で，「男女平等及び参画（以下「平等参画」という）の推進に関する施策を実施するとともに，市民及び事業者による平等参画の推進に関する取組を支援することを目的とする」とされている．「前項の目的を達成するため，次の事業を行う」として，調査研究，情報収集・提供と発信，講座・研修，相互交流，相談等の事業が掲げられている．

　2003年6月，名古屋市総務局主管で設置されたセンターは，11年を経た2014年4月に教育委員会所管の女性会館と併設されるに至った．11年間のセンター運営方式は，第1段階「NPO法人への業務委託（3年間）」，第2段階「指定管理者第1期（4年間）」，第3段階「指定管理者第2期（4年間）」の3段階となっている[15]．この3段階には，管理委託公募プロポーザル，指定管理者募集（第1期），指定管理者募集（第2期）が実施されている．本書では，名古屋市が作成したそれぞれの募集要項を参考にし[16]，「市民参加の論理」として協働のパートナーとしての視点と「行財政改革の論理」として契約額／指定管理料積算の視点から検討していきたい[17]．

2) 協働のパートナーとしての視点

第1段階として，2003年6月のセンター設置に向け，名古屋市は2003年4月に「男女平等参画推進センター管理委託公募プロポーザル」を実施し，NPO法人への業務委託をスタートさせた．参加要領の趣旨には「センターでは，管理運営・事業展開の面で，NPOと行政との協働を進めていくことを予定しています．本委託は，「名古屋市男女共同参画推進センター（仮称）設定に向けた提言」「名古屋市男女共同参画推進センター（仮称）基本構想」「名古屋市男女平等参画推進センター条例」の内容をふまえ，（中略）NPOの皆さんの創意・工夫をいかした市民参画型の管理運営をセンターで実施するものです」とNPOの専門性を活かすという趣旨が記されている．参加資格には「センターの管理能力を有し，かつ，男女共同参画社会の形成の促進を図ることを目的とするNPO法人〈中略〉で，活動の拠点が名古屋市内であるものとします」と名古屋市内のNPOへと限定がかかっていた．企画提案事項のその他管理業務のなかには，「行政へのフィードバック ① 管理運営上の改善点について行政スタッフとの調整，② 交流企画の実施を通して，センター事業として展開した方が良いと思われる企画についての行政スタッフとの調整」といった業務が配置されており，男女共同参画を推進する施策を実施する協働のパートナーとしてNPOを位置づける姿勢が読み取れる．

第2段階では，2003年の地方自治法改正によりセンターへ指定管理者制度（第1期）が導入されることとなり，2005年6月から指定管理者の募集が行われた．募集要項の「指定管理者が行う業務」において，「センターは，名古屋市男女平等参画推進センター条例（中略）に規定されている設置目的を達成するため，「市民との協働運営」という基本方針のもと，様々な面で市民参画の手法と採り入れながら，市民や事業者等を対象に取組を進めています」と現状を記した．そのうえで，「センターの一部の施設への指定管理者の導入は，これらの取組を実効性の高い形で推進し，条例に定める設置目的をより効果的に達成するもので，導入後は指定管理者と名古屋市との協働により，両者が一体となって施設の管理運営を行うことになります」と記されている．この時点で「指定管理者と名古屋市との協働」と明記されてはいるが，第1段階で明記されていた設置根拠となる「名古屋市男女共同参画推進センター（仮称）設定に向けた提言」，「名古屋市男女共同参画推進センター（仮称）基本構想」についての表記は削除され，フィードバックや調整といった具体的な文言はすでに表

出していない．指定管理者制度導入という背景のもと，指定管理者に対して，協働のパートナーとしての位置づけについて，以前より消極的な姿勢がみられる．

　第3段階となる指定管理者第2期は，2009年7月に応募が実施された．募集要項の「指定管理者が行う業務」の部分には，「センターは，『市民との協働運営』という基本方針のもと，『男女共同参画プランなごや21』などの施策の実現に向け，この地域の拠点施設として，様々な面で市民参画の手法を採り入れながら，市民や事業者等を対象に取組を進めていきます」となった．第2段階で記されていた「名古屋市男女平等参画推進センター条例（中略）に規定されている設置目的を達成するため」が削除された結果，「市民との協働運営」の市民とは，指定管理者も含まれるのかどうか．その位置づけがとらえにくくなっている．また，第2段階でみられるような「両者が一体となって施設の管理運営を行うことになります」という文言についても削除されており，「名古屋市と指定管理者」の関係を明記する文言は見当たらない．第3段階で，男女共同参画を推進するための施策の実施と施設管理が，完全に分離されている．

　第1段階から第3段階をとおしてみると，第1段階では，「NPOの皆さんの創意・工夫を生かした市民参画型の管理運営」として，センター運営をとおして政策を推進する協働のパートナーとして，NPOを積極的に位置づけている．第2段階は，指定管理者制度の導入により「指定管理者と名古屋市との協働により，両者が一体となって施設の管理運営」と施設の管理運営が優先となった協働へと変化がみられる．第3段階では，指定管理者と名古屋市の協働に関する関係を示す文言は見当たらなくなり，「市民参加の論理」から「行財政改革の論理」へと明らかに舵がきられている．

3）　契約額／指定管理料積算の視点から

　第1段階では管理委託という契約にもかかわらず，「契約は原則として1年単位で行い，3年を限として契約を更新する予定」とされ，「3年後には改めて公募を実施し，選考委員会で審査・選考を行います．なお，再選は可とします」と，複数年契約と再選の可能性について明記している．なお，契約額（年間1600万円以内）について「契約は，選考された団体と本市との交渉を経た後，予算額の範囲内で締結させていただきます」となっている．自治体とNPOが，対等に協働で管理運営するという姿勢が盛り込まれた「公募プロポーザル参加

要領」であるといえよう.

第2段階における指定管理料に関する記載は,参考として,前年度の年間費用が公開されている.選定基準には,「センターの設置目的を最も効果的に達成するとともに管理経費の縮減が図られるものであること」と明記し,指定管理者制度を導入することによるコスト削減が明確に打ち出され,「行財政改革の論理」へと大きな転換点となっている.

続いて,第3段階の指定管理者（第2期）における指定管理料積算にあたっては,センター全体に関する責任を,指定管理者が担うこととなるため,一般的には,それまで名古屋市職員が担っていた責任に対する対価（人件費）も,設定されるはずである.ところが,募集要項に記された「過去の実績にもとづく参考金額」には,センター全体に関する責任に対応する対価（人件費）は計上されていない.また,利用料金制がとられることとなり,男女共同参画の施策を実施する協働のパートナーから施設管理者へと,その位置づけが変化している.

センターは,全国各地の自治体が設置している男女共同参画を推進する拠点施設と同様の位置づけであり,一般的には,こうした拠点施設で実施されるさまざまな事業は,自治体の政策・施策と密接に関わっている.指定管理者事業等についても,政策・施策へのインパクト（有効性）が常に問われているのが現状である.センターの場合,第1段階から第3段階において,政策・施策へのインパクト（有効性）を求める表記がほとんど表出していない.

センターの運営に,スタート時点から深く関わってきた筆者は,「市民参加の論理」と「行財政改革の論理」の二つの動きの渦のなかに巻き込まれ,自治体とNPOとの協働のあり方を模索する日々が続いていた.その11年間を支えてくれたのが,NPOとして実施してきた評価である.評価は,常に自らの活動を問い直す機会となる.

（5）協働における実践事例からみえてくる成果と課題
1）指定管理者事業への参入

参画プラネットは,2005年5月24日に,愛知県からNPO法人として認証を受けた団体である.自治体からの講座企画などの事業を受託し,「事業型NPO」としての活動を開始し,2006年度にはセンターの指定管理者となり事業規模が拡大した.指定管理者事業へ参入した経緯は,以下のとおりである.

2005年9月，センターにおいて指定管理者制度の導入が決定された．参画プラネットがミッションとしてかかげている「男女共同参画の形成を図る活動」と合致するため，公募プロポーザルに応じることを決定した．審査の結果，指定管理者の候補となり，市議会の議決を経て，2006年4月からセンターの指定管理者となった．指定管理者の業務に携わる者（以下，メンバーという）の就業形態については，「NPOにおける有給労働とボランティアにまたがる中間領域に存在する者」であり「公務労働と民間労働の間に存在する者」であることから，労働法の「二重の境界線上に存在する者」といえる［渋谷 2008a：110-20］．この点を注視し，重きをおいた参画プラネットは，指定管理者事業の公募プロポーザルで，短時間労働およびワークシェアリングといった手法を取り入れた「新しい働き方」を提案した．

　「新しい働き方」，それは，男女共同参画という政策を推進する当事者（女性）が，責任を持ってセンターの業務を担い，従来の企業とは異なる（つまり，従来の働き方では負荷が高い状況の人々が参画できるような），新しい組織形態を持った働き方のモデルを構築することである．そして，参画プラネットが，設立当初から自主事業として実施している「キャリア・デザイン事業」との連携で，トライアル・ワーク制度を実施する．独自の「新しい働き方」のモデルの構築により，女性が社会とつながる機会を増やし，そのプロセスで力をつけて，次のステップを踏み出すこと（Education Empowerment）を目標とする．こうした提案を実現するために，ジョブ・ディスクリプション（業務全体の内容や手順を可視化し一人ひとりの業務内容を明確にする手法）を明確にし，「カスタマイズされた働き方」を具体化した．現在は，この「新しい働き方」のモデルで，仕事に就いた女性たちを追跡調査し，一人ひとりのエンパワーメントのプロセスを評価する仕組みを構築中である．

2）　参画プラネットと評価

　指定管理者事業への応募にあたって，参画プラネットは，評価システムを構築することを企画提案書に明記した．応募した当時，評価について，重要視されていない項目であった．しかし，NPOとしてのミッションと自治体の男女共同参画政策の推進を，的確に判断するためにも，評価は必須アイテムと考えたからである．

　まず，評価に関する参画プラネットの姿勢を記したい［渋谷 2008b：49-55］．

第2章 「新しい公共」とNPO　77

図2-3　行政活動の三層構造
出典：石原［2005：16］の図表1-1「政策体系図」を参考に筆者作成．

　行政の活動は，政策─施策─事務事業という三層の構造（図2-3を参照）をもって成り立っている．指定管理者事業は，「男女共同参画を進める」ための事業である．そこで，政策は「男女共同参画の推進」とし，その手段としての施策として「男女平等参画推進センターの設置」とした．さらに，施策を具体的に実現する手段としての事業として，「センターで実施されるさまざまな事業」を位置づけた．
　参画プラネットは，内部評価および外部評価の2種類の評価を行うこととした．内部評価は，「参画プラネットが，市民に対して，指定管理者事業の実施状況について，毎年，担い手としての責任を果たすために，制度として，内部評価を実施する」とその趣旨をかかげた．外部評価は，「第三者として専門家が，市民に対して，指定管理者事業の実施状況について，毎年，事業概要が的確であるかどうか判断するために，制度として，外部評価を実施する」ことを決定した．なお，専門家としては，弁護士，税理士および他都市で男女共同参画政策を担当していた行政職員が委員を担当した．いずれも，「市民主体」の視点を最優先するために，公開先を指定管理者事業の協定先である名古屋市ではなく，「市民に対して」とかかげ，「市民主体」の評価であることを明確に打ち出した．さらに，「制度として」とかかげたことにより，毎年，実施することが公約となった．
　評価を客観的に示すためには，どのような表し方がよいのか．参画プラネットでは，時系列に，以下の四つの「ものさし」を設定し，これに沿って評価を表すこととした．この「ものさし」は，筆者が行政評価委員として事務事業を評価していたときに，チェックポイントとして常に意識していたことである．

　① どれだけ使ったか（インプット）＝コスト（人件費も含むトータルコスト）

② どのようなサービスをしたのか（活動，事業）＝サービス業務の内容等

③ どれだけ生み出したか（アウトプット）＝提供したサービスの量等

④ どれだけの効果をあげたか（アウトカム）＝成果，結果，影響

それぞれの事業について，第1段階では，上記の四つの「ものさし」にあてはめ数値化（量的評価）し，第2段階においては継続的な調査研究をすることにより，アウトカムを明確化する評価（質的評価）へと発展させていった.

評価をする目的は，評価のための評価ではなく，事業を継続するための評価でもない.「市民主体」の視点に立った評価であり，市民が選択した「男女共同参画を進める」ための評価であるという考え方を，常に中心に据えることが重要である. 参画プラネットは，評価システムそのものが，市民にとっての男女共同参画推進に結びつくよう，次の三つの視点をもって活かし方を考えた.

㋐市民ニーズの把握につながるマーケティング調査として活かす

㋑質と効率を明確化し，事業計画へ反映して活かす

㋒公共経営の中心としての評価を政策形成に活かす

上記の三つの活かし方が達成されてこそ，生きた評価となるはずである.

3） サンセット方式[18]を取り入れた指定管理者事業

名古屋市男女平等参画推進センター指定管理者事業の枠組みは，表2 - 4のとおりである.

第1期は，名古屋市との協働運営という形式をとり，5名の名古屋市職員が常駐していた. 第2期には組織改編によりすべて本庁へ引き上げることが決定し，2010年4月からは指定管理者が主体となる単独運営となった. 第2期は名古屋市との協働運営ではなくなるため，責任分担表と業務分担表が作成された. 責任分担表によれば，「広報（講座・講演会・セミナーについての広報体制）」，「苦情対応等（利用者からの一般的な苦情等への対応）」は指定管理者が特に責任を負う部分と記された. 利用料金制による「利用料金収入の減」や運営費の上昇についてもすべて指定管理者の責任とされた. また，業務分担表によれば「災害及び事故等の不測の事態（緊急事態等）の対応に関すること」は，指定管理者の担当となり，台風や地震による施設待機が必要となったのである. さらに，施設の維持管理についても，1件250万円以内の修繕は指定管理者の費用分担となり，

表 2 - 4 名古屋市男女平等参画推進センター「つながれっと NAGOYA」
指定管理者事業の推移

	第 1 期	第 2 期
所 管	名古屋市総務局	名古屋市総務局
指定期間	2006年 4 月〜2010年 3 月（4 年間）	2010年 4 月〜2014年 3 月（4 年間）
形 態	名古屋市との協働運営	単独運営
予算規模	2,800万円	4,300万円
人件費	1,600万円	2,000万円
事業内容	①事業運営関係（一部）　②情報交流関係 ③管理運営関係　　　　④外部委託関係	①事業運営関係　②情報交流関係 ③管理運営関係　④外部委託関係
人員配置	名古屋市職員 （所長，係長，主査，主事 2 名） 指定管理者職員 （統括責任者，責任者 2 名，職員15名）	指定管理者職員 （センター長，副センター長 3 名，職員15名）

出典：筆者作成.

指定管理者がセンターに関する全責任を担うことが，募集要項で明記された.

　上記をふまえ，第 1 期指定管理者事業の内部評価，外部評価，自治体からの評価を分析した結果，法人としてミッションを具現化できる事業として，参画プラネットは第 2 期も公募に応じることを決定した. 積算に関しては，責任分担表と業務分担表等を基に，センター長をはじめ職員全体に「判断と責任」への対価を付加し，応募書類では，人件費積算額を約3000万円とした. ところが，ヒアリング審査前に，提出した応募書類に関する質問事項が届いた. その内容は「管理運営業務に要する収支の見込み額の詳細を知らせてほしい」との申し出だったのである. 名古屋市が募集要項で提示した「過去の実績にもとづく参考金額」と対比すると，人件費が1000万円ほどプラスして積算されていたからである. この申し出を受け，理事会で議論を重ねた結果，人件費の積算を約2000万円として再提出した. そして，指定管理者として選定されることとなった.

　このプロセスは，参画プラネットにとって，大きな転換点となった. 政策そのものに対して評価が確実に実施されている場合，政策推進に対応して施設への予算が配置され，担い手に対しても，適切な対価設定が可能となる. 一方，行政評価による「コスト削減が第一」という観点であれば，施設への予算は削減され，担い手の雇用処遇も劣化する. 政策の評価，施設の評価，担い手の評

表 2‐5　参画プラネット理事会での議論──サンセットへ

テーマ	現状と課題	今後に向けて
①名古屋市の男女共同参画政策と参画プラネットのミッションとの整合性	名古屋市男女共同参画計画における重点項目の変化	参画プラネットのミッションと名古屋市男女共同参画計画の整合性確認
②男女共同参画推進のための事業の枠組み	名古屋市の公募要項において，男女共同参画を推進するための事業手法が11年間にわたって変化なし	事業手法の検討が必要
③担い手の処遇（対価を含む）の的確性	均等待遇 女性のエンパワーメント SR（社会的責任）	実践研究継続
④評価のあり方	自己評価 外部評価委員会コメント 名古屋市評価	実践研究継続
②男女共同参画政策を進めるための手段として拠点施設の有効性	情報化社会の進展 施設利用者の動向変化	インターネットを活用 E-Learning

出典：筆者作成.

価，つまりこの三つの評価が総合的に行政内部で実施されないことによる，指定管理者事業の限界がみえてきたのである．

　その後，センターは事業仕分けの対象となり，2014年 4 月に名古屋市女性会館（所管：教育委員会）と統合された．新たな施設においても，指定管理者が公募されることとなったが，名古屋市が募集要項で提案している指定管理者事業の枠組みでは，法人としてのミッションを果たせないと理事会で判断（詳細は表 2‐5 を参照）し，参画プラネットは2013年 6 月に実施された指定管理者への公募を見送る決断をした．評価の視点でいえば，事業の修了というサンセット方式を取り入れたことになる．

　参画プラネットは，指定管理者事業に参入する段階で，指定期間があることを特徴ととらえ，4 年ごとに修了できるよう，評価においてサンセット方式の視点を取り入れていた．サンセット方式を取り入れた背景には，次のような示唆があったからである．公の施設を NPO が管理運営していくことは，NPO にとって仕事を得るための手段ではなく，ミッションを実現していくためでなければならない．であるならば，ミッションと極めて近い意味合いを持つ，長

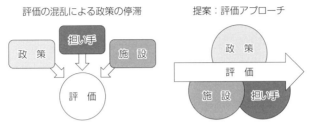

図2-4 評価アプローチの提案
出典：筆者作成．

期的なアウトカムを見据えた，成果主義の発想にもとづく評価を基礎に据えて事業を行っていくことの重要性が理解できる．これにより，NPO による指定管理者事業の質が向上し，事業の継続の可能性を高めていくとともに，公の施設の社会的意義も引き上げていくことができる．この意味で，成果主義にもとづく評価の実践は，指定管理者制度における NPO の役割を，最大限に発揮させていく一つの重要な手法になる［柏木 2007：284］．具体的には，指定期間が終了するごとに，名古屋市の男女共同参画政策と参画プラネットのミッションとの整合性，男女共同参画政策を進めるための手段として拠点施設の有効性，担い手の処遇（対価を含む）の的確性を見極めていたのである．

男女共同参画政策に関する評価の確立（政策評価），施設運営に関して下請け化しない協働のあり方（協働の視点による施設評価），公務との均等待遇をふまえた的確な担い手の処遇（労働評価）──「政策，施設，担い手」といった三つの分野全体を見通す，評価の確立が重要である（図2-4）．

╋ おわりに

公務の民間化が進み，委託契約や指定管理者制度といった手法で公務労働に多くの民間労働者が参入している．また，国・自治体等では，非常勤職員や嘱託職員といった不安定な身分で働く職員も増加している．本章では非正規公務員，および，委託請負・給付サービスの担い手（指定管理者および民間事業者等への委託請負・給付）である NPO について検討を重ねてきたが，他の公共サービスの担い手の現状についても，詳細な検討が必要である[19]．特に，地方自治体においては，その地域の公共サービスの担い手の労働環境の整備が適切でない場

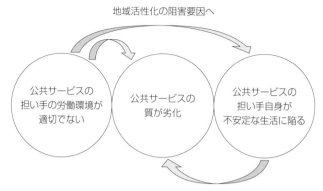

図 2-5 地域の公共サービスの担い手の労働環境の整備が適切でない場合
出典：筆者作成.

合には，公共サービスの質が劣化するだけでなく，公共サービスの担い手自身が不安定な生活に陥ることが予想され，地域活性化の阻害要因ともなる（図2-5）．

　こうした背景の下，2009年5月に公共サービス基本法が制定され，公共サービスの実施に従事する者の責務と労働環境の整備が記された．まず，公共サービス基本法第6条で，「公共サービスに従事する者は，国民の立場に立ち，責任を自覚し，誇りを持って誠実に職務を遂行する責務を有する」と掲げられた．この条文における「公共サービスに従事する者」とは，自治体の正規公務員や非正規公務員をはじめ，民間事業者や公社・事業団，第三セクター，NPO法人などに委託して実施する「委託請負・給付サービス」の担い手，そして自治体が市場から調達する工事請負や物品調達の担い手まで，広範囲にわたっている．

　さらに，この責務を果たすために，同法第11条では「国及び地方公共団体は，安全かつ良質な公共サービスが定期性かつ確実に実施されるようにするため，公共サービスの実施に従事する者の適正な労働条件の確保その他の労働環境の整備に関し必要な施策を講ずるように努めるものとする」としている．

　公共サービス基本法は，男女共同参画社会基本法と同様，基本法であるため，国の制度・政策に関する理念，基本方針を示すとともに，それに沿った措置を講ずべきことを定めている．一般的に，基本法の規定から直ちに国民の具体的

な権利・義務までが導き出されることはないため，今後は，公共サービス基本法を基本的方向として，公共サービスの担い手に関する立法政策と，関係政策の体系化へとつなげていくことが重要となってくる．詳細は，本書の第5章で論じる．

注
1） 地方公務員に関わる法制上，「常勤職員」や「非常勤職員」の明確な定義はなく，実務上，任期の定めがなく，勤務時間条例に定められた勤務時間を勤務し，本格的かつ恒常的業務を担う職員を常勤職員，それ以外の職員を臨時・非常勤職員とみなして地方自治体は職員の処遇を行ってきたとされる．臨時・非常勤等職員には，特別職非常勤職員（地方公務員法3条3項3号），一般職非常勤職員（同17条），臨時的任用職員（同22条2項・5項），任期付短時間勤務職員（任期付職法）などの種別がある．詳細は，上林［2009］を参照．本書では，自治体の常勤職員を正規公務員，臨時・非常勤職員を非正規公務員と表記する．

2） 2001年に成立施行した「行政機関が行う政策の評価に関する法律」では，行政機関は自らが行う政策の評価を実施し情報を公表すること，そのうえで，効果的かつ効率的な行政の推進に資するとともに，国民に説明する責任があると定められている．

3） 詳細は，渋谷［2005：85-100］を参照．

4） 詳細は，渋谷［2009：136-45］を参照．

5） 民主党の鳩山内閣が掲げた「新しい公共」は社会的な注目を浴びたが，これは2000年ごろから自民党政権（小渕内閣，小泉内閣，福田内閣）の下で議論がはじまっていた．「新しい公共」については，奥野・栗田［2010：2012］，『社会政策』5(1)等から示唆を得ている．

6） 公共サービス基本法（成立：2009年5月13日，施行：2009年7月1日）第2条で公共サービスについて，以下のように規定されている．「この法律によって「公共サービス」とは，次に掲げる行為であって，国民が日常生活及び社会生活を円滑に営むために必要な基本的な需要を満たすものをいう．一 国（中略）又は地方公共団体（中略）の事務又は事業であって，特定の者に対して行われる金銭その他の物の給付又は役務の提供 二 前号に掲げるもののほか，国又は地方公共団体が行う規則，監督，助成，広報，公共施設の整備その他の公共の利益の増進に資する行為」とされている．

7） 総務省「臨時・非常勤職員に関する調査結果について」（2012年4月1日現在）（http://www.soumu.go.jp/main_content/000215168.pdf，2017年12月1日閲覧）．

8） 大阪大学図書館職員事件・最一小判平6・7・14『労働判例』655号14頁．

9） 中津市（特別職職員）退職手当支給訴訟（福岡高裁・2013年3月26日），枚方市非常勤職員特別報酬支給訴訟（大阪高裁・2010年9月17日），茨木市臨時的任用職員期末手当支給訴訟（最高裁・2010年9月10日），東京都消費生活相談員に関する訴訟（最高

裁・2014年2月7日）が取り上げられている.

10)　雇用領域における官公庁の民間委託は1122億円で，人材派遣の形態が約7割といった報告もある. 全国求人情報協会『雇用領域における官公庁の民間委託研究会報告（2014年5月調査）』（https://zenkyukyo.or.jp/wp/wp-content/uploads/2017/05/007.pdf, 2017年12月1日閲覧）.

11)　前掲・注7の調査結果を参照した.

12)　詳細は，横山［2015：120-42］を参照.

13)　『労働判例』1001号（2010年）77-91ページ.

14)　『労働判例』973号（2009年）52-66ページ.

15)　筆者は，第1段階では業務委託を受託したNPO法人ウイン女性企画常務理事として，第2および第3段階では指定管理者を担当したNPO法人参画プラネット代表理事として，センターの運営に幅広く，責任をもって関わることとなった. 詳細は，渋谷［2005：85-100；2009：136-45］を参照.

16)　名古屋市総務局［2003：1-7；2005：1-10；2007：1-23］を参照した.

17)　NPO法人への業務委託（3年間）から，指定管理者第1期（4年間）の間は，名古屋市職員とNPO法人または指定管理者職員がセンターに駐在し施設管理と事業運営を分担していたが，指定管理者第2期（4年間）の段階では指定管理者のみが駐在し施設管理と事業運営を担っていた.

18)　個々の事業に寿命（期限）を入れて，その年限が来たときに自動的に事業は終了する，延長したいのであれば評価を行って効果があることを証明する，あるいは継続によってさらない効果が出ることを証明する立証責任を，事業継続・延長の主張者に負わせるのが「サンセット」である. 山谷［2012：161-162］を参照.

19)　こうした状況のなか，「公契約条例（法）制定運動」が広がりをみせている. 詳細は，永山利和・自治体問題研究所編［2006］，小畑［2010］等を参照.

第 3 章　指定管理者制度と NPO および「NPO 活動者」

─ 1. 指定管理者制度の制度設計

（1）指定管理者導入の社会的背景

　2001年 4 月に発足した小泉政権は，スローガンに「聖域なき構造改革」を掲げ，財政再建を大きな目標として，さまざまな構造改革を断行した．地方においても，三位一体の改革が推し進められ，地方分権の流れが加速した．そのなかで，地方自治の分野における規制緩和，公務の民間解放等，「民間でできることは民間に」を基本方針とする経済財政諮問会議の「骨太の方針」が2001年 6 月に閣議決定され，官民の役割分担についての議論がなされた．

　特に，「国と地方の三位一体改革」では，「中央から地方へ」と自治体の市場化・民営化を推し進め，この流れの中で，構造改革特区法，地方独立行政法人法が成立し，地方自治法が改正された．これはすなわち，国家による管理や裁量的政策を排し，できる限り市場の自由な調節に問題を委ねようとする新自由主義的な発想にもとづく，行政のスリム化への方策といえる．行政スリム化の理論的支柱とされるのが，New Public Management（以下，NPM という）である．NPM とは，国や自治体を企業と同一とみなし，国民，住民は顧客ないし消費者，人件費はコストと把握して，コストを削減して価格に見合った品質のサービス提供（Value For Money）をめざす，新自由主義的な行政経営手法である．競争原理の導入，業績・成果による評価，政策の企画立案部門と実施執行部門の分離の三つが，NPM の大きな特徴である．

　NPM には，市町村合併，トップマネジメント強化と行政組織の簡素化及び事業執行部門への権限委譲，外郭団体の統廃合，業績主義的人事管理，バランスシート，PFI，IT 化，政策および事務事業評価制度，外部監査，公務員制

度改革，独立行政法人，情報公開制度などさまざまなものが含まれるが，その中に，公務のアウトソーシングと民営化が重要な柱として位置づけられている［自治体アウトソーシング研究会 2005：12-16］．国と地方から社会経済の構造改革が進められるなか，内閣府に設置された総合規制改革会議において，指定管理者制度の創設に向けた検討が始まり，2002年12月には「規制改革の推進に向けた検討」が進められ，2002年12月の『規制改革の推進に関する第2次答申』のなかに，民間参入拡大による官製市場の見直しが掲げられた．こうした背景のもと，多様化する住民ニーズにより効果的，効率的に対応するため，公の施設の管理に民間の能力を活用することで住民サービスの向上を図るとともに，経費削減等を図ることを目的として指定管理者制度が誕生した．本制度は，公の施設の管理について，適正かつ効率的な運営を図ることをも目的としていた．

　本制度の施行前までは，公共施設の管理運営の経費執行も含め，独立した責任を明確にするために，出資団体への管理委託を継続していた．しかし，出資団体への天下りや，職員の公務員並みの待遇と，毎年度自動的に契約更新される緊張感の欠如などで，十分な効果がみられず，民間事業者への管理委託を一定条件下に開放したという流れもある［南 2011：16］．

（2）「公の施設」に関する法制度設計

　「公の施設」に関する法制度を振り返ると，1963年の地方自治法改正によって，「公の施設」に関する制度の創設が規定され，「公の施設」の管理委託については，公共団体および公共的団体のみに限定されることとなった．その28年後，1991年の地方自治法改正で「公の施設」の管理受託者として，土地改良区などの公共団体，農協，生協などの社会公共的な組織および活動目的の公共的団体，地方公共団体の2分の1以上の出資法人等による管理運営が容認され，同時に「利用料金制」の導入も図られた．以下，条文を記しておく．

　　（旧）地方自治法第244条の2第3項
　　　　　　　地方公共団体は，公の施設の設置の目的を効果的に達成するため必要があると認めるときは，条例の定めるところにより，その管理を普通地方公共団体が出資している法人で政令で定めるもの又は公共団体若しくは公共的団体に委託することができる．
　　（旧）地方自治法施行令第173条の3

地方自治法第244条の2第3項に規定する普通地方公共団体が出資している法人で政令で定めるものは，次に掲げる法人とする．

1　普通地方公共団体が資本金，基本金その他これらに準ずるものの2分の1以上を出資している法人

2　前号に掲げる法人のほか，当該法人の業務の内容及び当該普通地方公共団体の出資の状況，職員の派遣の状況等の当該普通地方公共団体との関係からみて当該公の施設の適正な管理の確保に支障がないものとして自治省令で定めるもの

この1991年改正を受け，出資団体の独立した会計により，公共施設の管理運営コストがある程度の把握ができるようになり，同時に，経営努力がそのまま必要経費に充当できるような経営的な要素が加わった．その後，地方自治法が改正（2003年6月）され，「公の施設」の管理についてその適正かつ効果的な運営を図ることを目的として，必要があると認めたときは条例の定めるところにより指定管理者制度が導入されることとなった．改正された地方自治法第244条の2によれば，「当該地方公共団体が指定する法人その他の団体」と変更され，この団体を「指定管理者」と位置づけた．指定管理者の対象が「当該地方公共団体が指定する法人その他の団体」とされたことで，NPO法人を含む民間事業者等が指定管理者として「公の施設」を管理することができるようになった．

地方自治法第244条では，住民の福祉を増進する目的をもって，その利用に供するための施設を「公の施設」と定めている．図書館，公民館，博物館（美術館），文化ホール，保育所，国際交流センター，男女共同参画センター，老人センター，障害者センター，人権センター，隣保館，児童館，コミュニティセンター，病院，診療所，スポーツ施設，駐輪場・駐車場などである．これらの施設について，行政が民間事業者（企業・地域団体・NPO等）に管理を行わせることができるとした根拠が，指定管理者制度である．さらに，管理委託を行っている「公の施設」については，この法律の施行後3年以内に当該公の施設の管理に関する条例を改正することが義務づけられ，自治体では，公共施設の管理運営に関して，直営または指定管理者制度のいずれかを選択することになった．また，指定管理者制度の導入後，元の委託先法人を指定管理者とするか，民間事業者を含めて公募し選定するかは各自治体に任されていた．

（3）指定管理者制度

1）指定管理者制度とは

指定管理者制度の導入にあたって，当初，自治体が指標としたのは2003年7月に示された「地方自治法の一部を改正する法律の公布について（平成15年7月17日付け総行行第87号総務省自治行政局長通知[1]）」である．国の通達および通知に法的拘束力はないとされているが，本制度導入にあたっては，多くの自治体が，この通知に示された「改正の趣旨・留意点」に則り制度を構築しており，指定管理者の実質的な選定基準になったと考えられる．具体的には，住民の平等利用の確保（公平性），施設の効用の最大化（有効性），管理経費の縮減（経済性），安定管理遂行のための物的・人的能力の保有（安定性）の4点である．

2003年に改正された地方自治法第244条の2には，指定管理者の「指定の手続き」，指定管理者が行う「管理の基準」および「業務の範囲」その他必要な事項を，条例で定めなくてはならないとしている．条例制定後，指定管理者制度を導入する施設の名称，指定管理者となる団体の名称，指定期間を議会の議決をもって定めるものとしている．つまり，指定管理者制度を運用するためには，指定手続きに関する条例議決と，指定管理者を決定する段階での議決とにおいて，議会が関与することになる．

選定基準となった公平性，有効性，経済性，安定性といった基準は，「指定の手続き」内で規定され，「業務の範囲」に明示される．指定管理者の指定の申請をしようとする者は，選定基準にもとづいて事業計画書等の定められた書類を作成し提出することとなる．

ここで，上記の4点の選定基準について考えてみたい．公平性については，「公の施設」として当然求められる要件である．経済性の追求も，財政再建を目指す自治体としては必要な事項である．安定性も，施設の継続的な管理運営のために，委任を受ける団体の経営基盤と人的資源の安定は必須事項である．問題は，有効性である．全国約15万カ所といわれる公の施設の中には，公営住宅をはじめ，ごみ処理施設などの衛生施設，保育所や母子寮などの民生施設，プールや体育館のようなスポーツ施設，公民館や生涯学習センターなどの社会教育施設，男女共同参画センターや人権センター等の特定の政策推進を目的とした拠点施設，博物館・美術館などの文化施設がある．こうした「公の施設」の有効性については，公営住宅やスポーツ施設といった単なるサービス供給施設と同様の視点で，公民館や生涯学習センターなどの社会教育施設，男女共同

参画センターや人権センター等の特定の政策推進を目的とした拠点施設等を，一律に論じることには無理がある．なぜなら，前者の有効性は投入費用（インプット）とサービス産出量（アウトプット）の比率関係の上昇を意味する，いわば効率性であり，後者の場合は，単純なアウトプットのみならず，社会的に有益な変化をいかに実現したかというアウトカム（有効性）が重要となるからである．なお，アウトカム（有効性）をとらえる手段として，政策評価は非常に有効なツールであり，政策評価への取り組みは，指定管理者制度の重要なポイントとなってくる．

　指定管理者制度を導入する自治体は，選定や政策評価に取り組む上で，施設設置の条例において設置趣旨をふまえた目的規定および選定基準を明記することが求められる．事例として，筆者が指定管理者事業を担当した名古屋市男女平等参画推進センター条例を一部転載する．

　　名古屋市男女平等参画推進センター条例（一部転載）
　　名古屋市男女平等参画推進センター（以下「センター」という．）は，男女平等及び参画（以下「平等参画」という．）の推進に関する施策を実施するとともに，市民および事業者による平等参画の推進に関する取り組みを支援することを目的とする．
　　第5条　市長は，次に定める基準に従い，指定管理者を選定するものとする．
　　（1）　市民の平等利用が確保されること．
　　（2）　事業計画書の内容が，第2条第1項に規定するセンターの設置目的を最も効果的に達成するとともに管理経費の縮減が図られるものであること．
　　（3）　指定管理者の指定を受けようとする者が，事業計画書に沿った管理を安定して行う物的および人的能力を有していること．（後略）

　自治体の総合計画や基本計画を基にした施設設置理念の確立の後に，「選定の基準」や「業務の範囲」が明確となり，「施設効用の最大化」に相当する価値基準が明らかになってくる．その上で，客観的，中立性の高い選定に関する評価基準の設定が必要となる．選定に関する評価基準確定のためには，自治体政策の遂行において，地域住民，企業，非営利団体など，地域構成主体と自治体の両者間を連結する支援機能の役割と，その機能を果たす「協働」の概念が

表3-1 指定管理者が導入されている施設数

(単位：施設)

区 分	都道府県	政令指定都市	市区町村	合 計
北海道	263	416	5,067	5,746
青森県	62		1,847	1,909
岩手県	92		1,532	1,624
宮城県	60	328	1,158	1,546
秋田県	86		1,085	1,171
山形県	141		822	963
福島県	123		1,323	1,446
茨城県	224		1,000	1,224
栃木県	53		854	907
群馬県	47		748	795
埼玉県	69	242	1,211	1,522
千葉県	64	118	1,939	2,121
東京都	1,804		3,793	5,597
神奈川県	326	1,265	926	2,517
新潟県	36	390	1,473	1,899
富山県	85		754	839
石川県	125		1,388	1,513
福井県	47		713	760
山梨県	76		526	602
長野県	37		2,160	2,197
岐阜県	41		1,618	1,659
静岡県	43	496	980	1,519
愛知県	74	438	2,064	2,576
三重県	98		973	1,071
滋賀県	91		824	915
京都府	46	386	693	1,125
大阪府	438	575	1,021	2,034
兵庫県	585	994	2,222	3,801
奈良県	30		885	915
和歌山県	39		392	431
鳥取県	36		638	674
島根県	26		1,290	1,316
岡山県	69	254	1,245	1,568
広島県	152	606	2,086	2,844
山口県	171		943	1,114
徳島県	42		671	713
香川県	77		450	527
愛媛県	50		702	752
高知県	34		858	892
福岡県	259	734	1,062	2,055
佐賀県	100		374	474
長崎県	132		874	1,006
熊本県	77	399	558	1,034
大分県	129		1,047	1,176
宮崎県	133		861	994
鹿児島県	168		1,853	2,021
沖縄県	163		1,209	1,372
合 計	7,123	7,641	58,712	73,476

出典：『公の施設の指定管理者制度の導入状況に関する調査結果』(内閣府，2012年
11月) 1ページ.

第3章 指定管理者制度とNPOおよび「NPO活動者」 *91*

表3-2 指定管理者制度導入施設の指定期間別状況

（単位：施設，%）

区分	都道府県	政令指定都市	市区町村	合　　計
1年	31(0.4%)	109(1.4%)	559(1.0%)	699(1.0%)
2年	1,459(20.5%)	118(1.5%)	1,080(1.8%)	2,657(3.6%)
3年	1,607(22.6%)	1,013(13.3%)	13,769(23.5%)	16,389(22.3%)
4年	547(7.7%)	2,798(36.6%)	4,097(7.0%)	7,442(10.1%)
5年	3,406(47.8%)	3,302(43.2%)	34,424(58.6%)	41,132(56.0%)
6年	5(0.1%)	132(1.7%)	243(0.4%)	380(0.5%)
7年	10(0.1%)	4(0.1%)	143(0.2%)	157(0.2%)
8年	9(0.1%)	6(0.1%)	107(0.2%)	122(0.2%)
9年	1(0.0%)	17(0.2%)	220(0.4%)	238(0.3%)
10年以上	48(0.7%)	142(1.9%)	4,070(6.9%)	4,260(5.8%)
合　計	7,123(100.0%)	7,641(100.0%)	58,712(100.0%)	73,476(100.0%)

出典：『公の施設の指定管理者制度の導入状況に関する調査結果』（内閣府，2012年11月）6ページ．

鍵となる．

2） 指定管理者制度の現状

　総務省自治行政局では，2009年度および2012年度に『公の施設の指定管理者制度の導入状況等に関する調査結果』（以下，2009年度総務省調査，2012年度総務省調査という）を実施している．上記の調査を参考にして，現状を分析する．

　2012年度総務省調査によれば，全国で指定管理者制度が導入されている公の施設は7万3476カ所である．表3-1で，都道府県，政令指定都市，市区町村別の制度導入数と割合について示した．このうち，民間企業等（株式会社，NPO法人，学校法人，医療法人等）が指定管理者となっている施設は，33.2%（都道府県：2304施設／32.3%，政令指定都市：3077施設／40.3%，市区町村：1万9003施設／32.4%）である．

　指定管理者制度導入施設の指定期間別状況（表3-2）をみると，3年が22.3%，4年が10.1%，5年が56.0%となっている．5年の割合が，2009年度総務省調査（5年：47.3%）と比べると8.7ポイント増加した．

　公募での選定は，全体では43.8%である．都道府県と政令指定都市は，60%を超えているが，市区町村は38.9%であった．また，選定基準は「サービス向

表3-3　指定管理者の評価の実施状況

(単位：施設, %)

区　　分	都道府県	政令指定都市	市区町村	合　　計
評価を実施している施設数(A)(A/C%)	7,117(99.9%)	7,392(96.7%)	38,787(66.1%)	53,296(72.5%)
うち公共サービスについて専門的知見を有する外部有識者等の視点を導入(B)(B/C%)	3,339(46.9%)	4,836(63.3%)	9,044(15.4%)	17,219(23.4%)
指定管理者制度導入施設数(C)	7,123(―)	7,641(―)	58,712(―)	73,476(―)

出典：『公の施設の指定管理者制度の導入状況に関する調査結果』(内閣府, 2012年11月) 10ページ.

表3-4　労働法令の遵守や雇用・労働条件への配慮規定の協定等への記載状況

(単位：施設, %)

区　　分	都道府県	政令指定都市	市区町村	合　　計
1　選定時に示している, かつ, 協定等に記載している	5,606(78.7%)	5,542(72.5%)	21,697(37.0%)	32,845(44.7%)
2　選定時にのみ示している	221(3.1%)	764(10.0%)	6,602(11.2%)	7,587(10.3%)
3　協定等にのみ示している	219(3.1%)	137(1.8%)	4,211(7.2%)	4,567(6.2%)
4　選定時に示さず, 協定書等にも記載していない	1,077(15.1%)	1,198(15.7%)	26,202(44.6%)	28,477(38.8%)
合　　計	7,123(100.0%)	7,641(100.0%)	58,712(100.0%)	73,476(100.0%)

出典：『公の施設の指定管理者制度の導入状況に関する調査結果』(内閣府, 2012年11月) 12ページ.

上」が最多（95.3%）で，次いで「業務遂行能力」（94.0%），「管理経費の節減」（92.4%）と続いている.

　アウトカム（有効性）をとらえる手段としての評価（表3-3）は，72.5%（都道府県：99.9%，政令指定都市：96.7%，市区町村：66.1%）の施設で実施しており，2009年度総務省調査（61.4%）から11.1ポイント増加している.

　労働法令の遵守や雇用・労働条件への配慮（表3-4）について，61.2%（都道府県：84.9%，政令指定都市：84.3%，市区町村：55.4%）の施設で選定時に協定等

第3章　指定管理者制度と NPO および「NPO 活動者」　*93*

表 3 - 5　指定管理者の指定取消等の事例

(単位：施設, %)

区　　分	都道府県	政令指定都市	市区町村	合　　計
1　指定管理者の指定を取り消した事例	153(25.2%)	43(51.2%)	635(36.8%)	831(34.4%)
2　期間を定めて管理の業務の停止を行った事例	7(1.2%)	0(0.0%)	44(2.6%)	51(2.1%)
3　指定期間の満了をもって指定管理者制度による管理を取り止めた事例	447(73.6%)	41(48.8%)	1,045(60.6%)	1,533(63.5%)
合　　計	607(100.0%)	84(100.0%)	1,724(100.0%)	2,415(100.0%)

出典：『公の施設の指定管理者制度の導入状況に関する調査結果』(内閣府, 2012年11月) 13ページ.

に提示している.

　個人情報保護への配慮規定については, 95.4%（都道府県および政令指定都市：100.0%, 市区町村94.2%）の施設で選定時や協定等に提示している.

　なお, 表 3 - 5 によれば,「指定の取消」(831施設),「業務の停止」(51施設),「指定管理の取りやめ」(1045施設) といった指定管理者の指定の取り消し等は, 2415施設となっており, 2009年度総務省調査 (2100施設) より, 増加傾向にある. 指定管理者の指定を取り消した理由としては, 施設の休止および廃止が192施設 (23.1%) と最も高い. 指定管理者の経営困難等による撤退（指定返上）が133施設 (16.0%), 施設の民間等への譲渡が121施設 (14.6%), 東日本大震災による影響が33施設 (4.0%) と続く. 指定管理者の不正事件 (28施設：3.4%) および指定管理者の業務不履行（9施設：1.1%）といった理由もある.

3）　法制度としての指定管理者制度

　指定管理者制度は, いうまでもなく地方自治法上の制度である. 単に公の施設の管理手法としてだけではなく, 行政事務の民営化を象徴する制度として位置づけられる. 指定を受けるのは,「法人その他の団体」であって, 従来の管理委託制度の対象外であった民間企業等を含み, 個人は対象外であるが法人格は必ずしも要しない.

　一般的に, 法人その他の団体であって, 当該普通地方公共団体が指定するものと自治体は, 協定を締結することとなっている. これは, 地方自治体に独自

の「指定管理者制度にもとづく協定」で，地方自治法第244条の2第3項「普通地方公共団体は，公の施設の設置の目的を，効果的に達成するため必要があると認めるときは，条例の定めるところにより，法人その他の団体であって当該普通地方公共団体が指定するもの（以下本条及び第244条の4において「指定管理者」という）に，当該公の施設の管理を行わせることができる．」にもとづいており，総務省としては，指定管理者の指定というのは行政処分であって，協定は地方自治法上の契約ではないとしている．しかし，この条項に，協定という文言の定めはなく，総務省がその通知で「協定等」という文言を使っているに過ぎず，協定に盛り込まれる項目も一般の契約と変わりはなく特別な片務性があるわけではない［菅原 2011：73］．

　制度の基本的な仕組みをみると，自治体と指定管理者との法律関係は基本的には契約関係であり指定管理者は自治体の委託契約先である．また，指定管理者は自治体から完全に独立して公の施設の管理事務を行うわけではなく，公の施設の管理事務を行う際の指定管理者の法的地位は自治体の機関であり，指定管理者に委託されても自治体の事務であることには変わりはない［森 2008：205-206］．したがって，実態からみると，指定管理者は公の施設の管理事務において，自治体の委託契約先であるとともに，自治体の機関の立場で管理事務を行うという二つの法的側面を持っている［森 2008：225-226］．指定管理者制度は，一般的な委託事業と異なり，行政処分権を持つことも含め，複雑な側面を抱えている．

　こうして，指定管理者制度の導入により，NPO は民間事業者として，公の施設の管理事務において，自治体の委託契約先であるとともに，自治体の機関の立場で管理事務を行うという二つの法的側面を持ち，行政処分権を持つ組織として位置づけられ，「NPO 活動者」は公の施設において，公務員が担っていた公共サービスの担い手となった．現実的には，条例の定めを基にして，利用料金を指定管理者の収入と位置づけ，料金決定等の裁量が可能となることにより，自由な経営ができる範囲が広がっていった．なお，指定管理者制度は，自治体と NPO 等を含む民間事業者との責任分担を決めたうえで大きな裁量を与え，公共サービスの合理化と質の向上を目指すものである．この制度の下では，民間事業者は，すでに建設された公共施設の運営を任されることが多いため，初期投資をほぼ必要としないという利点がある．さらには，使用許可に関する権限を持つことにより，指定管理者が行政処分の一部を担い，自治体以外に公

第3章 指定管理者制度とNPOおよび「NPO活動者」 95

権力行使にかかわる主体として，NPO等を含む民間事業者が登場したのである．NPOが公権力行使の主体となった場合，自治体との関係はどのように変化していくのだろうか．

ここで，自治体における政治的な混乱の影響を受けた男女共同参画センターにおいて，ジェンダー・バッシングが起きたことによる裁判事例を取り上げ，NPOと自治体との政治的な関係のあり方について検討する．

╋ 2.「公の施設」における政治的混乱とNPO

（1）男女共同参画センターにおけるジェンダー・バッシング

豊中市・とよなか男女共同参画推進財団事件では，ジェンダー・バッシングという威圧的で精神的な暴力が駆使されていた実態が明らかとなった．男女共同参画センターといった公的施設が，政治的な混乱の渦の中に巻き込まれた場合，自治体（豊中市）や財団，センター職員（特に，館長であったX）がどのように対応したのか．これらの三者の間は，政治的な混乱に巻き込まれる前には，どのような関係が構築されていたのか．本事例は今後，政治的な動きと男女共同参画センターとの関係を考えるために，さまざまな視点から示唆となる．

労働問題の視点からは，バックラッシュといった政治的な動きにより，男女共同参画センターが標的となり，NPOが指定管理者事業等を担当している場合，そこで雇用されている人々への多大な影響も想定される．

（2）豊中市・とよなか男女共同参画推進財団事件／最高裁二小平成23年（2011年）1月20日決定，大阪高裁平成22年（2010年）3月30日判決[2]，福岡地裁平成19年（2007年）9月12日判決[3]

1）事実の概要

本件は，豊中市（以下，Y_1）が全額出資した財団法人とよなか男女共同参画推進財団（以下，Y_2）に，2000年9月1日に雇用され，2004年3月31日雇用期間満了によりY_2財団を雇止めされた非常勤館長（以下，X）が，雇止めの無効と不採用を請求した事案である．

当事者

Y_2財団は2000年に設立された財団法人であり，「とよなか男女共同参画推進センター条例」にもとづいて，Y_1市から「とよなか男女共同参画推進センタ

ーすてっぷ」（以下，「すてっぷ」）の管理を委託されている．Y_1市は，Y_2財団に全額出資している自治体である．Y_2財団に関する事務を担当する部課は，人権文化部及び男女共同参画推進課である．Y_1市は，Y_2財団の設立時に職員採用選考委員会を設置し，委員会は「すてっぷ」の館長を全国公募することとし，2000年5月1日，その募集要項を定めた．応募資格は「男女共同参画社会の実現について，活動の実績があるとともに，行動力や情熱があり，積極的に取り組む意欲のある人」で，職務内容は，財団が行う「事業の企画・立案及び実施の統括．財団が実施する講座等の講師」であった．なお，応募者は60名を超え，第一次選考は小論文により，第二次選考は面接により行われた．Xは，館長の採用選考に応募し，2000年7月28日，職員選考委員会から，館長として採用する旨の採用通知を受領した．Xは，9月1日からY_2財団の嘱託職員（館長）として雇用され，2004年3月31日，雇用期間満了によりY_2財団を雇止めされた．

　Y_2財団の職員構成は，嘱託職員（館長，パートタイム職員，臨時職員），豊中市からの派遣職員（事務局長，事務局次長，課長，課長補佐，主任），プロパー職員（情報主任，相談主任）であった．このうち，嘱託職員の雇用期間は嘱託職員就業規則4条により「1年以内とする」と規定され，この規定は，館長就業規則3条と同様である．しかし，X以外の嘱託職員の雇用期間は更新されてきており，X以外に，これまで雇止めされた嘱託職員はいない．

　事件の概要

　Xが館長として採用された経緯は，Y_2財団の設立時に職員採用選考委員会が設置され，同委員会が，「すてっぷ」の館長を全国公募することとしたことに端を発する．館長の職務は，就業規則第5条によると，財団の目的を推進するための啓発，広報活動及び財団事業の企画，立案，実施を統括することとなっている．年俸は360万円（交通費及び賞与はなし），週22.5時間の勤務条件であった．辞令書には，雇用期間が2001年3月31日までであることと，注意書きとして「その雇用期間の満了時に任命権者からの別段の意思表示がない場合には再雇用しないものとする」旨が記載されており，採用通知書には「任命権者から別段の意思表示がない限り，雇用期間が延長された場合でも，労働条件に変更はない」と記載されていた．Xは，2001年4月1日，Y_2財団から，雇用期間を2002年3月31日までとする辞令書および雇用通知書を受け取っている．その後，2002年4月1日，2003年4月1日に，同様な内容の辞令書および雇用通

知書を受け取った．以後は，組織変更後の館長に採用されることなく，2004年
3月31日に雇用が終了したとされた．以下，この更新拒絶を「本件雇止め」と
する．

X は，東京都議会議員や大学の教員を務めるなど，全国的に知名度が高い
女性である．X は，「すてっぷ」の館長就任後は，市内の団体やグループの求
めに応じ，出張して講演を行うとともに，「すてっぷ」内で開催するジェンダ
ー問題に関する各種講座を企画・実施するなどしてきた．X は，事業活動の
企画立案や実施について，Y₁ 市および Y₂ 財団から指揮監督を受けることは
なかったが，マネジメント業務に関わることはほとんどなかった．

2002年ごろから，「すてっぷ」の活動に対する批判的な動き（バックラッシュ）
があり，Y₁ 市が制定に向けて準備していた「豊中市男女共同参画推進条例」
等の条例案についても，F 市会議員を中心とした激しい攻撃があった．Y₁ 市
では，「豊中市男女共同参画推進条例」を2003年3月制定する予定で条例案を
まとめていたが，バックラッシュ勢力により上程を延期していた．なお，上記
条例案は，2003年9月16日，豊中市議会に上程され，同年10月1日議会で承認
議決を得た．同条例案が議決された市議会では，F 議員は執拗に反対の討論を
行ったが，議決に際しては，賛成に回った．

2002年8月，Y₂ 財団の A 事務局長は，非常勤嘱託の館長では，事業全体を
統括していくことに限界を生じ，実質的には，事務局長が統括せざるを得ない
事態にあるという課題を盛り込んだ，Y₂ 財団の事務局体制の整備に関する文
書を作成し，Y₁ 市の人権文化部に提出した．これを受けて，A 事務局長と Y₁
市との間での事務レベルでの協議が行われ，その結果，プロパー職員の事務局
長（後に常勤館長へと変更）に一本化する方向が固められ，これについて，2003
年10月30日，Y₂ 財団理事長の承認が得られた．

Y₁ 市 B 人権文化部長と Y₂ 財団の A 事務局長は，X に伝えることなく，X
の後任候補に接触し，候補者を訴外 D に絞り込んだ．そして最終的に，Y₂ 財
団理事による常勤館長選考委員会が設置され，2004年2月22日，訴外 D と X
を選考対象者として選考試験を実施し，訴外 D を合格，X を不合格とし，訴
外 D を同年4月1日以降の「すてっぷ」新館長として選任した．Y₂ 財団は，
理事会の議決を受けて，「すてっぷ」の非常勤館長職を廃止し，同年3月31日，
雇用期間満了により X を雇止めとした．これに対して X は，本件雇止めは，
X が男女共同参画社会の実現について活発に活動を続けていたことから，バ

ックラッシュ勢力の不当な攻撃となり，Y_1市およびY_2財団がその勢力に屈して，Xを阻害して「すてっぷ」の組織変更を行うなどしたためであって，本件雇止めおよび新館長についての不採用（以下，「本件不採用」とする）は違法であるとして，Y_1市およびY_2財団に対して，雇用契約における債務不履行または共同不法行為による損害賠償請求権にもとづき，慰謝料等の支払いを求めた．

本件の争点は，本件雇止めおよび本件不採用である．

2）一審判決
本件雇止め
雇止めの違法性について，「一定程度の更新が予定されていたとはいえ，当然に更新されるものではなく，更新されることが法的な権利と構成できるような状況にあったともいえない」とした．また，「すてっぷ」の活動に反対するバックラッシュ勢力の動き（貸室での恣意的行動，ファックス文書事件，講演会におけるXの発言に関する噂，密約の存在）については，その存在を認めつつも「これがX排除の言動力となり，Xを雇止めするための口実として，本件組織変更が計画，実施されたと認定することはできない」と判断した．そのうえで「Y_2財団事務局職員体制整備のために組織変更を行うことになり，これに伴い，非常勤館長職が廃止となるため，雇止めとなったことが認められ，「すてっぷ」に対し反対する勢力に屈したことや，条例制定と引き換えに館長職から排除するとの密約があったなどとは認められない」とし，雇止めは違法ではないとした．

本件不採用
パートタイム労働法の指針による優先的な応募機会について，「パートタイム労働法指針は，努力義務を課する指針であって，法的な義務を課しているとは解されない」とし，「しかも，同指針は，同種の業務に関するものである」が，本件組織変更前後の館長の業務は相当に異なり，上記指針の適用は認められないとした．採用選考委員会の委員の選任については，「選任手続きが恣意的であったともいえない」し，本件組織変更に伴う常勤館長の採用についても，財団職員採用要綱をみると「要綱違反となるとはいえない」ため，Y_1市およびY_2財団がXを排除しようとしたとはいえず，選考手続きにも不正が認められないとし，Xに慰謝料を支払わなければならない程度の違法性があったと

いうことはできないとした.

判決の結論

本件雇止めは違法であるとはいえず,本件不採用において,Xに対して慰謝料を支払わなくてはならない程度の違法性があったと認めることはできず,また,共同不法行為が成立する余地がないとして,Xの請求を棄却した.

3） 控訴審判決

本件雇止め

Y_2 財団や「すてっぷ」の設立の目的,Y_1 市との関係,雇用条件やXを採用した経緯などから,「すてっぷ」館長職の雇用関係につき,「地方公共団体の職務を行う特別職の非常勤の公務員の地位に準ずるものと扱われるべき」であるとし,館長としてのXの「雇用について期限を定めたことを違法とはいえず,雇用期間経過後の更新についても解雇の法理は適用されないから,期限付き雇用が数回更新されても期限付きでない雇用に転化するものではなく,信義則から更新の権利義務が生じることもなく,更新拒絶については原則として雇用者の自由であって,特段の合理的理由を必要としない」とした.

本件不採用

本件組織変更前後の「すてっぷ」館長職が,実質上,同一の職務であるといいがたいことにかんがみると,パートタイム労働法の趣旨に反することなどにより,違法であるとはいえず,また,新館長の雇用は,Y_2 財団の「政策的または政治的裁量・責任の下に行われるべきであって」,その選任は選任権者の自由裁量によるのであって,Xが本件組織変更前に非常勤館長として3度,3年余にわたり雇用期間が更新されてきたからといって,「Xが当然に新館長に就任する権利を有していたとはいえない」し,そのような期待を有していたとしても,それについて法的な権利を認めることはできないとして,本件不採用につき,「雇用契約上の債務不履行または不法行為には該当しない」とした.

人格権侵害

本件雇止めおよび本件不採用に至る経緯について,判決は別個に検討し,いわゆるバックラッシュ勢力によるXへの攻撃活動が繰り返されていた中で,「XをY₂財団から排除するのと引換えに条例の議決を容認するとの合意を,F議員らの勢力と交わすに至っていたものとの疑いは完全に消し去ることはできない」等としたうえで,「Xが館長として継続して就任していられるかどうか

は，重大な関心事であったのは当然であり，上記攻撃行動がYら関係者から，館長職の在り方や候補者いかんについてその都度説明を受けてしかるべき立場にあったというべきである」とした．さらに「現館長職にある立場にあってみれば当然にあるべき職務内容として与えられるべきであるか取るべき職務内容として与えられるべき態様ないし行動であって，これをないがしろにし，さらにはXの意向を曲解して行動するYらの担当者の動きがあった場合には，Xの人格権を侵害するものといわなければならない」とした．

共同不法行為の成否

本件雇止めおよび不採用について「中立的であるべき公務員の立場を超え，Xに説明のないままに常勤館長職への移行に向け動き，Xの考えとは異なる事実を新館長候補者に伝えて候補者となることを承諾させたのであるが，Xを次期館長職には就かせないとしか評価せざるを得ない〈中略〉これらの動きにおける者たちの行為は，現館長職の地位にあるXの人格を侮辱したものというべきであって，Xの人格的利益を侵害するものとして，不法行為を構成する」として，Yらの共同不法行為を認めた．

判決の結論

一審を変更して，Y₁市およびY₂財団の共同不法行為を認め，慰謝料の支払いを命じた．

4）　最高裁の判断

本件は上告・上告受理申立され，2011年1月20日に棄却・不受理となった．

5）　検　　討

一審および控訴審判決では，本件雇止めおよび本件不採用に関しての不法行為性は否定した．一般的に，民間企業の有期契約労働者に対する期間満了に伴う更新拒絶については，解雇権濫用法理の類推適用を通じた保護法理が確立している[4]．任期付任用公務員およびそれに準ずる外郭団体の職員に対する更新拒絶については，こうした雇止め制限法理を通じた救済を否定する裁判例が一般的であり，本件においても任期付任用公務員に準じる判決となっており，外郭団体における非常勤職員の救済に関しては限界が生じている．しかし，本判決では，Xの男女共同参画の実現に向けた積極的な取り組みが，バックラッシュ勢力である市議会議員や一部市民からの名指しの批判を受け，Xを館長と

して雇用しているYらの責任が，バックラッシュ勢力から執拗に追及されたことがきっかけとなり，Y₂財団の組織を変更することでXを排除したことについて詳細に事実認定し，Y₁市およびY₂財団の共同不法行為を認め，慰謝料の支払いを命じた．

ここで，バックラッシュ勢力について記しておきたい．男女共同参画社会基本法（以下，基本法）が1999年に施行され，その後，地方自治体においては男女共同参画に関わる条例が続々と制定された．一方，2000年初頭ごろから，男女共同参画は「偏った思想」であり行政が行き過ぎた対応している場合もあるため，監視する必要があると，保守系の団体等が声高に主張するようになってきた．こうした動きは，バックラッシュと認識されている[5]．本件は，全国的に拡大していったバックラッシュを要因とした事件である．こうした背景をとらえると，本件は，非常勤館長という有期契約の更新拒否事件，もしくは常任館長としての採用拒否事件であり，労働事件であると同時に，その過程において威圧的で精神的な暴力が駆使されたジェンダー・バッシング事件でもある．いわば，労働法とジェンダー法の架橋をなす事件であった．本件においては，バックラッシュ派の動きに対し，誠実に職務を果たすXを排除しようとして，Y₁・Y₂財団はXを支援するための対応策をほとんど採ることなく，適切な対応を怠っていた．また，職務上Xが関与すべき「すてっぷ」の組織変更の検討について，Xを除外して進めるなど，Y₁・Y₂財団がXを排除しようとした意図が明らかである．このような行為そのものに対して，本来的には，Y₁・Y₂財団の労働契約上の責任を問われるべきものであるが，Y₂財団の設立経緯とY₁から施設運営を委託されている事実から[6]，「実質的に被控訴人市の行政の一部を担う部署に相当する被控訴人財団における「すてっぷ」の館長職の雇用関係は，地方公共団体の職務を担う特別職の非常勤公務員の地位に準ずる」とされ，XとY₂財団との「雇用が公法的な意味あいをもつ法律関係に準ずるものと解すべきである」とされた．また，攻撃に対して職務を全うし男女共同参画を推進してきたXをY₁市とY₂財団が排除した過程を明確に認定し，公務員としてあってはならない行為であるとして，不法行為として認定した本判決は，バックラッシュ勢力に対する地方自治体のありようを厳しく問うことにもつながる．

本件はXの職業上の誇りや尊厳を傷つけるという人格権侵害であり，それは，Yらによる共同不法行為であり，労働契約における信義則上の付随義務

として使用者が労働者に対して負っている「労働者が人格権を侵害されずに働くことができる職場環境保持義務」に違反していることとなる．したがって，Xが被った精神的苦痛に対して，Yらは，不法行為および債務不履行にもとづく損害賠償の責任を負うこととなる．

　また，攻撃に対して，職務を全うし男女共同参画を推進してきたXを，Y₁市とY₂財団が排除した過程を明確に認定し，公務員としてあってはならない行為であるとして不法行為として認定した本判決は，バックラッシュ勢力に対する地方自治体のありようを厳しく問うことにもつながる．本判決の意義は，バックラッシュ勢力の攻撃の詳細を明らかにし，YらがこのXを排除した過程を明確に認定し，公務員としてあってはならない行為であるとして不法行為を認定したことである．さらに，本判決は，「一部勢力」に対する地方自治体のありようを厳しく問うものであった［浅倉 2010：19-33］．

　さらに，国・自治体の非常勤職員の期間満了を理由とする雇止め（不採用）については，期限付きで任用される場合には，公法上の任用関係であり，私法上の雇用契約の場合と比較して労働者が不利になることはやむを得ないとしている．こうしたなか，Xが理不尽に財団から排除されることに対して，人格権侵害を認めたことは，期間が満了したことのみで雇止めが一方的に行われている現状においては，大きな意義がある．国，自治体の非常勤職員の雇用期間満了を理由とする雇止めについて，労働者が勝訴するのは，きわめて難しい状況にありながら，地方公共団体の特別職の非常勤職員の公務員に準ずるとされる事案において，人格権侵害による慰謝料請求が認められた意義は大きい［寺沢 2010：17-18］．

　非常勤公務員の任用の更新拒絶が不法行為にあたるとして，損害賠償請求による救済が図られるケースとしては，原告らの再任用の期待権（① 非常勤保育士の職務の継続性，② 保育職の専門性，③ 再任用の回数を考慮）を侵害したとして，1人につき40万円の支払いが命じられた中野区（非常勤保育士事件）の事例がある[7]．また，自治体嘱託職員の人格的利益を侵害するものとして国家賠償上違法となると解するのが相当とし，原告が受けた精神的苦痛に対してそれぞれ60万円の慰謝料が認められた昭和町（嘱託職員不再任事件）の事例がある[8]．上記の二つの例においては，労働契約の締結先が自治体（中野区，昭和町）である．本件の契約先はY₂財団であるにもかかわらず，Xが地方公共団体の特別職の公務員に準ずるとして，雇止め及び不採用についての雇用契約における債務不履行また

は不法行為は認められないとされたことについては，問題が残るが，「上記控
訴人の人格権侵害は，少なくとも被控訴人市のB部長と被控訴人財団のA事
務局長の共同不法行為によるものということができ，被控訴人らは連帯してこ
れによって控訴人が被った損害の賠償義務がある」として，人格権侵害による
不法行為が認められたのは，国，自治体で働く非正規雇用労働者の待遇改善に
向けても意義ある判決となった．

　現在，男女共同参画センターにおいては，NPOが，指定管理者として施設
の管理および事業運営を担当するようになっている．公的な場である男女共同
参画センターで，市民活動として男女共同参画政策を推進しようとするNPO
が，自治体との協働プロセスにおいて，自治体あるいは議会の方針と合致しな
くなった場合には，当然に，さまざまな摩擦が生じる可能性が高い．市民性と
専門性を活かすNPOと自治体との間で，アンビバレントな状態に陥った場合，
職場（たとえば，男女共同参画センター）での労働者としての「NPO活動者」の保
護（たとえば，本件のような人格権侵害等）について，どのように対応するのか．
NPOと自治体が協働事業に取り組む場合の法的責任の所在について，今後の
検討課題として残されている．

✝ 3．指定管理者制度運用上の課題

　指定管理者制度が導入されて6年余を経た2010年12月28日，総務省が自治行
政局長名で，都道府県および政令市に「指定管理者制度の運用について」とい
う通知を地方自治法にもとづく助言として出している．通知には，指定管理者
を導入するかしないかは自治体の自主性に委ねること，単なる価格競争による
入札とは異なる，複数の申請者に事業計画書を提出させることが望ましいこと，
住民の安全確保に十分配慮すること，雇用・労働条件への適切な配慮がなされ
るよう留意することが明記されていた[9]．この通知が出された背景には，指定管
理者制度が抱えるさまざまな課題が存在していた．

（1）選考手続きにおける課題
　指定管理者制度を導入するにあたって，自治体は，公募・非公募のいずれか
によって指定管理者を選定することになる．これについて，総務省は「指定の
申請にあたっては，複数の申請者に事業計画を提出させること」として，公募

を原則とすることが望ましい旨を通知している．公募の場合，設置条例の制
定・改正，指定管理者の募集告知，指定管理者募集説明会の開催・募集要項・
仕様書・応募書類の配布，指定管理者の応募受付，指定管理者候補者の選定
（指定管理者候補者の選定委員会での書類審査，応募団体によるプレゼンテーション審査等），
指定管理者候補者の選定結果の公表，議会における指定管理者の議決，自治体
と指定管理者間の協定書締結といったプロセスを経て行われる．

　指定管理者制度は，公の施設の有効活用と効率的活用が目的の一つとなって
いることから，公募のメリットとしては，指定管理者が次回の選定を意識し，
ある種の緊張感を持った施設運営とそれに伴う団体の職員のモチベーションの
向上が期待されている［地方自治総合研究所 2008：9］．こうした視点から，選定
における公募の割合が低いことが第一の課題となっている．なお，公募となっ
た場合でも，指定の条件が明確でない場合には審査が困難な場合も多く，公共
サービスの一定程度の水準の確保しつつ，制度の目的を確実に達成するために
は，応募条件は客観的で明確な基準とし，事前に仕様書（案）を作成した段階
でパブリックコメントや意見募集も必要となってくる．

　審査においても，公表された選定基準で評価を行い，選定手続きの透明性を
確保することが第二の課題となっている．新川達郎は，選定基準に関して，二
つの視点からの課題があると分析している．まず，2期目あるいは3期目とい
った複数期を担当した指定管理者の運営実績をどのように評価するかである．
これまでの運営実績が重視されることになれば，現指定管理者に有利となり，
運営実績よりも事業計画が重視される場合には新規応募団体の提案内容が選定
結果を左右し，選定の公平性にも関わってくる．次に，すでに設置されていた
施設の場合，応募団体の提案内容と，従前の運営実績を比較することが可能で
あるが，新たに設置された場合には比較ができず，また，自治体内に類似施設
を有していない場合には，応募団体の提案内容の妥当性を判断するための基準
の作成，経費の積算基準，選定に関する評価方法について困難な作業となる
［新川 2008：11］．

（2）運営，人員配置，労働条件

　指定管理者制度導入にあたっては，管理経費の縮減も目的の一つとされ，価
格競争が行われた結果，賃金と労働条件の低下がもたらされている．同様の理
由で，管理経費の縮減が，指定管理者制度の大きな目標となり，費用面に偏重

した選定が実施される結果，応募者は低賃金を前提とした提案を強いられる危険性がある［菅原 2011：76］．こうして，選定ごとにコスト削減を重視して，より人件費の低い指定管理者を選定することが続けばサービスの質に影響する可能性もある．また，低価格競争が進行することにより，労働ダンピングといった事態が生ずる．指定管理者の公募選定のプロセスが低価格競争を促進し，民間賃金を過度に圧迫する可能性もある．

　さらに，公共サービスとしてのサービスの量や質の水準，安定したサービスの担保も課題となってくる．サービスの質を左右するのは職員であり，パートやアルバイトといった非正規の雇用形態の比率が高くなった場合には，労務提供に対する低賃金問題とワーキングプアが生まれることから，人事管理体制は指定にあたっての重要な検討要素となる．価格競争に陥ることで官製ワーキングプアを生み出し，指定管理者事業の運営が圧迫される可能性や安定的な経営ができず，人材への投資ができないといった状態を生み出さないためには，指定管理料の適切な積算が課題となってくる．また，指定期間があることから，安定的な雇用の確保が課題となる．指定管理料の水準は，安定的雇用と生活できる賃金水準の確保を前提に積算すべきであり，そのためにも，本書の第5章で検討する ILO 94号条約の国内批准と公契約条例の制定が喫緊の課題である．

　こうした状況の下，自治体が独自で取組みを進めている事例を紹介する．

　東京都板橋区では「指定管理者制度の運用に関する指針」を策定し，適正な人件費総額をあらかじめ区側が積算し公募の際に示すようにした．具体的には，正規職員には，特別区人事委員会が例年まとめる民間企業の職層別平均給与額，非正規職員には，区の臨時職員の給与額などと同額の水準をそれぞれ適用した積算基準を定めた[10]．

　千葉県野田市では，2009年9月に制定した「公契約条例」を指定管理者に適用し指定管理料の積算に際して，仕様書で「市長が定める賃金の最低額一覧」に定める最低額以上の賃金の確保を前提とすることを「適格要件」と規定しており，水準を下回った額を提示した事業者は失格となる．また，適用労働者の賃金等について，詳細な報告書の提出を求めており，提出しない場合や，立入検査を拒否または非協力的であった場合，是正措置の命令に従わなかった場合には，指定の取消しを行うこととなっている[11]．

　川崎市では，2010年に川崎市契約条例を一部改正し，政令指定都市で初めて，公契約条例を制定し，市長が定める作業報酬下限額の範囲を指定管理者にも適

用し，2011年4月からの指定管理者との協定に反映させている．なお，作業報酬下限額は，国が定める公共工事の労務単価や川崎市の生活保護基準を参考にし，川崎市作業報酬審議会の意見聴取をした上で定めている[12]．

東京都千代田区では，指定管理者の労働環境について，効率化の推進が適正な労働環境の下に行われているかといった視点をもって，専門家（社会保険労務士）によるモニタリングを実施している．モニタリングは協定にもとづき，雇用契約内容，労働時間管理，給与，社会保険・労働保険等を現地調査するものである．モニタリング後に，必要であれば改善計画の提出を求め，次期選定へと反映させている[13]．

なお，筆者が指定管理者を担当していた名古屋市では，「指定管理者制度の運用に関する指針」を定めてはいるが，労働関係についての記述は見当たらない[14]．

（3）指定管理者と自治体の関係

指定管理者制度では，指定期間が設定され，指定管理者の交代が予定されている．指定管理者制度の導入前は，自治体の外郭団体が管理運営を行ってきた多くの施設では，外郭団体への自治体職員の派遣や自治体事業の実施などを通じて，自治体と外郭団体の間で密接な関係を保っており，その弊害も指摘されていた．一方，自治体にとって公の施設は政策を実施する現場であり，外郭団体と密接に協力し連携を図ることで，地域のニーズや課題を発見し，それを政策にフィードバックさせることができたと考えられる．指定管理者制度の導入はこうした関係に変更を迫るものである．

基本的には，指定管理者に管理運営が任されるため，外郭団体が指定管理者となった場合においても，公平性の視点から，他の指定管理者との公平性を保つ対応が，自治体に求められている．また，指定管理者制度が導入された公の施設では，施設を所管する担当課職員が定期的に人事異動で配置転換されるため，施設の実状を十分に把握できない職員が増える可能性もある．その結果，指定管理者制度を導入した公の施設の管理運営への自治体の関与度は大幅に弱まり，現場を熟知する職員が減少することとなる．

こうした状況の下，住民ニーズの把握が困難となり自治体職員の政策形成能力が低下する課題，指定管理者と自治体の間の情報共有や円滑な連携の課題，施設に関与することがなくなり，事業報告書の確認やコスト面での評価に頼ら

ざるを得なくなるため，自治体によるモニタリングの劣化といった課題が想定される．さらに，指定管理者制度の導入により，これまで自治体において，蓄積されていた当該業務についての知識やノウハウを失う可能性もある．

他方，指定管理者に対して，包括的に施設経営を委任しているように見えても，設置者側である自治体の指定管理者に対する管理統制によって，現場での創意工夫や改善・改革ができなくなっている現状もある．自治体は，指定管理者との信頼関係を重視し，パートナーとしての十分な権限を与え，一方的な評価と統制よりも自立的マネジメントによる施設経営と成果向上を目指すべきである［北大路 2010：54］．特に，NPO の場合には，公の施設の設置目的と NPO の活動目的が同様である場合が多い．自治体と NPO の協働のもと，次項で示す政策評価を活用しつつ，政策推進を目指す体制づくりが求められている．

（4）指定管理者事業における政策評価

指定管理者制度を適切に運用するうえで，政策評価の導入は必要不可欠である．前述したように，2012年度総務省調査によれば，「評価」については，72.5%（都道府県：99.9%，政令指定都市：96.7%，市区町村：66.1%）の施設で実施しており，2009年度総務省調査（61.4%）から11.1ポイント増加している．

特に，男女共同参画センター等の政策推進を目的とした拠点施設の場合は，単純なアウトプットのみならず，社会的に有益な変化をいかに実現したかというアウトカム（有効性）が重要となり，アウトカム（有効性）をとらえる手段として，政策評価は非常に有効なツールとなってくる．

地方自治法では，指定管理者制度における評価に根拠を与える規定を，以下のように定めている．

① 指定管理者は，毎年度終了後，その管理する公の施設の管理の業務に関し，業務報告を作成し，当該施設の管理の業務に関し，事業報告書を作成し，当該公の施設を管理する普通地方公共団体に提出しなければならない．（地方自治法244条の2第7項）
② 普通地方公共団体の長又は委員会は，指定管理者の管理する公の施設の管理の適正を期するため，指定管理者に対して，当該管理の業務又は経理の状況の管理に関し報告を求め，実施について調査し，又は必要な指示をすることができる．（地方自治法244条の2第10項）

③ 普通地方公共団体は，指定管理者が前項の指示に従わないときその他
当該指定管理者による管理を継続することが適当でないと認めるとき
は，その指定を取り消し，又は期間を定めて管理の業務の全部又は一
部の停止を命ずることができる．（地方自治法244条の２第11項）

　上記の規定を達成し，指定管理者制度において評価を推進するための問題点
として，吉川富夫は，以下の三つをあげている．第１は，公の施設の多くが，
その設置目的が抽象的であるため目標を明確化することが困難となっており，
本来であれば「その施設とそこで行われるサービスが住民対象者にどのような
効果をもたらしたかというアウトカムを評価する」必要があるにもかかわらず，
単に利用者数や利用件数，利用料金収入など容易に把握できる定量指標が評価
に活用されていることである．第２には，コスト削減を重視し，人件費の設定
において，より安価な指定管理者を選定することで，サービスの質の低下や労
働ダンピングに陥ることがある．その場合の指定管理者の安全管理義務につい
て，評価が確立されていないことである．第３には，指定管理者制度の運用の
適否等について，客観性と公平性を担保するために第三者評価を導入する必要
性もあり，そこから生じるコストなどの問題である［吉川 2008：90-92］．

　なお，第三者評価については，横浜市の事例がある．横浜市では，市が策定
した評価マニュアルにもとづき，民間の希望者に研修を行い，研修修了者には
試験を実施し，合格者には評価員としての資格を与えている．そして，評価員
を２名以上所属させている法人を，評価機関として認証し，指定管理者には，
評価機関からの評価を受けるように指導している．評価費用については，横浜
市が補助金として支出している[15]．民間評価機関の評価を制度化することにより，
評価機関は複数の類似公共施設の管理運営について評価を行い，客観的なノウ
ハウを蓄積することになる．人事ローテーションで職場が変わる公務員よりも，
人件費，継続性，専門性で，民間評価機関が優位に立つことができる．しかも，
評価機関は，評価費用という収入を得て事業化でき，評価分野での専門職領域
の形成が可能となる．

　指定管理者制度が導入された時期と同じくして，日本では，評価というと業
績評価や実績評価と呼ばれるパフォーマンス測定型への収斂が，2010年頃から
始まり，全体を統括する視点での評価が減少し，数字で実態を表現する傾向へ
と転換し，それを順番で並べて表示する傾向がより一層強まり，測定の数字を

ふまえたランキングの形へと変化していった［山谷 2015：82］．本書で着目している，男女共同参画センター等の政策推進を目的とした指定管理者事業の場合にも，本来はアウトカムを重要視して評価すべきところを，数字に重きをおいて評価するアウトプットでの評価が先行する方向へと動いていった．その影響を受け，指定管理者事業の評価は，「政策評価」ではなく，「マネジメント評価[16]」の手法で実施が展開された．その結果，評価の混乱を招き，政策推進といった視点から疑問が持たれるようになったのである．[17]

　評価に関しては，2001年に制定された「行政機関が行う政策の評価に関する法律」（以下，政策評価法）が根拠となっている．第１条では，「行政機関が行う政策の評価に関する基本的事項等を定めることにより，政策の評価の客観的かつ厳格な実施を推進しその結果の政策への適切な反映を図るとともに，政策の評価に関する情報を公表し，もって効果的かつ効率的な行政の推進に資するとともに，政府の有するその諸活動について国民に説明する責務が全うされるようにする」とその目的を定めている．第３条では，「政策評価の在り方」について定め「行政機関は，その所掌に係る政策について，適時に，その政策効果（当該政策にもとづき実施し，又は実施しようとしている行政上の一連の行為が国民生活及び社会経済に及ぼし，又は及ぼすことが見込まれる影響をいう．以下同じ）を把握し，これを基礎として，必要性，効率性又は有効性の観点その他当該政策の特性に応じて必要な観点から，自ら評価するとともに，その評価の結果を当該政策に適切に反映させなければならない」と定めている．

　政策評価法は，日本のすべての行政機関に対して，自らの仕事について事前ならびに事後の評価を義務づけることになる．公共性といった視点から，この政策評価法は一つの突破口となる［山口 2004：286］．公の施設の管理運営を行う指定管理者事業に関しても，政策評価法にもとづき評価が実施されているところである．特に，NPO と自治体の協働で指定管理者事業に取り組んでいる場合は，公共性のみならず，市民性および協働といった視点も含め，政策評価法を手がかりに評価を進めていくことが重要となる．

＋ 4．指定管理者事業と NPO および「NPO 活動者」

（1）指定管理者と NPO

指定管理者制度に NPO が参入していくプロセスは，「新しい地域ガバナン

ス」として従来の公共部門のあり方をNPOとの協働によって組み替え，「新しい公共」あるいは「新たな公」と呼ばれる地域社会の担い手の再構築を図る動きとも密接に連動している［新川 2008：4］．2012年度総務省調査によれば，全国で指定管理者制度が導入されている公の施設は7万3476カ所で，このうちNPOが指定管理者になっている公の施設は全体の4.0%（2836カ所）となっており，2009年度総務省調査（2311カ所，全体の3.3%）から22.7%増加した．

　地方公共団体を都道府県，政令指定都市，市区町村に分類すると，NPOが指定管理者になっている公の施設の割合は，都道府県では2.1%（149施設），政令指定都市では2.4%（180施設），市区町村では4.3%（2507施設）である．NPOが指定管理者となるケースは，地域密着型の傾向が強いことを示唆している．また，公の施設の内容について，2012年度総務省調査は，レクリエーション・スポーツ施設，産業振興施設，基盤施設，文教施設，社会福祉施設に分類している．この分類にもとづき，NPOが指定管理者になっている割合を自治体全体で見ると，レクリエーション・スポーツ施設は7.8%（1135施設），産業振興施設3.1%（224施設），基盤施設0.9%（210施設），文教施設4.1%（612施設），社会福祉施設4.8%（655施設）となっている．

　指定管理者制度は，NPO業界全体のビジネスチャンスであり，さまざまな活動分野のNPOが活用できるシステムである．指定管理者制度が対象とする公の施設が幅広い分野の施設をカバーしており，多様な活動分野にわたるNPOとしても，何らかのタイプの施設で活動の場とすることも可能となる．たとえば，社会教育の推進を目的にするNPOであれば，文化施設の多くが対象となる．まちづくり推進のNPOは，基盤施設の公園や文化施設のコミュニティセンターなどが活動拠点となる．学術・文化・芸術またはスポーツの振興を目指すNPOならば，レクリエーション・スポーツ施設や文化施設の博物館，美術館などが活動対象と一致する．人権の擁護または平和の推進をミッションに掲げるNPOの場合，男女共同参画センターや障害者自立支援センターなどをベースに活動を展開できる［柏木 2008：164-68］．

（2）指定管理者事業における雇用状況

　2012年度総務省調査でみたように，労働法令の遵守や雇用・労働条件への配慮規定の協定等への記載状況（表3-4）については，「選定時に示している，かつ，協定等に記載している」が44.7%，「選定時にのみ示している」が

10.3%，「協定等にのみ示している」が6.2%，「選定時に示さず，協定書等にも記載していない」が38.8%となっており，指定管理者制度の導入後10年を経た段階であるにもかかわらず，雇用・労働条件に対する関心が低いことがうかがわれる．

　指定管理者制度の導入により，新たな公共の担い手としてNPOが期待されるものの，NPOは資金面で，公的な依存度が高くなる可能性がある．このような状況では，NPOとしての本来のNPO活動と，指定管理者事業として担っている公の施設の事業運営とを，バランスを保ちつつ両立させるのは困難となってくる．そのため，指定管理者制度にNPOが参入する場合には，法人全体で参入する意義を共有し，指定管理者事業を担うNPO職員に対して，NPOは法人（組織）として労働法を遵守する姿勢が重要となってくる．こうした状況の下，愛知県県民生活部が実施したNPO雇用状況等調査事業『NPO法人における雇用と働き方―現状・課題・今後に向けて』(2011年)[18]を手がかりに，指定管理者制度に参入したNPOの雇用状況の調査分析を進めていく．

1）　関わる人材の属性

　指定管理者事業に参入している団体は，指定期間が影響しており，非正規（期限付）のフルタイム職員が多い．正規職員の年代構成では，最も年代バランスがとれているが，非正規職員は60代が多く，有償ボランティアは，40～50代が比較的多い．

　また，「指定管理者事業」では「職員だけでは人手不足」が高く，日常的にボランティアで人材を確保して事業を行う必要性が高いため，定期的に活動している有償ボランティアが多い．有償ボランティアについては，「報酬の条件」「仕事の内容・範囲」「指揮命令系統」の取り決め率が高く，報酬の性格と額，仕事の依頼への許諾の自由度，指揮監督関係，時間的拘束性，場所的拘束性が高いと判断されることから，自発的なボランティアというより，労働者としての性格が強いと考察される．有償ボランティアが担っている業務が指定管理者事業の範囲である場合，指定管理者事業の積算においてコスト削減の影響を受けている可能性がある．

2）　諸規定・諸制度，手当，賃金の整備

　諸規定・諸制度について，正規職員だけでなく，非正規職員についても比較

的整備されており，賃金表等の整備も進んでいることが判明した．諸制度の整備については，現行制度への満足度が高い．給与は全体に高く，給与の要因は役職を重視し，事業責任者が最も高く，次が代表である．非常勤職員の時給は，団体内で時給の低い人でも比較的賃金が高く，団体内での時給差は少ない．

3）　求められるスキル，組織マネジメントの状況

指定管理者事業においては，標準化ができる業務（標準化が必要な業務も含む）も多く，マニュアル整備が進んでいることが調査から浮かび上がってきた．また，配置転換を通して人材の育成を図っていく志向も高い．目標管理シートを活用する組織もある．さまざまな専門スキルが必要で，そうした専門人材をボランティアに求める期待が高い．「仕事に対して人材が不足している」と感じる団体が多く，自治体との契約以上の業務を行うことにより，残業を生み出している構造もみられた．NPOのミッションと施設の設置目的が合致している場合，指定管理者事業と自主事業のバランスをとることができるかどうかが，課題となってくる．

4）　人材確保・定着・育成に向けた重点テーマ

契約期間があるため期限付の非正規職員が多い状況ではあるが，その力量を向上させていくことがテーマとなることが明確となった．研修によって基礎的な力量をそろえ，それをふまえて，意識・情報の共有化を進め，仕事も標準化することで，活動を発展させていくことが重要となる．「仕事に対して人材が不足」は契約条件による点が大きいため，NPOの交渉力向上と，行政と問題点を共有していくことが重要となる．重点テーマとして，「経営状況」に続き，「各人の能力・力量を高める」「各人の専門性を活かす」があげられる．「意識・情報の共有」「仕事の分担・平準化・効率化」も多い．

職員の退職理由は，指定管理者事業は「契約期間の終了」が多い．ただし，「NPO活動者」の雇用継続のためにNPOとして「契約の終了」ができなくなるとすれば，NPOの組織としての本来の目的を失う可能性がある．NPOとして，「NPO活動者」の雇用をどのように位置づけるかについて，熟考する必要がある．

✚ おわりに

　指定管理者制度がスタートして，2018年時点で15年となる．行政主導による合理化と効率化を図る指定管理者制度では，雇用のあり方をはじめ，さまざまな課題が噴出している．このような状況をふまえ，地方自治法第2編第10章「公の施設」の再編も視野に入れた，下記の提案が出されている［菅原 2011：82］.

> ① 重要な公の施設，特に重要な公の施設についての「管理の特例」を新設し，必要な場合，自治体の特別な関与を行う団体への管理委託を可能とする.
> ② 一般の公の施設については，契約で管理を委託することができる，とする.
> ③ 住民管理施設など特例的な公の施設については，新たな協定制度を設置する.

　指定管理者制度の問題は，単に民営化やサービスの有効性や効率性の議論にとどまるのではなく，自治体が何をすべきか，またサービスの受益者たる市民は何を求めているのか，地域社会の構成員である市民や事業者の役割は何かという問いにつながっている．そして，公の施設にとどまらず，新しい公共サービスのあり方をどのように考えるかといった問いへと発展する.

　さらに，指定管理者制度の導入経験は，NPO等を含めた団体を自治体が指定し，行政処分を行わせるという意味で重要となる．この場合は，限定的ではあるが，公権力行使を広く，民間に展開としていこうという試みでもある．このような観点から考えるのならば，指定管理者制度は，官製ではない「新しい公共」を生み出していく仕組みだと積極的に捉えることができる［新川 2008：8］．こうした経緯をふまえ，指定管理者となるNPOおよび「NPO活動者」は，施設運営と設置目的に関する専門性を確保し，市民に対して責任を果たしていくという覚悟と能力が必要となってくる.

注
　1）「地方自治法の一部を改正する法律の交付について（通知）」『名古屋市指定管理者制

度の運用に関する指針』（名古屋市，2016年，48-50ページ）（http://www.city.nagoya.
jp/somu/cmsfiles/contents/0000011/11724/28.04shishin.pdf，2017年12月1日閲覧）.

2）『労働判例』1006号（2010年）20-42ページ，『労働法律旬報』1724号（2010年）60-
78ページ.

3）『労働判例』1006号（2010年）42-48ページ.

4）東芝柳町工場事件・最一小判昭49・7・22『労働判例』206号27ページ，日立メディ
コ事件・最一小判昭61・12・4『労働判例』486号6ページ.

5）2002年に東京都が設立した東京女性財団が廃止された．同年，「男女が男らしさ，女
らしさを一方的に否定することなく特性を認め合い」という，本来の男女共同参画の
趣旨とは異なる文言を取り入れた山口県宇部市の条例が制定されている．また，2003
年には千葉県の男女共同参画条例案が自民党県連の反対で廃案となった．2005年には
東京都国分寺市における講座（東京都の委託事業）に上野千鶴子を講師として迎える
ことを取りやめるよう指示した事件もある．2006年，福井県では公共施設から「ジェ
ンダー」に関わる書籍に一部が撤去される事件も発生している.

6）Y_2財団は基本財産1億5000万円の全額をY_1から寄付をうけており，毎年，Y_1から
1億円規模の補助金を支給され，収入のほとんどをY_1に依存している.

7）東京地判平18・6・8『労働判例』920号24〜32頁.

8）東京高判平18・5・25『労働判例』919号22〜30頁.

9）総務省（総行経第38号）「指定管理者制度の運用について」（2010年12月28日）（http:
//www.soumu.go.jp/main_content/000096783.pdf，2017年12月1日閲覧）.

10）「指定管理者制度導入施設の指定管理量及び人件費の算定に関する細目」『指定管理
者制度の運用に関する指針』（板橋区，2016年，42-43ページ）（http://www.city.itabashi.
tokyo.jp/c_kurashi/022/attached/attach_22604_1.pdf，2017年12月1日閲覧）.

11）『野田市公契約条例の手引き（指定管理者）』（野田市，2016年，1-10ページ（http://
www.city.noda.chiba.jp/_res/projects/default_project/_page_/001/000/712/1604kou
keiyaku_tebiki_siteikannri.pdf，2017年12月1日閲覧）.

12）「川崎市契約条例」（http://www.city.kawasaki.jp/980/page/0000033303.html，2017
年12月1日閲覧）.

13）「指定管理者施設のモニタリングについて」（東京都千代田区，2016年）（https://
www.city.chiyoda.lg.jp/koho/kuse/shitekanri/hyoka/documents/h26-monitoring-01.
pdf，2017年12月1日閲覧）.

14）「指定管理者制度の運用に関する指針」（名古屋市，2016年）（http://www.city.
nagoya.jp/somu/cmsfiles/contents/0000011/11724/28.04shishin.pdf，2017年12月1日
閲覧）.

15）横浜市政策局共創推進室「横浜市指定管理者第三者評価制度」（http://www.city.
yokohama.lg.jp/seisaku/kyoso/siteikanrisha/hyouka/seidogaiyou.html，2017年12月16
日閲覧）.

16) 政策評価の基本では，「政策体系」を活用し，政策を実施する実務作業を可能にする「プログラム」を作成する．山谷［2015：86-87］を参照．

17) 行政機関や公的組織がその組織を管理するために行う内部「評価」である．山谷［2015：78-79］を参照．

18) 愛知県県民生活部は，愛知県認証 NPO 法人を対象として，雇用形態・給与水準・人員位置・人材育成方法等について『NPO 法人における雇用と働き方――現状・課題・今後に向けて――』（愛知県県民生活部，2011年）で調査報告している．法人を対象としたアンケート調査では1260法人のうち512法人（40.6％）が回答し，スタッフを対象としたアンケート調査では1240人を対象とし595人（48.0％）が回答している．ヒアリング調査では，モデル事例として12団体が対象となっている．

第4章　男女共同参画センターにおける NPO
および「NPO 活動者」

＋ 1．男女共同参画センターの現状と課題

　雇用の流動化が進み，非正規雇用が増加し，同時並行して官製ワーキングプアといわれる非正規公務員も増大し，指定管理者制度の導入による公務の民間化も進んでいる．社会全体の労働と雇用に関する課題を，本書が対象としている男女共同参画センターも引き受けている．たとえば，男女共同参画社会の実現を目的とする NPO が，自治体との協働事業として指定管理者制度に参入した場合を想定してみる．

　男女共同参画社会の実現を目的とする NPO が，自らのミッション（活動目的）と合致する施設として指定管理者となり，「その思いを実現するために，行政からの予算というしばりの中で，自らの労働水準を落としてでも働いてしまうという，という構図」［島・古久保 2010：150］が浮かびあがってくる．この場合，別の側面からみると，たとえ低賃金であったとしても，男女共同参画社会を実現しようとする「NPO 活動者」の専門性が活かされ，男女共同参画政策へ反映されていくことができれば，自治体と NPO という互いの関係が一定程度はプラスの方向で動いていく可能性もある．しかし，さまざまな事情から，低賃金ではありながら，専門性を必要とされる「NPO 活動者」が主体となっている NPO と，自治体の思惑が合致しなくなったとき，NPO と自治体との間で齟齬が生じ，摩擦が起きる可能性もある．

　本章では，男女共同参画社会の実現を目的とする NPO が指定管理者となっている比率が高い，男女共同参画センターの現状と課題を分析する．

（1）男女共同参画センター

　広義の男女共同参画センターは，その設置目的および施設の設置主体とその背景をみると，次の五つに分類される．

　第1には，戦後に民間女性グループが，地方自治体の教育委員会の支援を受け，「婦人の教養の向上」を目的として設置された「婦人会館系列の施設」である．民間施設でありながら，地方自治体との結びつきが強く，占領政策後の婦人教育の推進のための施設として宿泊や冠婚葬祭等の機能も備えられていたケースもある．

　第2には，「国際女性年を契機とする文部省系の施設」があげられる．「国際婦人年」(1975年) を契機に策定された国内行動計画にもとづき，地方自治体によって設置が進んだ「婦人（女性）会館」である．機能としては，学習・交流・女性グループ・女性団体の活動支援がある．1977年には，文部省が設置した国立婦人教育会館が開館したが，現在は独立行政法人化されている．

　第3に，「内閣府系男女共同参画施設」がある．「婦人会館系列の施設」および「国際女性年を契機とする文部省系の施設」が備えていた学習・交流・情報の機能に加え，女性を対象とした相談事業など，課題解決を視野に入れた総合的な機能を備え，初期は「女性センター」と呼ばれた．1999年に基本法が施行され，これらの施設は男女共同参画社会形成の拠点施設として，女性のみを対象とした施設から，男女を対象とした施設へと変遷を遂げることとなる．基本法施行を機に設置された施設もあるが，「女性センター」を機構改革して「男女共同参画センター」へと変更されるケースが多々あった．

　第4には，「厚生労働省系の施設」として，労働省（当時）補助事業として地方自治体が設置した「働く婦人の家」がある．勤労女性の福祉，生活・教養の向上を設置目的としている．「雇用の分野における男女の均等な機会及び待遇の確保等女子労働者の福祉の増進に関する法律」（昭和47年法律第113号）によって根拠づけられた施設である．

　第5には，「農林水産省系の施設」がある．農村女性の生活改善・共同学習を目的と，農林水産省補助事業として，地方自治体が設置した「農村婦人の家」である［伊藤 2015：37-38］．

　これらの施設をみると，その設置背景には，政府や自治体が主体として存在し，所管する部局も多岐にわたっている．本章では，男女共同参画推進を第一の目的としている「国際女性年を契機とする文部省系の施設」および「内閣府

系男女共同参画施設」を男女共同参画センターと総称し検討を進めていく.

（2）男女共同参画センター設置の根拠

　男女共同参画政策の根拠法規については，国際法の視点からは，「女子に対するあらゆる形態の差別に関する条約」(1979年) であり，国内法では，1999年に制定・施行された「男女共同参画社会基本法」（以下，基本法）となる．日本国憲法第14条で「法の下の平等」が定められてから50年余りを経て，「男女共同参画社会形成」が国の最重要課題の一つとして認識され，基本法により法的取り組みが実質化した［内藤 2015：7-8］.

　基本法は，男女共同参画社会の実現に向け，五つの基本理念をかかげている．「男女の人権の尊重」（第3条），「社会における制度または慣行への配慮」（第4条），「政策等の立案及び決定への共同参画」（第5条），「家庭生活における活動と他の活動の両立」（第6条），「国際的協調」（第7条）である．基本法の限界として，「差別禁止の観点からは間接差別の言及がないこと」，「職業生活の生活と家庭生活の両立が明記されっていないこと」，「苦情処理機関は政府から独立しておらず，十分な苦情処理機関とはいえないこと」という指摘がある［浅倉 2000：11-13］.

　基本法には，男女共同参画センターの名称は示されてはいないが，国の責務（第8条）として「国は，第三条から前条までに定める男女共同参画社会の形成についての基本理念（以下「基本理念」という）にのっとり，男女共同参画社会の形成の促進に関する施策（積極的改善措置を含む．以下同じ）を総合的に策定し，及び実施する責務を有する」とされ，第9条で「地方公共団体は，基本理念にのっとり，男女共同参画社会の形成の促進に関し，国の施策に準じた施策及びその他のその地方公共団体の区域の特性に応じた施策を策定し，及び実施する責務を有する.」と，地方公共団体の責務が明文化されている.

　こうした背景から，男女共同参画センターは，基本法第9条で示されている「国の施策に準じた施策及びその他のその地方公共団体の区域の特性に応じた施策」の一つとして，政策実現のために施策を実施する拠点施設として位置づけられる.

　また，基本法第14条では，都道府県の責務として，「都道府県は，男女共同参画基本計画を勘案して，当該都道府県の区域における男女共同参画社会の形成の促進に関する施策についての基本的な計画（以下「都道府県男女共同参画計画」

という）を定めなければならない」と義務化している．市町村については，「市町村は，男女共同参画基本計画及び都道府県男女共同参画計画を勘案して，当該市町村の区域における男女共同参画社会の形成の促進に関する施策についての基本的な計画（以下「市町村男女共同参画計画」という）を定めるように努めなければならない」と努力義務になっている．第14条に記されている「男女共同参画計画」を策定し，その計画に男女共同参画センターを施策実施の拠点施設として位置づけている場合には，さらに，基本法と密接な関係となってくる．こうした背景から，男女共同参画センターは，基本法を基盤とした計画を根拠として，「男女共同参画政策をする拠点施設」として位置づけることができる．

また，「国の施策に準じた施策及びその他のその地方公共団体の区域の特性に応じた施策」の一つとして，男女共同参画政策に関する条例があげられる[1]．男女共同参画センターが，何らかの表記（拠点施設，拠点等）で条例に明文化されている場合は，設置に関する法的根拠がさらに明確となってくる．

たとえば，政令指定都市（20自治体）の条例をみると7自治体（さいたま市，静岡市，京都市，大阪市，神戸市，広島市，熊本市）では，男女共同参画センターについて条例には記載されていない．一方，男女共同参画センターに関して何らかの表記で条例に定めている自治体は，札幌市（第16条：市民等に対する支援(2)拠点施設の設置），仙台市（第15条：拠点施設／市民事業者への取り組み支援，施策実施），千葉市（第15条：拠点施設），横浜市（第11条：男女共同参画推進拠点施設），川崎市（第16条：拠点施設，センターを拠点として施策を推進），相模原市（第22条：拠点施設），新潟市（第20条：拠点施設，施策実施・市民・事業者等の取り組み支援），浜松市（第13条：拠点整備），名古屋市（第21条：拠点施設推進施策実施，市民・事業者の取り組み支援，総合的な拠点），堺市（第14条：施策の推進体制の整備　3 必要な拠点機能の整備に努める），岡山市（第28条：推進体制さんかく岡山の機能育成・充実，市の施設相互の連携体制の整備），福岡市（第25条：拠点施設），北九州市（第15条：男女共同参画センター，施策実施，市民・民間団体の取り組み支援）である．各自治体の条例での表し方からわかるように，男女共同参画センターの存在は，条例での位置づけや条文の内容が多様であることがわかる．

自治体が設置している男女共同参画センターは，上記で示した経緯をふまえ，国が男女共同参画を推進するための法として1999年に施行した男女共同参画社会基本法第9条（地方公共団体の責務）において，「地方公共団体の区域の特性に応じた施策を策定し，及び実施する責務」を果たす場として位置づけられ，政

第4章　男女共同参画センターにおける NPO および「NPO 活動者」　*121*

表 4 - 1　男女共同参画センターの現状

分　　類	全体数	所管局			形　態	
		市長部局	教育委員会	その他	公設公営	公設民営
②「国際女性年を契機とする文部省系の施設」 ③「内閣府系男女共同参画施設」	351	294	38	19	239	107 (注)105

注：指定管理者制度，導入施設数.
出典：国立女性教育会館データベース（2015年8月（http://winet.nwec.jp/sisetu/index.php，2017年12月
　　　1日閲覧））を基に筆者作成.

策実施拠点として男女共同参画政策と密接な関係をもち，政策の推進に多大な影響力を与えることが可能である.

（3）男女共同参画センターの現状と指定管理者制度の導入状況

1）　男女共同参画センターの現状

　男女共同参画センターは，表4‐1によると，全体で351施設となっている．内訳は都道府県が設置した施設が47カ所（各都道府県に1ヵ所），市町村が設置した施設が304カ所である．所管局をみると，市長部局が294，教育委員会が38，その他が19となっている．また，形態は，自治体が直営で運営している「公設公営」が239カ所，自治体が設置し民間が運営している「公設民営」が107カ所で105施設が指定管理者制度を導入している．

　2003年の地方自治法改正により指定管理者制度が導入され，NPO法人および企業等も指定管理者事業に参入し，男女共同参画センターの担い手の位置づけや現状が大きく転換する．以下では，男女共同参画センターが指定管理者制度を導入した後，どのような影響が生じたのかについて，調査したデータを分析していく．

2）　調査データ

　調査データについては，以下の二つの調査を中心に分析を進める．
　まず，独立行政法人国立女性教育会館が「女性関連施設が男女共同参画社会の形成及び女性のエンパワーメントに果たす役割を明らかにし，その社会的影響を明らかにすること」を目的として調査を実施し，2007年に公開した『指定

管理者制度導入施設についての調査結果分析』(以下, 第一次調査) を参考にする. 第一次調査の対象は, 2006年4月までに指定管理者に移行した男女共同参画センターとなっている.

ついで,「女性関連施設の機能の充実・強化を図るため, 指定管理, 人材育成等, 新たな課題の実態把握と分析をテーマ」にして, 独立行政法人国立女性教育会館が, 2012年に公開した『女性関連施設の指定管理者導入施設に関する報告調査・事例集』(以下, 第二次調査) を参考にする. 男女共同参画センターの指定管理者制度導入について, 第一次調査から5年を経過した現況と課題を把握するために, 2011年に調査が実施されたものである.

3) 指定管理者の導入状況

第一次調査によれば, 2006年4月までに指定管理者に移行した男女共同参画センターは74施設で, 全国のセンター357施設[3] (2006年4月現在) のうち, 約2割がこの制度を導入していた. なお, 調査対象は質問紙で回答を得た69施設のうち, 建物のみ指定管理者制度を導入したものを除く63施設である. 5年後を経た第二次調査をみると, 全国のセンターのうち指定管者制度を93施設が導入をしており, 増加傾向にあることがわかる (表4-2). なお, 93施設のうち, 詳細な調査に回答したのは73施設であった.

導入状況の詳細をみると, 第一次調査 (7ページ) の63施設のうち, 都道府県で導入されているのは23, 政令指定都市13, 市区27であった. 都道府県のセンターは全国に55施設あるが, そのうち約半数が導入し, 政令指定都市15都市 (2006年4月現在) では10都市が導入していた. 第二次調査 (3ページ) では, 都道府県 (導入32/全体56:57.1%) と政令指定都市 (15/26:57.7%) はいずれも半数を超えているが, 市区の導入は275施設中46 (16.7%) にとどまっている. 導入

表4-2 行政区分別導入状況 (第二次調査)

	総数	実数	%
都道府県	56	32	57.1
政令指定都市	26	15	57.7
市 区	275	46	16.7
全 体	357	93	26.1

出典:国立女性教育会館 [2012:3].

第 4 章　男女共同参画センターにおける NPO および「NPO 活動者」　*123*

していない場合の状況は，半数以上の135施設（55.8％）が「検討していない」であった．その他としてあげられたのは，施設のあり方を検討（2件），指定管理者制度から直営に変更，今後の状況による，などであった．

4）　団体の内訳

　指定管理者となっている団体について，第一次調査（8-9ページ）では「財団法人・社団法人等」が指定管理者となっているケースが37法人，うち男女共同参画を主たる目的とするものが24法人（64.9％），指定管理者となる前から管理委託を受けているのは32法人（86.5％）であった．「NPO 法人・任意団体」が指定管理者となっているのは18団体で，うち男女共同参画を主たる目的とするものが13団体（72.2％），以前から管理委託を受けてきたのは 3 団体である．企業が指定管理者となっているのは 4 団体であった．男女共同参画センターにおける指定管理者制度の導入の初期段階は，以前から管理委託を受けてきた男女共同参画を主たる目的とする法人が指定管理者となっている割合が高い（表

表 4-3　団体の種類（全体）

	実数	％
財団法人・社団法人等（男女共同参画を目的）	24	38.1
その他の財団法人・社団法人等	13	20.6
NPO 法人・任意団体（男女共同参画を目的）	13	20.6
その他の NPO 法人・任意団体	5	7.9
企　業	4	6.3
共同体（NPO 法人と企業との共同体等）	4	6.3
全　体	63	100.0

出典：国立女性教育会館［2007：8］．

表 4-4　以前からの管理委託／新規別団体（全体）

	以前からの管理委託		新　規	
財団法人・社団法人等（全体：37）	32	86.5	5	13.5
NPO 法人（全体：18）	3	16.7	15	83.3
企業（全体：4）	0	0	4	100
共同体（全体：4）	0	0	4	100
全　体：63	35	55.6	28	44.4

出典：国立女性教育会館［2007：9］．

表 4 - 5　現在の指定管理者の形態

	数	％
公益財団法人・公益社団法人	12	16.4
一般財団法人・一般社団法人	9	12.3
特例財団法人・特例社団法人	11	15.1
NPO 法人	17	23.3
任意団体	6	8.2
民間企業・企業共同体	8	11.0
異種共同体	7	9.6
その他	2	2.7
無回答	1	1.4
全　体	73	100.0

出典：国立女性教育会館［2012：11］.

4 - 3，表 4 - 4）.

　第二次調査（11ページ）では，指定管理者の形態として NPO 法人が17施設と最も多い．ただし，これは財団法人・社団法人が公益法人制度改革によって，2008年12月から 5 年間のうちに，公益法人か一般法人に移行中ということも影響している．男女共同参画をミッションとして設立された財団法人は，公益法人へ移行あるいは移行を目指している法人が多い．指定管理料が削減されるなか，それを補う収益をあげるために一般法人へ移行している法人もある．また，第一次の調査では，企業と共同体はそれぞれ 4 施設であったが，第二次調査では民間企業・企業共同体が 8 施設，異種共同体が 7 施設と増加している．その他とした施設は，NPO 法人の共同体（熊本県）と，施設管理が指定管理者（一般財団法人徳島県観光協会）で事業は直営とし，子育て支援業務（導入前なし）を指定管理者で株式会社クラッシーが行っている徳島県である（表 4 - 5）.

　第二次調査（11ページ）では，選定方法について調査しており，公募が56施設（76.7％）となっている．行政区分別にみると，公募は都道府県（25施設：89.3％）と政令指定都市（10施設：83.3％）で割合が高い一方，市区では33.3％（11施設）が非公募となっており，市区町村での公募が進んでいない状況がある．

5）　指定管理者導入時期と指定期間

　第一次調査（ 9 ページ）によると，導入時期は，2006年 3 月以前が10施設（15.9％），2006年 4 月以降が53施設（84.1％）と，大半が2006年 4 月以降に導入

第4章　男女共同参画センターにおける NPO および「NPO 活動者」　*125*

表 4 - 6　指定期間（全体）

	実数	％
３年以内	35	55.6
４年以内	9	14.3
５年以内	15	23.8
６年以上	1	1.6
無回答	3	4.8
全　体	63	100.0

出典：国立女性教育会館［2007：10］.

している．いち早く導入したのは，2004年度に導入した６施設で，仙台市男女
共同参画推進センター（２館，2004年度～2006年度），大田区立男女平等推進セン
ター（2004年度～2010年度），相模原市立男女共同参画推進センター（2004年度～
2008年度），尼崎市立女性・勤労婦人センター（2004年度～2006年度），三重県男女
共同参画センター（2004年度～2006年度）である．調査実施時期の2006年度で指
定期間が終了する仙台市，尼崎市，三重県は次期も同じ指定管理者が管理運営
をすることが決定していた．

　行政区分でみると，都道府県では23施設中22施設（95.7％）が2006年４月以
降に導入，政令指定都市・市区では40施設中32施設（80％）が2006年４月以降，
８施設（20％）が2006年３月以前に導入している．

　指定期間（第一次調査，10ページ）は，３年以内が35施設（55.6％），５年以内が
15施設（23.8％），４年以内が９施設（14.3％），６年以上が１施設（1.6％）と，
３年以内の施設が過半数を占めている．もっとも長いのは，大田区立男女平等
推進センターの７年である（表4‐6）．

　第二次調査（10ページ）では全体数が73のうち，３年以内が24施設（32.8％），
４年以内が11施設（15.1％），５年以内が38施設（52.1％）で，全体的に期間が
長くなっている．

6）　団体の設立年

　第一次調査（10ページ）では，指定管理者となっている団体の設立年は，
1980年以前が12団体（19％），1981～1999年が25団体（39.7％），2000年以降が24
団体（38.1％）と，1981年以降に設立された団体の割合が高い．企業および共
同体は，指定管理者となるために立ち上げられたケースが多いこともあり，設

立年は2000年以降と新しい．NPO法人も18団体中14団体が2000年以降の設立となっている．それに対して，財団法人・社団法人等は，2000年以前に設立されたものが多く，男女用同参画を主目的として掲げる財団法人・社団法人等は14団体（58.3%）が1981年から1999年の設立である．

第二次調査（22ページ）では，1980年以前が10団体（13.7%），1981〜1999年が27団体（37.0%），2000年以降が33団体（45.2%），無回答が3団体（4.1%）であり，第一次調査と比べて大きな変化はなかった．

（4）指定管理者制度を導入した男女共同参画センターが抱える課題

1）経費の縮減

第一次調査（29ページ）によると，年間予算での最大は8億円超，最小は約40万円とかなりの開きがある．また事業費，人件費，その他の比率ではいずれも0%があるなど，それぞれの施設の状況がかなり異なっている．事業部分は市の直営で指定管理者事業は施設の管理運営のみの場合は事業費がゼロであるケースや，管理運営はボランティア活動（例：婦人会の役員が輪番で管理にあたる等）として位置づけている施設の場合，人件費はゼロとなっている．

財政上の課題（29ページ）としては，「財源の問題」（予算が少ない・減少・安定しない，自主財源の確保，財源・枠の固定化），「経費の問題」（施設の維持管理費がかかる，経費削減，その他の経費がかかる），「財政基盤・運営の問題」（効率的運営，財政基盤の確立，健全経営），「事業への影響」の4つに分類されている．一番多いのは「財源の問題」で，そのうち「予算が少ない・減少・安定しない」で19施設（30.2%）と最も多く，2番目も同じく「財源の問題」の「自主財源の確保」で15施設（23.8%），3番目も「財源・枠の固定化」で12施設（19.0%）であった．「経費の問題」については「施設の維持管理費がかかる」が10施設（15.9%），「経費削減」9施設（14.3%）が多い．「事業への影響」は4施設（6.3%）と少ない（表4-7）．

第二次調査（37ページ）では，年間の予算規模についての数値はないが，「予算の減少」が「指定管理者の課題」として，第4番目の課題（「大いに課題である」と「課題である」の数値，56.2%）としてあがっている．その対策として，「経費節減」，「利用料収入の増加」，「外部資金の導入」が多くあがっているが，「減少のなか，固定費としての人件費の昇給分を見込めない，もしくは見込んだ場合，他の経費節減の限界」等のコメントもあり，経費の縮減が人件費へと

第4章　男女共同参画センターにおける NPO および「NPO 活動者」　*127*

表4-7　財政上の課題（全体／自由記述）　全体：63

大分類	小分類	実数	％
財源の問題（73.0%）	予算が少ない・減少・安定しない	19	30.2
	自主財源の確保	15	23.8
	財源・枠の固定化	12	19.0
経費の問題（33.3%）	施設の維持管理費がかかる	10	15.9
	経費削減	9	14.3
	その他の経費がかかる	2	3.2
財政基盤・運営の問題（25.4%）	効率的運営	7	11.1
	財政基盤の確立	6	9.5
	健全経営	3	4.8
事業への影響		4	6.3
無回答		10	15.9

出典：国立女性教育会館［2007：29］.

しわ寄せしている実態がみてとれる.

2）施設管理

　施設の管理・運営は，事業運営とは異なり，建物を管理し備品を維持し，日常的に安全性を確保しなくてはならず，また災害時の備えも必要となる. NPO 法人を立ち上げて，施設と事業の両方の指定管理者となった場合には，施設管理についても専門性を蓄積しつつ，日々対応していかなければならない. こうした状況の下，第一次調査（15ページ）では，「施設の管理・運営における効率化と低コスト」は課題となっている.

　第二次調査（35ページ）においても，引き続き「施設・設備の整備」（「大いに課題である」と「課題である」の数値，57.5%）が第3番目の課題となっている. 対策としては「施設を所管する担当課と情報を共有し，予算確保をしている. 指定管理料のなかで対応可能なものについては，緊急性等に応じ適切に対応している」，「築後20年の建物・設備には，それなりの維持管理費が必要であり，担当課に予算要求をする」があげられている. 一方，「老朽化しているため，修繕費が不足しており，根本的な改善ではなく対処療法でしのいでいる」，「機械ものは年数が経てば，劣化もあり，バージョンもアップする. それを見越して

予算をつけてほしい」といったコメントもあった.

3）職　　員

　指定管理者制度が導入され，5年を経て実施された第二次調査（34-43ペー
ジ）では，職員に関する課題が，さまざまな方向から浮かびあがってきた．ま
ず，「職員の専門性育成」（「大いに課題である」と「課題である」の数値，63.0%）で
ある.

　「人的スタッフが足らず，専門性の育成まで余裕がない」，「毎年，管理委託
費が削減されるためパート社員を主にせざるをえず，専門性育成が難しく，サー
ビスの向上になっていない」というコメントがみられた．次に，「職員のモ
チベーションアップ」（「大いに課題である」と「課題である」の数値，53.4%）であり，
「来年度から3期目になり，雇用期間等も長期化しているにも関わらず，指定
管理料が減額になっているのでベースアップできない」，「スキルを活用しても
らって，成果を実感する．自分がエンパワーメントしていることを実感させる.
感謝される．しかし，賃金の部分をどうにかしなければ持続するのは難しい」
とのコメントがあった．さらに，「労務管理」（「大いに課題である」と「課題であ
る」の数値，35.6%）では，「正規職員の増員が難しいため，非正規職員で対応し
ている」，「職員の高齢化が進んでいる．新しい人材を雇用したいが，財源が厳
しい」，「全職員が有期雇用で絶えず雇用不安があるため，将来の業務委託につ
いて関係各所に働きかけを行っている」というコメントがみられた.

　上記の(1)から(3)までの課題から，男女共同参画センターにおける予算の縮減
が粛々と実行されているにもかかわらず，施設管理・運営などの固定費用の削
減は困難であることから，職員の専門性に対する評価が適切になされず，人件
費や研修費等にしわ寄せが及んでいることが判明してくる.

＋2．男女共同参画センターの労働および評価

　本節では，「男女共同参画政策推進に向けた評価に関する調査研究」の調査
結果からみえてきた拠点施設の実態について，特に労働および評価に関する項
目に着目して検討する.

（1）職員体制の現状と課題

「男女共同参画政策推進に向けた評価に関する調査研究」による質問紙調査の結果をみると，全施設（191施設）それぞれの在籍する職員数については，10人以上の雇用が発生している施設は54施設（28.4%）にとどまり，職員数が5人以下の施設が91施設（47.6%）と2分の1を占め，そのうち16施設は職員数が0人であった．職員数全体は1650人で，そのうち，法定労働時間が適用され期間の定めのない雇用（以下，正規雇用）は，429名（26.0%）であった．非正規雇用として位置づけられる雇用（法定労働時間が適用され期間の定めのある雇用，法定労働時間が適用されず期間の定めがない雇用及び期間の定めがある雇用）は，1221名（74.0%）であった．また，半数に近い771名（46.7%）の職員については，法定労働時間が適用されず期間の定めがある雇用であった．同時期（2011年度）の労働力基本調査をみると，非正規雇用の割合は35.4%（男性：20.1%，女性：54.5%）であった．本調査では，非正規雇用の割合が76.0%と非常に高く，同時期の労働力基本調査の2倍以上に達していることがわかる．

職員の雇用形態の詳細をみると，「法定労働時間が適用され，期間の定めがない」形態と「法定労働時間が適用されず，期間の定めがある」形態の組み合わせが50施設（26.3%）とほぼ4分の1を占めている．次いで，「法定労働時間が適用され，期間の定めがある」形態と「法定労働時間が適用されず，期間の定めがある」形態が26施設（13.7%）となっている．一方，職員数が少ない（4人以下）施設では，「法定労働時間が適用され，期間の定めがない」形態のみで運営されている施設が6施設あった．

予算，職員の雇用形態，指定管理者制度，事業運営，利用者，連携，施設，その他といった枠組みで施設運営上の課題についてとらえると，課題として回答が集中しているのは，利用者（利用者・利用団体の固定化／48.9%，自立した利用団体が増加しない／40.0%，男女共同参画推進の目的以外の利用者が多い／35.0%）である．さらに，職員の雇用形態（正規雇用の職員が少ない／38.9%，職員の異動が多く専門性が蓄積できない／22.8%，専門職員が非正規雇用で十分力を発揮できない／21.7%）が続き，事業運営，連携が続いている．予算が足りない（32.8%）や施設・設備が不十分（23.9%）といった回答もあった．

上記の職員の雇用形態については，運営主体の違いにより異なる側面も抱えている．たとえば，自治体が直接，運営している公設公営の施設の場合には任用という形式で，自治体の正規公務員，非正規公務員（非正規職員，嘱託職員等）

が担っている．また，指定管理者制度によって民間が運営している公設民営の施設では，民間事業者が雇用している正規職員，非正規職員をはじめとして，NPO 等が参入している場合には雇用している職員に加えて有償ボランティア[7]，無償ボランティアも運営に参加しているケースもみられる．公設公営および公設民営のどちらも，さまざまな形態と立場の人々が担い手となっていることにより，労働という視点から連帯することが困難であり権利意識を持ちにくい構造となっている．

また，拠点施設に関する評価に関しては，実施に対する職員への影響の回答をみると，肯定的影響として「事業等を対象化し点検し，改善意識が高まった」（67/105施設63.8％），次いで「評価結果にもとづき業務や事業が修正された」（62/105施設59.0％）が多く選択された．一方，約３割の施設が否定的影響「作業負担が大きい」をあげた．否定的影響の背景には，多数の「期間の定めがある」雇用の職員がいることから，継続して取り組めないといった事情がみえてくる．雇用形態という視点からみた場合には，立場が異なる職員が拠点施設の評価をすることになり，混乱が生じる可能性も高いといえよう．

（2）男女共同参画政策と拠点施設

「男女共同参画政策推進に向けた評価に関する調査研究」による事例研究の対象となった拠点施設と，設置した自治体における同時期の男女共同参画政策（特に，労働政策に着目）[8]との関係を検討する．

1） 拠点施設と男女共同参画条例および所管課

男女共同参画に関する条例に拠点施設が位置づけられている自治体は，越谷市，川崎市および名古屋市のみであった．なお，岩手県は努力義務として記されている．所管課をみると，男女共同参画政策を庁内で横断的に取り組める（主流化として位置づけられる）部署に設置されている自治体は，越谷市（企画部人権・男女共同参画課），名古屋市（総務局総合調整部男女平等参画推進室）および松戸市（総務部男女共同参画課）であった．

2） 男女共同参画計画における労働政策の位置づけ

男女共同参画計画（以下，計画）と，施設の労働政策のあり方の関係性をみると，どの自治体も計画全体図（ツリー図）の第一段階に，労働政策に関する目

標がかかげられている．さらに，第二段階，第三段階と進んでいくと，より詳細にわたって記載されている．

　まず，非正規雇用に関して計画でとりあげている自治体は，静岡県，盛岡市と岩手県である．静岡県では，重点テーマ４において「格差や貧困の視点を織り込んだ男女共同参画の推進」をかかげ「女性が非正規労働に就かざるを得ない就労環境」の実態をとりあげ「労働に見合った賃金等の確保」をあげている．盛岡市では，行動目標２-(7)に「労働形態は，パートタイマーなどの非正規雇用に加えて，派遣や請負など多様です．非正規雇用においては，その割合が高まるとともに，従来の補助的・定型的な業務から基幹的な業務へと拡大し，非正規雇用者の中での収入や労働条件の格差の原因になっています．しかし，基幹的な業務に従事しても，責任ある地位への等用などにはつながっておらず，正規雇用との均衡処遇が求められています」と計画に記している．岩手県では，特にパートタイム労働者をとりあげ「パートタイム労働等の多様な形態で働く女性の雇用の安定や適正な労働条件等を確保するため，パートタイム労働法及び労働者派遣事業法の周知を図ります」と記している．

　次に，女性の就労支援といった視点では，さいたま市と秋田県があげられる．さいたま市では，施策の方向で「安心して働くことができる環境の整備」をかかげ「女性の就業継続支援制度の普及・啓発」をあげている．秋田県では，「雇用分野での参画拡大」として「女性の雇用については，総務事務や軽作業労働に止まらず，技術分野，専門分野，経営管理部門などにおける幅広い女性人材の採用，キャリア形成，そして登用を求めていきます」とかかげている．川崎市では「労働状況実態調査」を通じて，女性の就業状況に関する実態調査を実施します」と明記されており，大阪府の計画では指標に「雇用形態別有業者数」が設置されている．

　男女共同参画計画では，労働政策に関する目標が掲げられているにもかかわらず，計画の実施拠点である施設の担い手は，流動化した雇用形態のなかで業務に就いているという，矛盾した関係がみられる．

（３）拠点施設における労働のあり方

　指定管理者事業に関する評価をみると，運営主体である指定管理者を評価する指標に，労働の担い手を評価する指標の設定はみられない．近似するものとして，「母子家庭等就業・自立支援センター活用による就業困難者の雇用」（大

阪府），ISO9001 にもとづく「教育訓練計画」による評価（三重県・施設），「女性のエンパワーメント・プログラム」と「女性の活躍推進休暇」を組み合わせた事例（名古屋市・施設）がある．

なお，指定管理者制度の枠組みで雇用している場合には，「期間の指定」といった限界があり，正規雇用が困難ではあるが[9]，官製ワーキングプア問題を抱えている自治体直営の施設と比べてさまざまな工夫がなされていることが判明している．

たとえば，三重県・施設では，有期雇用専門員が所属長の推薦と財団の総務部門での審査を経て年俸制専門員（1年契約・更新回数制限なし，異動あり）へ契約の変更ができる制度がある．また，盛岡市・施設では，1年間の有期雇用で5回まで更新可といった契約でフルタイム雇用を実施している．名古屋市・施設では，ワークシェアリングと短時間雇用を活用し「女性のエンパワーメント・プログラム」を実施するとともに「女性の活躍推進休暇」を導入し，指定管理者事業そのものを男女共同参画推進のツールとして位置づけている．ただし，有期雇用の場合は，2012年の労働契約法の改正により，新たな規定として「有期労働契約」の無期契約への「転換」（第18条），「有期労働契約の更新等」（第19条），有期であることによる「不合理な労働条件の禁止」（第20条）が設けられた．こうした状況の下，三重県と盛岡市の雇用契約については見直しを図る必要が生じている．

注

1）　2013年4月1日現在，条例を定めている自治体は都道府県（全体で47）では46（制定率：98%，千葉県が制定されていない），政令指定都市（同20）では20（同：100%），市町村（同1722）では526（同：30.5%）である．詳細は「地方公共団体における男女共同参画社会の形成又は女性に関する施策の推進状況」に関する下記のホームページを参照．

都道府県・政令指定都市（http://www.gender.go.jp/research/kenkyu/suishinjokyo/2013/pdf/rep/02-1.pdf，2017年12月1日閲覧）．

市区町村（http://www.gender.go.jp/research/kenkyu/suishinjokyo/2013/pdf/rep/02-2.pdf，2017年12月1日閲覧）．

2）　独立行政法人国立女性教育会館の調査に関しては，「女性関連施設」という表記は本章における「男女共同参画センター」である．

3）　独立行政法人国立女性教育会館データベースでは，設立目的により(1)女性／男女共同参画センター，(2)働く婦人の家，(3)農村婦人の家の三つに分類している．本調査の

対象は(1)女性／男女共同参画センターとし，次のいずれかに該当する施設としている．① 女性を主な対象として，女性の地位向上・男女共同参画社会の推進等を目的として各種の研修・交流・情報提供・相談等の事業を行っている施設．② 女性団体・グループ等の活動拠点として，女性の資質・能力の開発や知識・技能の向上を図ることを主たる目的として設置された施設．

4） 男女共同参画センターで働くということについての「専門性」に関する研究は，内藤［2009：25-27；2010：92-113］を参照．

5） 「男女共同参画政策の推進に向けた評価に関する調査研究」における質問紙調査の回答を分析した結果である．「日本学術振興会科学研究費補助金基盤研究 C」課題番号235103520001（研究代表者 内藤和美）の成果による．筆者は研究協力者として調査研究に携わった．

6） 前掲注5の調査実施の際に，男女共同参画センターを「拠点施設」という名称で統一していたため，本節では，男女共同参画センターに関して「拠点施設」と総称している．

7） 有償ボランティアについての詳細は，本書第6章を参照．

8） 「男女共同参画政策の推進に向けた評価に関する調査研究」における事例研究の回答を参考にして検討した．事例対象機関は男女共同参画所管課が9事例（岩手県，大阪府，静岡県，広島県，三重県，越谷市，さいたま市，松戸市，盛岡市），男女共同参画拠点施設が9事例（秋田県北部男女共同参画センター，岩手県男女共同参画センター，大阪府立男女共同参画青少年センター，広島県女性総合センター，三重県男女共同参画センター，川崎市男女共同参画センター，名古屋市男女平等参画推進センター，松戸市総務企画本部女性センター，もりおか女性センター）である．

9） 厚生労働省・非正規雇用のビジョンに関する懇談会『望ましい働き方ビジョン』（2012年3月27日）では，「原則として① 契約期間の定めがない，② 所定労働時間がフルタイム，③ 直接雇用の3つを満たすものを「正規雇用」と呼び，これに④ 勤続年数に応じた処遇，雇用管理の体系，⑤ 勤務地の業務内容の限定がなく時間外労働があるという要素も満たすイメージで論じられることが多い」と正規雇用について記している．

第5章 NPO および「NPO 活動者」が求める
公共サービスに関する法制度のあり方

✚ 1．公共サービスと NPO および「NPO 活動者」

（1）「新しい公共」論と公共サービスを担う NPO

公共サービスに関する法制度のあり方を検討するうえで，まず，「新しい公共」論の担い手として注目されてきた NPO に着目する．NPO 活動の先駆的な実践者であり，日本の NPO 界をリードしてきた加藤哲夫によれば，それまでの日本社会を，「『国家―国民』社会」と考えると，それは「公共性を国家が独占していた社会」ということになり，それに対して「市民社会」とは，「多様な人々や組織によって公共性が担われていることを，多くの人々が実感している社会」と定義している[1]．また，「市民社会」では，自治体がその政策決定プロセスのさまざまな段階に専門性を持った NPO との協働や，多くの市民にひらかれた運営をめざしていると NPO への期待を語っている［加藤 2001：20-21］．こうした期待を背負い，「市民社会」構築の担い手として位置づけられている NPO が，国家の主導性を残す形で制度化され，地方自治体等の公共サービスの担い手として，自治体と同化傾向をたどることになれば，「市民社会」の主体化は，擬似的で形式的なものとなる可能性が高い．

さらに，ボランティア活動から発展した市民活動において，NPO はボランティア・ワークの受け皿ではあっても，雇用を提供するものとは考えにくかった時代を経て，現在，雇用の提供は，NPO の重要な機能の一つであると認識されるようになっている．雇用という視点で考える場合，労働法の遵守は必須である．特に，公共サービスの担い手となる場合には，地方自治体における公務労働の雇用劣化を引き受けないよう，常に自らの立ち位置を客観的に確認するために，担っている公共サービスの事業全体を，担い手の視点から主体的に

評価することが重要となってくる.

本書第2章の図2-2で示したように,「新しい公共」論の第一のベクトル「市民参加の論理」と第二のベクトル「行財政改革の論理」に対して,NPOこそが主体となって第三のベクトル「担い手のディーセント・ワークを実現し確[2]かな市民社会を構築する論理」をつくりあげる時期である.

ワーカーズ・コレクティブ等の研究を,女性と生活者の視点で進めてきた社会学者の天野正子は,「ジェンダーと政治」への模索をテーマに,政治参加の形態について,①投票行動(インフォーマル・レベル),②自発的な市民運動・政治運動(セミ・フォーマル・レベル),③選挙または任命による公職への就任等の政策形成への参加(フォーマル・レベル)の3つの形態とレベルを設定している.また,政治参加は①から②,③へとレベルを上に進むほど,政策過程全体にあたえる影響力が大きくなり,同時にそれだけ参加コストも高くなり,より強い自発性と積極性が要求されるとしている.そのうえで,個々の女性の①投票行動を③政策形成の場へと架橋し,市民の生活領域を政策発生源として活性化する役割を果たすものは,セミ・フォーマル・レベルでの②市民運動にほかならないと言及している[天野 1997:265-67].

NPO活動が,天野正子のいうセミ・フォーマル・レベルでの②市民運動と限りなく近しいものであるとすれば,NPOが主体的に担うべき「新しい公共」は①投票行動を③政策形成の場へと架橋し,市民の生活領域を政策発生源として活性化する役割を果たすはずである.新たな市民社会構築に向け,NPOは従来と比較して拡充された「新しい公共」の場を生み出しえるのか.いま,その分岐点に立っている.

(2)公務との均等待遇とNPO──労働法からのアプローチ

1) 公務の民間化に関わる課題

行政活動とそうでない活動の境界は曖昧であるが,行政活動は,必ずしも選挙によって選ばれたものではない行政職員(いわゆる公務員)が,公権力を背景に行う活動で,裁判などの司法活動を除いたものである.公権力を持っている活動を広く捉えると,行政活動は,必ずしも正規公務員の活動だけではないことになる.再任用や再雇用,非常勤職員,臨時職員,さらには外部団体職員,民間業者,アルバイト,インターン,研修生,派遣,ボランティア,NPO,行政委嘱員など,さまざまな人々から形成されている.こうしたなか,官製ワ

第5章　NPO および「NPO 活動者」が求める公共サービスに関する法制度のあり方　*137*

ーキングプアが社会問題になりつつあるのが，格差・貧困時代の自治体の実像でもある．近年の民間化と市場化で，民間事業者や NPO がさらに関わる方向で，行政活動の非職業公務員制が再編されつつ，再強化されており，行政活動の外延は拡散している［金井 2010：4-5］．

　そこで課題となるのは，まず，公共サービス等の公的な業務のあり方に対する課題である．民である企業や NPO が公務を引き継ぐ場合，公共性を担保しつつ「形式知」（言語化された情報）として，自治体から業務の引継ぎを受けることができるのであろうか．また，民である企業や NPO が自治体から引き継いだ公的業務について，継続的に事業を担わない場合（たとえば，公募等で選定されなかった場合やミッションが異なるために継続して公募事業に応募しなかった場合など）の引き継ぎは，どのように対応するのであろうか．民間化によって自治体から公的な業務が外れてしまった場合，その業務内容について，責任をもって引き継いでいくシステムの構築が課題となってくる．

　次に，公務労働そのものについての課題である．いわゆる，公務の民間化の問題である．この問題には，二つの側面があるといえる．第1には，従来公務員が担ってきていた公務が，さまざまな形で民間部門の業務に転換されようとしていることである．公務と民間の境界があいまいとなり，公務員の担う業務の範囲が縮小されつつある状況があげられる．これは量的民間化として，公務員削減と結びついた方策として位置づけられる．

　第2には，公務員の賃金や人事管理等に，民間類似の手法が取り入れられていることであり，質的民間化として位置づけられる．これは，公務員の賃金や人事管理等に能力と成果主義を取り入れる動きである．たとえば，短時間勤務，フレックスタイム制，裁量労働制の検討などがある．あわせて，公務部門で正規公務員を，臨時・非常勤職員等の非正規公務員へと転換する動きや，民間企業が採用してきた手法を公務員にも適用する傾向もみられる．このような背景のもと，量的民間化がさらに進行していくならば，公務労働として残るのは，職務内容が公権力行使の性格をもつなど，民間とは大きく性格の異なった部門にしぼられていくことになる．現実には，こうした部門でも管理手法の民間化は着実に進んでおり，現在は，量的民間化と質的民間化が，同時並行的に進んでいる［晴山 2005：79-118］．

　そもそも公務とは何か，公務労働とは何か，それぞれの業務はなぜ公務員によって担わなければならないのか．根本的に問われる時代がきているのである．

2） NPO が担う公務の現状

　NPO と自治体が行う，代表的な協働事業の形態としては，委託事業および指定管理者事業等があげられる．現在，協働事業という美名のもと，行政からの委託事業や指定管理者事業を担う NPO が増加している．こうした事業では，実際に自治体正規公務員が事業を実施した場合の対価は想定されず，NPO の対価で動いていく［松井 2010：259-64］．そのため，同様な事業を担当している自治体正規公務員との待遇格差が生まれている．たとえば，指定管理者事業の場合では，施設管理という重要な役割を担っているにもかかわらず，管理業務に関する責任への対価発生は積算に組み込まれない場合がある．筆者が NPO 法人参画プラネット代表理事として，指定管理者事業を担っていた名古屋市男女平等参画推進センター「つながれっと NAGOYA」の事例では，施設の長であるポジションは，自治体職員であれば課長級が担当することとなっているにもかかわらず，積算の段階で施設長を担う NPO 職員に対しては自治体の課長級に相当する対価設定は行われないまま，施設全体の責任を引き受けるという構図であった．また，積算根拠については，ボランティア（有償・無償を問わず）が担っている部分への対価が，適切に積算されないケースもある．さらに，NPO が公的分野からの事業を受託するにあたっては，可視化できないコスト（たとえば，人事労務関連や経理関係を担う事務局部門，研修等の費用，他団体との連携費用等）があるにもかかわらず，そのコストが反映できる積算体制が構築されていないケースもみられる．

　今後は，フルコスト・リカバリーと呼ばれる積算方法を取り入れることが，NPO と自治体の協働事業を推進していくうえで，重要な視点となってくる．フルコスト・リカバリーとは，施設および事務所費用，本部機能費用等の間接費を積算に含めることである[3]．フルコスト・リカバリーについて，まずはNPO 側が現実的に必要な積算状況を直視し，詳細に可視化することが必要である．そのうえで，NPO と「NPO 活動者」の専門性を向上させ，自治体との契約において交渉力をつけていくことが求められている．

3） 評価アプローチ──労働法の視点から

　公務の市場化が進み，協働事業という観点をもって「NPO 活動者」が公務を担う場合，労働法の視点をふまえた評価アプローチとして，正規公務員との均等待遇が，最優先の課題としてあげられる．均等待遇であるかどうかを評価

するためには，"公務員と民間化された協働事業の担い手に関する職務評価システム"の構築が，急がれるところである．

同一価値労働同一賃金原則

システム構築にあたっては，同一価値労働同一賃金原則がキーワードとなる．森ます美・浅倉むつ子編『同一価値労働同一賃金原則の実施システム』（有斐閣，2011年）では，同一価値労働同一賃金原則を前提とした職務評価を提案している．同書によれば，職務評価とは，職務自体の客観的評価（使用者にとっての価値ではない）を計る方法であり，得点要素法を用い，「負担」「知識・技能」「責任」「労働環境」といった四つのファクターを基にして実施する．さらに，使用者からの影響を受けることを避けるために，評価基準や評価のウエイトの置き方，評価の主体，調査票の形式などについて考慮することが必要であり，職務評価のシステム設計には高度な専門知識と能力が必要となってくる．そこで重要となるのが，同一価値労働同一賃金原則である．この原則は，その理念と歴史的展開において同一労働同一賃金原則を発展させたものであり，さらに，同一価値でない場合でも，職務の価値に比例した賃金の支払いを求める，比例価値労働比例賃金の概念を含んでいる．

日本は，この原則を規定する ILO 第100号条約を1976年に批准したが，それに対応する国内法の整備は行われていない［辻村編 2011：195］．職務給を採用している欧州的な賃金形態を前提として構築されたものであるから，この原則は日本では適用不可能である，あるいは，かなりアレンジしないと適用ができないとする否定的な見方がある［日本 ILO 協会編 2008：278］．"公務員と民間化された協働事業の担い手に関する職務評価システム"の構築のためには，まず，同一価値労働同一賃金原則の実現を目指すことが必要となってくる．

次に，同一価値労働同一賃金原則をふまえ，官製ワーキングプアを解消するための実践的な取り組みをまとめた書として，遠藤公嗣編『同一価値労働同一賃金をめざす職務評価―官製ワーキングプアの解消』（旬報社，2013年）を取り上げる．同書では，公務における正規職員と非正規職員との格差を可視化し，均等待遇を構築するための根拠として，自治体職員を対象として「職務評価ファクター説明書」［遠藤編 2013：117-42］と「職務評価質問表」［遠藤編 2013：143-77］を作成した．森ます美・浅倉むつ子編『同一価値労働同一賃金原則の実施システム』（有斐閣，2011年）での提案と同様に，職務評価の大ファクターは「労働環境」「負担」「責任」「知識・技能」であるが，小ファクターでは，公務

における職務内容を反映させた「労働環境」「精神的負担」「身体的負担」「感情的負担」「利用者に対する責任」「職員の管理・監督・調整に対する責任」「金銭的資源に対する責任」「物的資源・情報・契約の管理に対する責任」「身体的技能」「判断力と計画力」「コミュニケーション技能」「知識資格」といった12のファクターを設定している.

　同書では，Ａ市におけるいくつかの具体的な調査事例が示されており，本書が対象としている男女共同参画の分野では，Ａ市の男女共同参画課の職務評価の結果が公表されている．調査を実施した他の職場（税制課，図書館，保育園）と比較してみると，非正規職員の点数で特徴的なのは「職員の管理・監督・調整に対する責任」「判断力と計画力」の小ファクターが相対的に高い得点となり，大ファクターの「負担」では，正規職員よりも非正規職員の方が全般的に高い傾向にあった．その結果，職場別の賃金要求の計算では，他の職場より，賃金の引き上げ額が高くなっている[4].賃金格差が歴然としている自治体の男女共同参画を所管する部署において，非正規公務員と正規公務員の職務評価を実施し，均等待遇を実現することが必須となる.

　ジェンダーの視点

　さらに，ジェンダーの視点も重要である．医療および介護サービス職を調査したデータによれば，女性が多くを占めるホームヘルパーの賃金は，男性が多い施設介護職員に比べて低いことが判明した［森・浅倉編 2011：76-78］．また，スーパーマーケットで働くパート従業員（女性の割合が高い）は，正規従業員と比べて賃金が低かったのである［森・浅倉編 2011：122-123］．アンペイドワークとして家族圏でなされていたケアワークや，「女性のエンパワーメントのための学習」という名目のもとに行われていたボランティア活動がペイドワークへと変化した時点で，対価設定がもともと限りなくゼロに近かった（ボランティアなどにおいては持ち出しの場合もある）事情もあり，労働としての対価設定が不適切に行われたケースもみられる．たとえば，本書の第4章で取り上げている「男女共同参画センター」では，学習ボランティアとして女性の社会参加の機会を提供するという方式をとり，ボランティアから職員へと採用していくプロセスがみられた．こうしたケースは，「主たる稼ぎ手」が家族内に存在するという前提のもとに労働としての対価設定がなされており，期間の定めがある不安定な雇用であった.

　先進事例として，英国においては，ジェンダー平等義務が創設され，2006年

の平等法により，公的機関に対してジェンダー平等義務が課せられた．公共調達や外部委託を通じた民間・ボランティアへの間接規制が実施され，公的機関への積極的なアプローチが展開されている[5]．

公共サービス基本法

日本においても，2009年に，公共サービス基本法が施行された．第2条で「公共サービス」が定義され，「一　国〈中略〉又は地方公共団体〈中略〉の事務又は事務事業であって，特定の者に対して行われる金銭その他の物の給付又は役務の提供　二　前号に掲げるもののほか，国又は地方公共団体が行う規制，助成，広報，公共施設の整備その他の公共の利益の増進に資する行為」と定義がなされ，公共サービスは，国と地方公共団体が直接行うものだけでなく，NPO等が関わっている事業も含めて広範囲にわたることが確認されている．また，第8条に「公共サービスを委託した場合の役割分担と責任の明確化」として「国及び地方公共団体は，公共サービスの実施に関する業務を委託した場合には，当該公共サービスの実施に関し，当該委託を受けた者との間で，それぞれの役割の分担及び責任の所在を明確化するものとする」とされた．第11条においては「公共サービスの実施に従事する者の労働環境の整備」がかかげられ「国及び地方公共団体は，安全かつ良質な公共サービスが適正かつ確実に実施されるようにするため，公共サービスの実施に従事する者の適正な労働条件の確保その他の労働環境の整備に関し必要な施策を講ずるよう努めるものとする」と明記された．しかし，基本法という位置づけのため，まだまだ効力を発揮できない部分が多々あるところである．

自治体においては，ILO（国際労働機関）「公契約における労働条約に関する条約」（第94号条約）にもとづき，公契約条例に「労働条項」を定めるケースもみられるようになってきた[6]．市民の税金を基とする公的事業で利益を得る企業は，労働者に人間らしい労働条件を保障すべきであり，発注者である国，自治体や公的機関はそれを確保するための責任を負っている［小畑 2010：10］．

法や制度が整いつつある現在，こうした動きを後押しするためには，何が必要なのか．公（公務）および民（企業）のみで動いていた社会の枠組みが変化し，社会的な課題が浮き彫りになってきた段階で，NPOが果たす役割は何なのか．

公共サービス基本法や公契約法／条例など，すでに整備されつつある法制度をとらえ，労働法の観点から，協働における「『NPO活動者』と正規公務員との均等待遇」について検討を深める．

┼ 2. 公共サービス基本法とNPO

（1）公共サービス基本法制定の背景

　公共サービス基本法は，NPO法と同様に議員立法である．民主党，社民党，国民新党，自民党，公明党による超党派により，衆議院へ議員提出法案として，2009年4月28日に提案され，衆参院とも全会一致で，2009年5月13日に可決された．法案の作成，提出，成立には，公務公共サービス労働組合協議会（以下，公務労協）と日本労働組合総連合会（以下，連合）が協力して取り組み，大きく貢献したといわれている［藤川 2010：10-14］.

　公務労協は2004年11月から「より良い社会をつくるキャンペーン」を展開し，「良い社会をつくる公共サービスを考える研究会」を発足した．研究会は2年にわたる討議を経て，2006年10月には最終報告として「良い社会の公共サービスを考える10の提言──財政再建主義を超え，有効に機能する『ほどよい政府』を」（以下，最終報告）を発表した．10の提言は以下のとおりである.

> 提言1　脱「格差社会」への公共サービス
> 提言2　ライフラインとしての教育の保障と未来投資としての教育の挑戦
> 提言3　構造改革批判の上に立つ都市空間の創造
> 提言4　「誰でも普通に生きられる」社会と安心・安定した個人・家族生活をつくる新しい社会保障へのパラダイム転換
> 提言5　公共サービスを支える市民社会──市民社会を強くする方法
> 提言6　「良い社会」をつくる公共サービスの提供主体
> 提言7　公共サービスをめぐる透明性の向上と参加のシステム化
> 提言8　価格偏重を改め，公共サービスの質の重視を──民間委託・市場化テスト等への対応
> 提言9　公共サービスに携わる人々にディーセントワークを
> 提言10　良い社会をつくるための公務労働

　最終報告の「提言5　公共サービスを支える市民社会──市民社会を強くする方法」では，「市民と行政の協働」について，「協働は参加のひとつの手法であり，市民自治への一段階であるが，まだ多くの問題点を抱えている」としたうえで，「市民との協力で行政は地域のニーズに沿った事業が行えるという見

方がある」とした．加えて，「財政緊迫のなかで，安上がり行政のための NPO の行政による下請け化が進んでおり，NPO は行政に引きずられて自らの目標を見失う場合がある」という指摘もされている．そのうえで，市民活動によって，地域のニーズが探り当てられ，選択され，政策として具体化されることの重要性が示され，行政による市民活動の指導と育成はできないことを認識して，市民自らによる市民活動促進が重要であると提言している．この提言には，本章の第1節で提案した，NPO こそが主体となって確立すべき第三のベクトル「担い手のディーセント・ワークを実現し確かな市民社会を構築する論理」のなかで取り上げた，「ディーセント・ワーク」が「提言9 公共サービスに携わる人々にディーセント・ワークを」として，かかげられている．新たな市民社会構築に向け，実効性ある提言である．最終報告の発表後，公務労協は，全国各地で公共サービス基本法の制定を求める集会を開催し，請願署名活動も行い，民主党を中心に立法への働きかけを積極的に行っていった．

　一方，連合は，2006年に民主党の小沢一郎代表（当時）と「ともに生きる社会をつくる」共同宣言に調印し，2007年春から「ストップ・ザ・格差社会」の取組みを展開した．同時期，公務労協が取り組んできた「より良い社会をつくるキャンペーン」の趣旨に賛同し，連合が中心課題として位置づけたことにより，法制定に向けて運動の輪がさらに広がっていく契機となった．

　こうした取組みは，格差問題が社会的，政治的な注目を集めたこともあり，公共サービス基本法の制定へとつながっていった．公共サービス基本法の立法過程を「改訂・政策の窓モデル[8]」を参考にして検討してみると，立法へのアジェンダ（政府および国会の内部や周辺の参加者が注目している複数の問題リスト）は，格差社会に関する課題，社会保障のパラダイム転換の必要性，指定管理者事業および委託事業といった公共サービスにおける新たな担い手——企業，NPO 等の参入，非正規公務員の増加——官製ワーキングプアの問題，NPO と自治体の協働推進，ディーセント・ワークの確立へ，と次々と展開していったのである．

　2009年の国会において，「新しい公益の創造」，「公共サービスの権利の主体を明確化すること」，「公共サービスを担う人たちの権利の保障」を三つの柱とする民主党法案が提出された［市民政策編集委員会 2010：4-8］．上記の三つの柱のうち，最終的に，法のなかに取り入れられたのは「公共サービスの権利の主体を明確化すること」のみであった．「新しい公益の創造」は取り入れられな

かった．「公共サービスを担う人たちの権利の保障」に関しては，「権利の保障」ではなく，「環境整備」として立法され，公共サービスの担い手にとっては，実効性がともなわない法となったのである．こうした動きは，NPO法の立法の際に「市民活動促進法」という名称で検討されていた法律が，「特定非営利活動促進法」と名称を変更されて，立法されていったプロセスと重なってくる．今後，NPOは，さまざまなステークホルダーとともに，国会（政治）と市民をつなぐ役割を果たし公共サービス基本法の実効性を高めていくことが重要となる．

（2）公共サービス基本法

　公共サービス基本法（以下，基本法）では，第1条で「公共サービスに関し，基本理念を定め，及び国等の責務を明らかにするとともに，公共サービスに関する施策の基本となる事項を定めることにより，公共サービスに関する施策を推進し，もって国民が安心して暮らすことのできる社会の実現に寄与すること」と目的を定め，第2条で定義を明らかにしている．

　第3条の基本理念では，公共サービスの権利の主体が明確化され「公共サービスの実施並びに公共サービスに関する施策の策定及び実施（以下「公共サービスの実施等」という）は，次に掲げる事項が公共サービスに関する国民の権利であることが尊重され，国民が健全な生活環境の中で日常生活及び社会生活を円滑に営むことができるようにすることを基本として，行われなければならない」として，以下の5項目が定められている．

　　一　安全かつ良質な公共サービスが，確実，効率的かつ適正に実施されること．
　　二　社会経済情勢の変化に伴い多様化する国民の需要に的確に対応するものであること．
　　三　公共サービスについて国民の自主的かつ合理的な選択の機会が確保されること．
　　四　公共サービスに関する必要な情報及び学習の機会が国民に提供されるとともに，国民の意見が公共サービスの実施等に反映されること．
　　五　公共サービスの実施により苦情又は紛争が生じた場合には，適切かつ迅速に処理され，又は解決されること．

第 5 章　NPO および「NPO 活動者」が求める公共サービスに関する法制度のあり方　*145*

　上記の第 3 条では，下線で示したように，国民の権利として，健全な環境で生活する権利，安全・良質である権利，ニーズ（国民の需要）の保障，選択の権利，情報を与えられる権利，教育（学習）の権利，意見を聞かれる権利，苦情・紛争の処理・解決といった公共サービスに関する国民の権利が定められた［市民政策編集委員会 2010：3］．

　基本法では以下，「国や地方公共団体における国民生活の安定と向上に対して本来果たすべき役割を踏まえた公共サービスの実施と施策の策定に関する責務」（第 4 条・第 5 条），「公共サービスの実施に従事する者の責務」（第 6 条），「公共サービスを委託した場合の役割分担と責任の明確化」（第 8 条），「公共サービスの実施に従事する者の労働環境の整備」（第11条）等，全11条にわたって定めている．

（3）NPO と公共サービス基本法

　ここでは，特に，第11条「公共サービスの実施に従事する者の労働環境の整備」に着目する．第11条では，「国及び地方公共体は，安全かつ良質な公共サービスが適正かつ確実に実施されるようにするため，公共サービスの実施に従事する者の適正な労働条件の確保その他の労働環境の整備に関し必要な施策を講ずるよう努めるものとする」と定めている．

　かつては，公共サービスの従事者は公務員として，公務員制度のもとに「労働環境の整備」がはかられていた．しかし，現在は，公務員制度の枠内ではない公共サービス従事者が増加している．たとえば，指定管理者制度や委託事業等の公契約のもとで働く，委託先や請負先の労働者である．本来は，専門性があり情報が豊富な事業者が担うことで，良質な公共サービスが提供できるという想定で始められたはずの指定管理者制度や委託事業においても，経済性や効率性が優先され，専門性の評価は劣位へと置かれるようになっている．その結果，公共サービスの担い手への労働条件切り下げにつながっているのである．さらに，本書の第 2 章で取り上げたように，自治体においては，正規職員と同様の仕事をしているにもかかわらず，臨時職員，嘱託職員，非常勤職員といった形態での職員が増加し「官製ワーキングプア」と名づけられている現状もある．

　第11条で明確になったように，サービス提供に最終的責任を持つ国や自治体は，「適正な労働条件の確保その他の労働環境の整備」の検証責任を負わなけ

ればならず，「適正な労働条件の確保」は，国および自治体の責務となった．基本法において，公共サービスを提供するすべての従事者に対しての適正な労働条件の確保について，国とともに自治体の責任をも明確にしたことは意義があるといえる．ところが，条文では「国及び地方公共団体は，安全かつ良質な公共サービスが適正かつ確実に実施されるようにするため，公共サービスの実施に従事する者の適正な労働条件の確保その他の労働環境の整備に関し，必要な施策を講ずるよう努めるものとする」と努力義務とされた．この点について，2009年に，国会へ提出された民主党案では「公共サービスの実施に従事する者（以下，従事者という）の適正な労働条件が確保され，および適正な労働環境が整備されることが，公共サービスを適正かつ確実に実施し，および良質な公共サービスを提供する上で重要であることにかんがみ，従事者の労働者としての権利の保障に関して必要な施策を講ずるものとする」と規定されていた．すなわち，「労働者としての権利の保障に関して必要な施策を講ずる」として義務としていたのである．努力義務と義務の違いにより，公共サービス基本法の実効性はある意味で後退したといえる．

　今後は，公共サービス基本法の第11条「公共サービスの実施に従事する者の労働環境の整備」を「義務」とするべく法改正に取り組むべきであるが，当面は解釈において，「適正な労働条件」の「適正」についての概念構築と周知，「労働環境の整備」に関しての具体的な施策の内容と実施方法等について明確化し，その実効性を高めていくことが重要となる．

　とはいえ，国や地方自治体との協働事業として委託事業や指定管理者事業に取組んでいるNPOにとって，公共サービス基本法制定の意義は大きい．この基本法制定を機に，協働事業として，公共サービスの実施に従事する「NPO活動者」の適正な労働条件の確保を目指し，基本法に関する政策提言をNPOの役割として主体的に担い，各自治体に対して「公共サービス基本条例」策定の推進を図る活動を展開する必要がある．

　なお，基本条例では，基本法よりも対象とする公共サービスの定義を広くし，委託事業や請負事業以外に，公金の支出を受けてサービスを提供しているNPOや企業の活動も公共サービスととらえる可能性も出ている［小畑 2010：89］．すでに，各自治体での公共サービス基本条例の制定の運動が公務労協を中心に，「公共サービス基本条例をつくろう！」キャンペーン[9]として進められている．

これまでも，男女共同参画社会基本法が制定されたとき，男女共同参画社会の実現を主たる目的とするNPOは，各自治体において「男女共同参画条例」策定に向け政策提言活動を展開し，千葉県を除くすべての都道府県および政令指定都市では「男女共同参画条例」制定が実現している[10]．こうしたNPOの取り組みの成果をふまえ，基本条例に関しては，NPOは公務労協および連合とも連携し，協働で公共サービス基本条例策定に向け運動を活発化する必要がある．NPOとして，公共サービス基本法に関する政策提言活動に取り組むことは，本章の第1節で提案した「新しい公共」論の第一のベクトル「市民参加の論理」と第二のベクトル「行財政改革の論理」に対して，NPOこそが主体となって確立すべき第三のベクトル「担い手のディーセント・ワークを実現し確かな市民社会を構築する論理」を具体化する行動へ，確実につながる．

3．公契約法／条例とNPO

（1）公契約法／条例制定の背景

公契約とは，一般的に，当事者の少なくとも一方が国や地方自治体などの公の機関である公共工事や業務委託などの契約を指し，公契約法／条例とは，国の法律や地方自治体の条例によって，公契約の条例に含めるべき内容を定めるものである．国際的にみると，公契約法／条例制定の動きのさきがけとなったのは，英国議会下院の3度にわたる「公正賃金決議」である．世界で初めて公契約法／条例を制定したのは，フランスである．パリ市の動きを受け，フランス政府が大統領令「ミルラン命令」を発した．米国では，まず州法として制定され，連邦法としては「デービス・ベーコン法」などが制定された．国際労働機関（以下，ILO）「公契約における労働条約に関する条約」（以下，第94号条約）は，3カ国の法や決議を基に，1949年に国際的な公正労働基準として条例化されたものである［古川 2004：52］．1949年6月29日，ILOは第32回総会にて，ILO第94号条約および同名の勧告（第84号）を採択した．2015年11月30日現在，この条約の批准国は，フランス，デンマーク，イタリアはじめ61カ国であり，日本，米国，ドイツなどは批准していない[11]．

ILOは，公契約についてILO第94号条約の第1条で次のように定義している[12]．

第1条

1　この条約は，次の条件を充たす契約に適用する．

(a) 契約の当事者の少なくとも一方は公の機関であること．

(b) 契約の履行は次のものを伴うこと．

　　(i) 公の機関による資金の支出　及び

　　(ii) 契約の他方当事者による労働者の使用

(c) 契約は次のものに対する契約であること．

　　(i) 土木工事の建設，変更，修理若しくは解体

　　(ii) 材料，補給品若しくは装置の製作，組立，取扱若しくは発送　又は

　　(iii) 労務の遂行若しくは提供　並びに

(d) 契約は条約が実施される国際労働機関の加盟国の中央機関により査定されること．

　第1条では，公契約の条件として一方の当事者を「公の機関」とし，他方の当事者は「労働者の使用」があることとなっている．「公の機関」は，幅広く考えることができ，国，自治体，国や自治体が設置した機関および団体も含まれている．重要な点は，「他方当事者による労働者の使用」では，直接的な使用者は請負作業にかかわる各労働者の雇用主である．その場合，雇用主は労働者に賃金を支払うこととなるが，賃金となる金額の総額は国もしくは自治体からの請負金額に規定され，賃金の総額は公契約で定められる．特に，「労務の遂行もしくは提供」の場合，請負金額の大半が人件費で占められることとなり，公契約の契約金額に人件費が大きく依存していることがわかる．

　さらに，近年，各国において民営化が広まり，すべてのコストに関して，無制限な競争による引き下げを追求するような動きや，ILO 第94号条約がカバーしていない官民協働の動きが広まっている．こうした状況下では，ある一定の社会的保護水準以下の労働条件で，政府は公契約を結ぶべき存在であってはならないとの懸念が生まれ，公契約法／条例を求める動きが次第に広がりつつある[13]．

　なお，松井祐次郎と濱野恵が作成した「公契約法／条例の規制範囲の概念図」（図5-1）によれば，公契約法／条例が対象とする規制の範囲には，① 社会条項，② 労働条項，③ 賃金条項を盛り込むことが可能である［松井・濱野

第5章　NPOおよび「NPO活動者」が求める公共サービスに関する法制度のあり方　　*149*

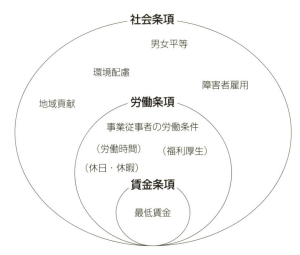

図5-1　公契約法／条例の規制範囲の概念図
出典：松井・濱野［2012：55］．

2012：54-55］．

（2）日本国内での動き

日本でも，ILO第94号条約の採択を受け，1950年に公契約法案が作成されたが，経済界からの反発などもあり，国会への提出はされなかった．公契約法制定の議論は，バブル経済崩壊後の長期不況を受けた公共工事削減や業務の民間委託進展などを背景に，建設業の従事者を中心に2001年ごろから再度活発になった［松森　2009：16-21］．

2002年度以降，急速に公共事業が削減される一方，経費削減を目的とした民間委託や指定管理者制度の導入が進展し，公共サービスに従事する労働者の賃金が下落していったため，公契約における適正な賃金水準の動きに，はずみがついたのである．そして，もともとは国や自治体の賃金が低い非常勤職員に対して使われていた「官製ワーキングプア」という言葉が，公契約事業に従事する労働者に対しても使われるようになった．その後，2009年には，国会提出はされていないものの，民主党国会議員を中心に「公共工事報酬確保法案」が作成されるなど，法制定に向けた具体的な動きもみられていた［松井・濱野　2012：66-67］．現段階では，ILO第94号条約の批准と，公契約法の国会上程は予定さ

れておらず，足踏み状態が続いている．

（3）地方自治体での取組み

1）　地方議会による意見書の採択と条例制定

　地方自治体における公契約条例に関する動きは，まず，地方自治体への公契約条例の制定を求める議会の意見書提出（請願・陳情の採択も含む）から始まった．公契約条例の制定の検討を求める陳情は，2001年に東京都東大和市議会において採択され，2002年には国に公契約法の制定を求める意見書が神戸市会で可決された．こうした意見書の採択を行った地方議会は，2015年10月7日現在で42都道府県の904議会となっている[14]．

　意見書採択が進んでいるとはいえ，公契約条例等の制定状況をみると，2015年10月7日現在，制定に結びつけているのは31議会にとどまっている．以下，自治体名と施行日について記載する[15]．

①　公契約条例（最低賃金額を明確に示しているもの）16件
　　埼玉県（草加市：2015年4月），千葉県（野田市：2010年2月，我孫子市：2015年4月），東京都（多摩市：2012年4月，国分寺市：2012年12月，渋谷区：2012年12月，足立区：2014年4月，千代田区：2014年10月），神奈川県（川崎市：2011年4月，相模原市：2012年4月，厚木市：2013年4月），兵庫県（三木市：2014年7月，加西市：2015年9月，加東市：2015年10月），高知県（高知市：2015年10月），福岡県（直方市：2014年4月）

②　公契約・理念条例＋要綱型（公契約条例と同等）2件
　　秋田県（秋田市：2014年4月），群馬県（前橋市：2013年10月）

③　公契約　要綱型（行政執行上，賃金下限額を示すもの）4件
　　千葉県（流山市：2013年10月），埼玉県（富士見市：2014年2月），東京都（新宿区：2010年7月），佐賀県（佐賀市：2013年4月）

④　公契約　理念型（労働環境の改善努力など理念的なもの）9件
　　岩手県（岩手県：2016年4月），山形県（山形県：2009年4月），東京都（江戸川区：2010年4月，世田谷区：2015年4月），長野県（長野県：2014年4月），岐阜県（岐阜県：2015年4月），三重県（四日市市：2015年4月），奈良県（奈良県：2015年4月，大和郡山市：2015年4月）

　自治体での条例制定が困難な理由は，公契約条例によって，賃金などの労働

条件の基準を地方自治体が設定することをめぐって，法的な視点から主に憲法，最低賃金法，地方自治法と公契約条例の関係が論点となっているからである[16]．

2）　公契約条例の特徴

山形県および尼崎市の場合

2008年6月に制定された山形県の「公共調達基本条例」では，「公共調達により調達するものの品質及び価格の適正を確保する」と明記され，公共工事の入札における基本的な理念を示した．労働条項が具体的に定められたわけではないが，要綱や規則等ではなく，議会の議決という条例という形式をとった点で，公契約条例の制定に先んじた重要な事例となっている[17]．

具体的な労働条項を取り入れたのは，兵庫県尼崎市の条例案である．尼崎市の条例案は，理念を示した「尼崎市における公共事業及び公契約の契約制度のあり方に関する条例」（案），業務委託を対象とした「尼崎市における公契約の契約制度のあり方に関する条例」（案），公共工事を対象とした「尼崎市における公共事業の契約制度のあり方に関する条例」（案）といった三つの条例案からなっている．尼崎市の案には，「公共サービスの質の維持と業務の継続性のための雇用確保」，「業務内容の際の賃金基準を同市行政職初任給（高校卒業程度）に設定」，「市と労働者やその労働組合との賃金・労働条件に関する協議」など，画期的な内容が含まれていた[18]．2008年12月に議員提案された後，2009年5月に否決され，廃案となっている．

廃案となったとはいえ，尼崎市の条例案提出の背景には，「人間を入札するな！」と訴えて住民票入力業務に携わる武庫川ユニオンの女性組合員が，2008年3月に無期限ストライキに突入し職場を守り抜いた闘いを契機に，尼崎地区労働組合，日本労働組合総連合会兵庫県連合会尼崎地域協議会等はじめ地域の労働組合，市民派議員が連携して提案した経緯がある．こうした地域での運動は，各地で活発に行われている[19]．

「野田市公契約条例」制定

2009年9月，千葉県野田市において全国で初めて，労働条項（賃金の下限額の基準を具体的に定める等）が盛り込まれた公契約条例が制定された．「野田市公契約条例」の第1条には，「本条例は，労働者の賃金の確保のみが目的となるのではなく，労働者の適正な労働条件を確保することによって公契約に係る業務の質及び公契約の社会的な価値を向上させ，市民が豊かで安心して暮らせる地

域社会を実現することを目的とする」と記され，労働者の賃金のみでなく，労働者の適正な労働条件の確保が地域社会のために重要であることを明確にしている．

なお，条例制定時には，指定管理者事業は条例の対象外であったが改正され，2012年10月3日以降に締結する指定管理者協定が条例の対象となった．指定管理者事業が対象となったことで，指定管理者事業の労働者の賃金水準の設定が明確になり，指定管理者の応募段階で適切な人件費積算が可能となった．公募における選定において，人件費削減をともなわない選定も可能となり，指定管理者事業における「官製ワーキングプア」問題の解決へつながっていった．ただし，NPOが指定管理者に参入する場合，上記の条例において，指定管理者事業が対象となったことは重要であるが，NPOが担う業務において，公務との均等待遇を図り，同一価値労働同一賃金となっているかどうかが，新たな課題となる．

「川崎市契約条例」改正

2010年12月には，川崎市が全国で2番目，政令指定都市としては初めて，公契約における労働条項を含めた条例について「川崎市契約条例」(1964年制定)の改正という方式で制定した．川崎市の場合，「賃金の下限額の決定にあたり，公益代表・労働者代表・使用者代表で構成される作業報酬審議会の意見を聞かなければならないこと」としており，審議会方式を取り入れたことは評価できる．審議会でどのように議論し，その議論を市民にどこまで公開していくのかが課題となってくる．また，「市の責務」として「市は，この条例の目的を達成するため，契約に関する施策を総合的に策定し，及び実施する責務を有する」(第2条)と自治体の責務を明示している．今後は，市民として市の責務を問う姿勢をもつことが重要となる．市民と市をつなぐ役割として，NPOこそが重要なポジションとなる．

（4）NPOと自治体との協働と公契約法／条例

公契約において，受託事業者等が十分な人件費を支払えないのは，契約額自体が抑えられているため，コスト削減の努力が限界に達し，人件費を切り下げざるを得ないという状況があるからである．公契約条例等によって人件費の下限を定めたとしても，著しく金額が抑えられた公契約が，長期間にわたって続くのであれば，組織運営に必要となる一般管理費などの間接経費を負担するこ

とができないため，いずれ，受託事業者は疲弊することになる．一定の積算基準が設けられている公共工事とは異なり，委託事業および指定管理者事業の場合には，このようなフルコスト・リカバリーの問題が十分に考慮されていない［馬場 2014：54］．

フルコスト・リカバリーとは，契約の積算に直接経費のみならず間接経費も含め，事業を実施するために必要な費用をすべて回収するという考え方である[20]．特に，NPO が自治体と協働で，公共サービスを担う事業形態において，この間接経費の確保が重要な課題となってくる．自治体との協働で，男女共同参画センターの指定管理者を担当していた筆者の経験によれば，積算段階で一般管理費（たとえば，経理や労務関係の費用等）などの間接経費の計上ができず，法人としての収入（会費や寄付等）で対応していたケースがある．また，当該事業の政策目的である「男女共同参画」に関する職員研修への経費負担についても，「団体への寄与となる」とのことで，指定管理者事業の枠内の予算での対応ができなかったケースもあった．NPO にとって，協働事業における間接経費の確保が重要となる．同時に，こうした一般管理費を含む事業費全体について，その透明性を担保するために，評価が重要となる．筆者としては，評価にあたっては，効率性（経費削減）のみに着目せず，社会的インパクト評価[21]という視点をもって，政策評価を実施することを提案したい．

現段階で，国分寺市公共調達条例（2012年12月１日施行）は，第６条「調達における協働」を定め，「市は，公共調達を伴う施策を立案する場合においては，協働を推進するよう努めるものとする」および「２　市は，協働により公共調達を伴う事業を実施する場合においては，第３条に規定する基本理念を十分に勘案するものとする」としている．

国分寺市公共調達条例に「協働」が盛り込まれたこと，そして，本章第３節の「(1)公契約法／条例制定の背景」で引用した松井祐次郎と濱野恵による「公契約法／条例の規制範囲の概念図」（図５-１）から示唆を得て，私見ではあるが，NPO と自治体における協働事業を対象として，「NPO と自治体の協働事業における公契約条例の規制範囲の概念」（図５-２）を盛り込んだ公契約条例を提案したい．

この条例の概念には，公契約法／条例が対象とする規制の範囲である① 社会条項，② 労働条項，③ 賃金条項［松井・濱野 2012：54-55］とともに，NPO と自治体の協働に関する条項として，④ 協働条項を加える．

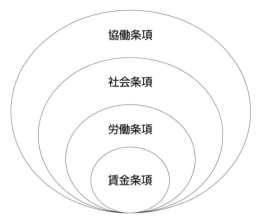

図5-2 NPOと自治体の協働事業における
公契約条例の規制範囲の概念図

出典：松井・濱野［2012：55］の図「公契約法／条例の規制範囲の概念図」を参考に，筆者作成．

なお，協働条項には，下記の内容を盛り込むこととする．

(1) 協働事業の条件は，NPOと自治体が，対等な立場において決定すること．
(2) 協働事業の実施にあたっては，それぞれがもつ特性と専門性を尊重しつつ，十分に活かすこと．
(3) 積算にあたっては，フルコスト・リカバリーをふまえた積算基準で対応すること．
(4) 同一価値労働同一賃金原則および公務との均等待遇をふまえた，適切な対価基準を設定すること．
(5) 上記(1)から(4)について，社会的インパクト評価という視点をもって政策評価を実施し，協働事業のさらなる発展に取り組むこと．

協働条項が明確化している「NPOと自治体の協働事業における公契約条例の規制範囲の概念」を盛り込んだ公契約条例が立法されることにより，NPOと「NPO活動者」は交渉力を確保し，本章の第1節で提案した「新しい公共」論の第一のベクトル「市民参加の論理」と第二のベクトル「行財政改革の論理」に対して，NPOこそが主体となって確立すべき第三のベクトル「担い手

のディーセント・ワークを実現し確かな市民社会を構築する論理」の確立が実現する.

　一般に，ある社会的事象や制度の基本的性格は，それが歴史的経過のなかで変化し衰退しようとする段階に至って，かえって明確に浮き彫りにされる．これまでは，公務という場では公務員が主人公であったが，公務の分野に新たな主人公として，NPO が参画することとなり，NPO が関わることによって，公務そのもののあり方が変容していく可能性がある.

　同様に，労働という視点からみても，国や自治体（公）と企業（民）が担っていた部分へ NPO が積極的に参画している．こちらもまた，NPO が参画していくことにより，労働のあり方そのものが変化していく兆候がある.

＋　お わ り に

　本章では，NPO と政府・自治体との協働における課題として取り上げ，公務との均等待遇に関する問題について，同一価値労働同一賃金原則をふまえた「NPO と自治体の協働事業における公契約条例の規制範囲の概念」を盛り込んだ公契約条例を提案した．この条例には，公契約法／条例が対象とする規制の範囲である① 社会条項，② 労働条項，③ 賃金条項［松井・濱野 2012：54-55］とともに，NPO と自治体の協働に関する条項として④ 協働条項を加え，下記の内容を盛り込むこととする.

(1) 協働事業の条件は，NPO と自治体が，対等な立場において決定すること.

(2) 協働事業の実施にあたっては，それぞれがもつ特性と専門性を尊重しつつ，十分に活かすこと.

(3) 積算にあたっては，フルコスト・リカバリーをふまえた積算基準で対応すること.

(4) 同一価値労働同一賃金原則および公務との均等待遇をふまえた，適切な対価基準を設定すること.

(5) 上記(1)から(4)について，社会的インパクト評価という視点をもって政策評価を実施し，協働事業のさらなる発展に取り組むこと.[22]

　さらに，法や制度が整いつつある現在，こうした政策的な動きを後押しする

ためには，何が必要なのかという問いに向き合い，「新しい公共」論の第一の
ベクトル「市民参加の論理」と第二のベクトル「行財政改革の論理」に対して，
NPOこそが主体となって第三のベクトル「担い手のディーセント・ワークを
実現し確かな市民社会を構築する論理」をつくりあげる時期であり，NPOは
投票行動を政策形成の場へと架橋し，市民の生活領域を政策発生源として，市
民活動を活性化する役割を果たすべきであることを示した．

　公共サービス基本法「公共サービスの実施に従事する者の労働環境の整備」
（第11条）を根拠として，今後は，公共サービス基本条例および公契約法／条例
の制定により，国と地方自治体が率先して，公契約事業に従事する労働者の公
正な労働条件を確保することが重要となっている．

　公共サービス基本条例および公契約法／条例の制定に向け，NPOは自治体
との協働事業に取り組んできた実績をふまえ，市民・労働組合・自治体といっ
たNPOを取り巻くステークホルダーとともに，公共サービスにおける労働者
保護を確立する役割を果たすべきである．NPO法制定時には，「改訂・政策の
窓モデル」［小島 2004：227-38］で分析されているように，さまざまな立場の関
係者（アクティビスト等）が多様な活動を展開し，相互に関係をつくり相乗効果
と波及効果をもたらし，ある一定の活動が結集した瞬間に政策の実現へと結び
ついている．

　今後は，「公共サービスの実施に従事する者である『NPO活動者』の労働条
件と労働環境の確保」という政策アジェンダをかかげ，「NPOと自治体の協働
事業における公契約条例の規制範囲の概念」を盛り込んだ公契約条例を立法化
する政策提言にも取り組み，NPO法成立時を超える成功事例へと結びつける
ことが重要となる．

　注
1 ）　加藤［2001：19］．なお，NPOと市民社会については，佐藤［2002］，山口［2004］，
　　入山［2005］，松下［2007］，田中［2011］，今田［2014］他多数で論じられているが，
　　ここでは，あえて実践の場からの言説を取り上げた．
2 ）　ILOは，1999年以来「ディーセント・ワーク」（decent work）——「働きがいのあ
　　る人間らしい仕事」——の実現を最も重要な目標として掲げている．詳細は，ILO駐
　　日事務所ホームページ（http://www.ilo.org/tokyo/about-ilo/decent-work/lang--ja/
　　index.htm，2017年12月1日閲覧）を参照．ディーセント・ワークに関する文献として
　　は，西谷［2011］および伍賀・西谷・鷲見ほか編［2011］等がある．

3） 詳細は，松井［2010：264-72］を参照．

4） 遠藤編［2013：87］の図4-5「職場別の賃金要求の計算」参照．

5） 詳細は，森・浅倉編［2011：210-211］を参照．

6） たとえば，2009年，千葉県野田市は全国ではじめて工事や業務委託に係る公契約に最低賃金を定める条例を制定し注目を集めた．

7） 詳細は，公務公共サービス労働組合「良い社会をつくる公共サービスを考える研究会」最終報告を参照（http://www.komu-rokyo.jp/kokyo_campaign/final_report/final_report2.html，2017年12月1日閲覧）．

8） 小島［2004：20-55］のNPO立法のプロセスに関する「改訂・政策の窓モデル」を参照．

9）「公共サービス基本条例をつくろう！」キャンペーンについては，公務労協ホームページを参照（http://www.komu-rokyo.jp/campaign/service/index.html，2017年12月1日閲覧）．

10） 内閣府男女共同参画ホームページ「男女共同参画に関する条例の制定状況」（都道府県・政令指定都市，2013年4月1日現在）（http://www.gender.go.jp/research/kenkyu/suishinjokyo/2013/pdf/rep/02-1.pdf，2017年12月1日閲覧）．

11） International Labour Organization ／ Ratifications of C094-Labour Clauses（Public Contracts）Convention, 1949（No. 94）（http://www.ilo.org/dyn/normlex/en/f?p=NORMLEXPUB:11300:0::NO::P11300_INSTRUMENT_ID:312239，2017年12月1日閲覧）．

12） ILO第94号条約（日本語訳）についてはILO（国際労働機関）駐日事務所の公式ホームページを参照（http://www.oit.org/public//japanese/region/asro/tokyo/standards/c094.htm，2017年12月1日閲覧）．

13） 岸［2012：317］を参照．

14） 全国建設労働組合総連合ホームページ「公契約条例（法）／各地の取り組み・成果：公契約法等を求める意見書採択・条例制定した議会数」（http://www.zenkensoren.org/wp/wp-content/uploads/2014/09/koukeiyakugikai15.08.30.pdf，2017年12月1日閲覧）．

15） 全国建設労働組合総連合・前掲ホームページ（注14）（2017年12月1日閲覧）．

16） 詳細は，小畑［2010：104-13］，晴山［2010：64-67］等を参照．

17） 小畑［2010：67-68］を参照．

18） 尼崎市の条例（案）は「尼崎市議会平成20年12月2日議員提出条例案関係資料」『労働法律旬報』1719号（2010年）59-63ページ．

19） それぞれの運動については，「特集：公契約条例に関する現状と課題」『労働法律旬報』1719号（2010年）6-37ページ以下を参照．

20） フルコスト・リカバリーについては，松井［2010：259-76］を参照．

21） 社会的インパクト評価とは，社会的インパクト（長期，短期の変化を含め，当該事業や活動の結果として生じた社会的，環境的な「アウトカム（効果）」）を定量的・定

性的に把握し，当該事業や活動について価値判断を加えることである．内閣府社会的インパクト評価検討ワーキング・グループ報告書『社会的インパクト評価の推進に向けて』6 -13ページを参照（https://www.npo-homepage.go.jp/uploads/social-impact-hyouka-houkoku.pdf，2017年12月 1 日閲覧）．

22) 社会的インパクト評価については，前掲注21を参照．

第6章 有償ボランティアとNPO

╋ 1．NPO 活動における有償ボランティアの現状と課題

（1）多様な形態の「NPO 活動者」の存在

　社会的な活動主体として認知されていた政府（自治体等も含む）と市場（企業等営利団体）のみでは解決できない，多様な社会的課題を抱える現代社会において，サードセクターとして NPO の存在が注目され，その役割に期待が集まっている．ただし，NPO のセクターだけが問題の解決を担えるわけではなく，3 つのセクター（政府・市場・NPO）の協働で，社会的課題を解決することが求められている．現在では，介護保険制度や行政との協働という体制のもと，行政から NPO への事業委託が進み，指定管理者制度に参入する NPO も増えている．NPO は，労働市場の一翼を担う存在となり，雇用創出をする場となる可能性へと期待が高まっている側面もある．

　NPO 活動の担い手は男性よりも女性が圧倒的に多い点が指摘できる．育児支援，配食サービスや介護サービスといった，これまでは主に家族圏でなされていたケアワークに関する領域では，従来から女性たちが，主にボランティアとして活発に活動した経緯があり，そうした領域での NPO が全体の半数を占め，当事者性をもって活動を展開している［渋谷 2007：32-33］．NPO 活動の担い手として女性が注目される理由は，性別役割分業によって，女性は有償労働から解放もしくは排除されているので，非営利的な活動が男性よりも女性に親和的であること，NPO は男性によって主導されてきた営利企業と，行政サービスによって十分供給されていないサービスの提供者として，新たに登場してきたので，男性による主導の程度がそれほどでもなく，周辺的であるがゆえに，女性が活躍しやすい面があること，現在の NPO 活動の主流をなす福祉や教育

が，女性に向いている活動であるとみなされているので，女性が参加しやすい状況となっていることがあげられている［岡本 2005：1-9］．一方，ケアワークに関する領域では，家族圏でなされていたケアワークがアンペイドワークであったこともあり，NPO 活動として取り組んだ場合，労働者性が高いにもかかわらず，有償ボランティアとして位置づけられてきたケースも多くみうけられる．

　こうした状況の下，NPO にはさまざまな形態の「NPO 活動者」が存在する実態があるが，「NPO 活動者」の法的な扱いについては必ずしも明確ではない．労働法においてはそのすべてが労働者として位置づけられるのか．あるいは，形態ごとに「労働者」と「労働者でない者」として二分されるのか．いわゆる，労働者性および労働者概念の課題につながる．

　一般的に，「労働者」として労働法の適用対象となるかどうかについては，「使用従属性」と「対価性」の有無で判断されている．その判断枠組みをふまえ，「労働者」と「自営業者」を二分してきた結果，労働法の「境界線上に存在する者」が増加している．雇用と自営の境界線上に存在する者，正規雇用と非正規雇用の境界線上に存在する者，公務労働と民間労働の境界線上に存在する者，NPO における有給労働と無償ボランティアの境界線上に存在する者といった四つのパターンの就業者である．「境界線上に存在する者」と労働法の関係では，前者の二つの者については判例とデータの蓄積や議論が進み，社会的な視点で可視化されつつある．しかし，後者の二つの者については判例もデータ集積も少なく，社会的に認知されていない状況が続いている［渋谷 2008：111-13］．特に，公共サービスを担う「NPO 活動者」の場合は，NPO における有給労働とボランティアにまたがる中間領域に存在する者と，公務労働と民間労働の間に存在する者という，二重の「境界線上に存在する者」となる可能性が高い．こうした二重の混乱から，NPO が脱出し，本来の活動を有効に展開できるようになるためには，「NPO 活動者」の労働法上の位置づけを明確にすることが必要となる．

　筆者は，NPO 法人参画プラネット（以下，参画プラネット）の代表理事として，無償ボランティアから有給労働者まで，さまざまな形態の「NPO 活動者」と向き合い，組織マネジメントの中枢を担っている．日常的な実践の場で，どのように労働法を活かし，組織を実働し，NPO 活動を発展させるのか．まずは，「NPO 活動者」と労働法の関係を明確化する必要があると課題をもって研究を

開始した．同時並行して，参画プラネットが，名古屋市男女平等参画推進セン
ターの指定管理者事業へ参入したことから，公務の民間化と NPO の関係性に
ついて，新たな課題が浮かびあがってきた．具体的な課題は，次のとおりであ
る．

第1に，NPO の担い手と組織のあり方に関する課題である．この課題は，
主にボランティアを含む「NPO 活動者」全体に関わる労働問題として，雇用
者とボランティアの中間領域にあたる有償ボランティア[1]の労働者性をどうとら
えるのか，そして，無償ボランティアも含めた「NPO 活動者」全体の安全衛
生および社会保障の問題についてどのように対応するのかである［小野 2007：
7］．第2に，NPO 活動の分野には，女性が担うアンペイド・ワーク（無償労働）
として位置づけられてきた活動が多く，雇用が発生した段階で，労務提供への
対価設定が低く抑えられるという，ジェンダー課題がある．この課題は，有償
労働と無償労働の問題へつながっている［田中 2007：249］．第3に，上記の二
つの課題を抱えたまま，従前は公務員が担っていた労働が民間化され，「NPO
活動者」が担うこととなった場合，労働法の観点からは何らかの対応が必要と
なるのか．「NPO 活動者」の労働法上の位置を検討すると同時に，公務との均
等待遇といった課題がみえてきている［渋谷 2008：116-117］．

本章では，まず，男女共同参画センターにおいて「女性教育」や「女性のエ
ンパワーメント」という名目で，女性たち（特に，専業主婦）をボランティアと
活用し，その延長線上で労働者として雇用していったケースでの裁判事例を検
討する．次に，有償ボランティアを手がかりにしつつ，「NPO 活動者」と労働
法のあり方を検討する．なお，有償ボランティアには，個人として独立して活
動を行う「個人形態」と，組織の一員として活動を行う「組織所属形態」の二
つの形態を認めることができる［東根 2015：47-48］．本章では NPO という組織
に所属して活動を行う「組織所属形態」の有償ボランティアを対象として検討
を進める．

（2）ボランティアから労働者としての雇用へ

福岡市女性協会事件では，男女共同参画センターにおいて「女性教育」や
「女性のエンパワーメント」という名目でボランティアとして活用されていた
職員が，その延長線上で労働者として雇用され，福岡市からの出向職員，専門
職である嘱託職員とともに，不安定な身分のまま，10年以上にわたり臨時的任

用職員として職場で過ごしていた事例である．ボランティアという身分であったがゆえに，臨時的任用職員として雇用され，更新年月を積み重ね，専門性が高くなったとしても，いわゆる非正規労働者という身分で固定化されていく．こうした事例は，全国の男女共同参画センターで多数存在しており，指定管理者制度導入の際には，人件費が臨時的任用職員の対価で積算されることとなる．たとえば，NPOが指定管理者となった場合には，有償ボランティアで補う可能性もあり，公共サービスにおける人件費抑制の課題ともつながる．

（3）福岡市女性協会事件／最高裁二小平成17年（2005年）2月4日決定　福岡高裁平成16年（2004年）10月1日判決[2]，福岡地裁平成15年（2003年）10月2日判決[3]

本件は，福岡市の外郭団体である財団法人福岡市女性協会（以下，「Y」という）に，1992年1月，雇用期間3カ月で雇用され，さらに，同年4月1日に雇用期間を6カ月とする雇用契約（以下，「本件雇用契約」）を締結し就労していた臨時的任用職員（以下，「X」という）が，2002年3月31日に雇用期間満了を理由に雇止めになり，その無効を主張して，Yに対し，雇用契約上の権利を有する地位にあることの確認および未払給与等の支払いを求めた事案である．

1）事実の概要
当　事　者
Yは，福岡市の外郭団体であり，女性の自立と社会参画の促進等を目的とする福岡市女性センター・アミカス（以下，「アミカス」）の運営などのために，1998年8月に設立された財団法人である．アミカスの事業は，女性学，パソコン講座，簿記講座，健康管理等について学ぶための講演会などの開催（この講座等に参加する人のためのボランティアによる託児を含む.），各種相談の実施，女性問題に関する市民グループ調査研究の支援，広報紙『アミカス』（季刊）などの発行，女性関係資料，図書の提供，まつりアミカスの開催など多岐にわたる．

Xが臨時的任用職員となった経緯は，1991年7月から同年11月までYが開催したイベントに，ボランティアとして参加し広報紙の作成等に従事したことに端を発する．Yは，当時，慢性的に人手不足だったため，臨時的任用職員を雇うことを考慮していたところ，Xがイベントにおいて，ワープロの技術を駆使し，責任をもって稼動していた．Yはそれを評価し，ワープロ講座の

事務や託児を担当する臨時的任用職員として，Xを雇用することとした．

事件の概要

Yの組織は，発足当時，事務局長の下，管理係と事業係が置かれ，その後，前者が総務係となり，後者も2係に分かれ，事業1係では講座・講演の開催，託児等を，事業2係では「まつりアミカス」の開催や図書室の管理等を，それぞれ担当していた．Yの職員は福岡市からの出向職員，専門職である嘱託職員および臨時的任用職員からなる．

Xは，Yが開催したイベントにボランティアとして参加した後，1992年1月，業務内容を講座等に係る業務，勤務所属係を事業係，雇用期間を1992年1月4日から同年3月31日まで（ただし，Yが指定する日であり，原則として週3日），給与日額合計5380円とする約定で，雇用契約を締結した．

XとYとの間で上記期間満了後，雇用期間を1992年4月1日から同年9月30日までとして，上記雇用契約を更新した．その後，XとYは6カ月の雇用期間が満了するごとに，雇用契約の更新を繰り返し，それが2001年10月1日まで続き，Xは，約10年3カ月にわたり，Yの臨時的任用職員として就労した．その間，給与日額の昇給が実施されたことはあったものの，業務内容，勤務所属係および雇用期間には変更がない．Xは，Yの人事業務を行う総務係の職員等の求めに応じて，1992年から2001年まで，毎年4月1日からの更新の際には，1992年4月1日付けの履歴書が利用されており，1997年及び1998年には，それぞれ10月の更新の際にも履歴書を提出している．Yは，上記20回の更新の都度，Xについて，任用理由，事務内容，職種，任用期間及び賃金日額等の雇用条件を記載した「臨時的任用通知書」を交付していたが，それが更新後，しばらくしてなされるということもあった．

Xは，当初，託児業務を担当していた．1996年ごろから，講座および講演会に関する業務が増加していき，1998年からはそれが業務の中心を占めるようになった．託児業務では，託児室の準備，申込書の作成，保育担当の託児ボランティアへの活動依頼，ボランティア名簿などの作成等を行った．Xは，講座および講演会に関する業務では，Yの要請に応じて出勤日を変更し，他の係の仕事を手伝うこともあった．しかしながら，具体的な講座および講演会の企画案の作成，事業の実施，施設の管理については，正職員である出向職員がその責任のもとに行っており，Xが企画，運営等に関与することはなかった．

Yは，福岡市から運営経費の支給を受けているものであるが，2001年9月

ごろから，福岡市が2002年度の予算編成につき，市税収入の減少等をふまえて，消費的経費の予算要求枠について，2001年度当初予算額から削減した金額とする方針を示し，2002年1月15日には，賃金等についての再調整基準を示し，さらなる削減のための見直しを求めてきたことから，臨時的任用職員の勤務形態について，より効率的な連続的業務の遂行をはかることができるよう，週5日，2か月勤務に統一するとともに，より効率的な予算執行を行い，福岡市から支給される運営経費の削減にも対応する方針を固め，同月18日ごろ，週3日，6か月勤務の廃止を決定した．

　Yは，臨時的任用職員7名に対しては，2001年12月26日に勤務形態の変更につき，口頭で予告し，その後の2002年1月以降，説明等を行ったが，Yは，週5日，2カ月勤務への変更に応じず，同年3月14日に連合福岡ユニオンに加入した上，Yに団体交渉を申し入れ交渉した．Yは，週5日，2カ月勤務により，Xに支給される給与が年間約21万円減収となることに配慮し，再雇用までの待機期間につき，雇用受入先をあっせんすること等の譲歩案を提示し，Xも勤務日を年間120日程度（ただし，雇用期間は従前どおり6カ月とし，更新により通年勤務する）に削減することに応じる等の譲歩案を示したが，結局，交渉は決裂し，本件雇用契約は同月31日の期間満了をもって終了する旨の通知をした．

　Yは，2002年4月1日以降，Xの就労を否定し，同月1日，Yに対し，退職の理由を「契約期間満了及び就業形態の廃止に係る勤務形態の移行を拒否されたため」とする退職証明書を送付した．その後，連合福岡ユニオンのあっせん申請にもとづき，福岡地方労働委員会が，同月15日，Xのこれまでの雇用の実績をふまえ，臨時的任用雇用職員の勤務条件につき，週5日，2カ月勤務と定めた「財団法人福岡市女性協会臨時的任用職員の用務等取り扱いに関する規程」を向こう3年間は適用しないものとする旨のあっせん案を提示したが，Yは上記期間を1年間に短縮することを求めて，あっせん案に従うことを拒否した．

　Yにおいて週3日，6カ月勤務により就労していた7名の臨時的任用職員のうち，Xを除く6名は，2002年2月までに週5日，2カ月勤務への移行を受け入れ，2002年度も円満に就労し，再雇用されている．

2） 一 審 判 決

X の雇用契約

「Xの稼動状況は，出向職員らのそれに比肩すべきものといえる」から，「XとYとの間には期間の定めがない契約と実質的に異ならない関係が生じたと解すべき」であり，「社会通念上相当なものがない限り，Yが期間満了を理由として雇用契約を終了することは信義則上許されない」とした．

雇用条件の変更を伴う雇用契約の更新

「雇用契約の終了という事実が労働者にとって重大な結果をもたらす以上，雇用条件の変更を伴う雇用契約の更新の申し入れに対して労働者が拒否した場合，期間満了を原因として雇用契約が終了したというためには，雇用条件を変更する必要性があり，その必要性が当該変更により労働者が被る不利益を上回っていて，雇用条件の変更を伴う雇用契約の更新がそれに応じない場合の雇用契約の終了という結果を正当化するものであって，かつ，雇用契約終了を回避するための努力がつくされている」といえる事情が認められなければならない．

これを本件についてみると，年間給与額が減少することを軽視することはできず，2カ月という短期間だけ他で就業することも困難であり，Xは極めて不安定な状態に立たされることになる．他方，雇用条件の変更をみると，「他の職員から週3日しか勤務していないことを理由に苦情を言われたことがない上〈中略〉利用者からの苦情もなかったこと」から，アミカスの運営の支障となっていたということもできない．

福岡市による予算削減

雇用条件を移行することは，「およそ不合理なものとはいえず，それを選択することも，経営判断の1つとしてありうることではあるが，Xの不利益を上回るほどの必要性を見出すことは困難」であるとした．

判決の結論

社会通念上相当なものとして是認できる事情は認められず，「本件雇用契約の終了を主張することは信義則上許されない」から，「本件雇用契約が更新されたものと同様の法律関係が存在する」として，地位確認請求を認容し，未払給与等の支払請求を一部認容した．

3) 控訴審判決

Xの担当業務

Xの「担当事務の内容は，いずれも〈中略〉補助的業務に止まり，当該事業の企画，運営等の統括，実施等に関する業務は，専ら出向職員等の正職員が行っている」のであり，Xが「この点に関与しているものではない」とした．

さらに，Xは「Yの事務に習熟し，逐一，正職員の支持を受けることなく，その事務を遂行していた事実は認められるが，それは本件雇用契約にもとづいて分掌する事務の範囲に止まるもの」であると判断する一方で「Yもそのような信頼を当該事務の円滑な遂行の点からXに一任していたというべき」であるとして，あくまでも，臨時的任用職員とした．その上で，「Yにおいては，出向職員と臨時的任用職員の担当事務を区別」しており，「Xは本件雇用契約に基づく業務を担当していた」と判断した．

雇用条件の変更を伴う雇用契約の更新

「Yは所定の手続きに従って前期雇用期間に関する更新を行っており」，Xも「更新による手続きがなされていることを了知していた」とし，「本件雇用契約が期間の定めのない契約と実質的に異ならないものとなったと認めることは困難」であり，「本件雇用契約は，期間の定めのない契約と実質的に異ならないものであるとまでは解されず，雇用契約は，期間満了により終了したものである」とした．

福岡市による予算削減

福岡市から2002年度の「経常的経費賃金等について削減を求められたことから，臨時的任用職員の勤務形態について見直しを図ることを余儀なくされ」，Xを含む臨時的任用職員については，雇用の継続を図ることを前提として勤務形態の変更を求める等「Xの不利益を回避するために相応の対応をした経緯も存する」のであり，「Xがその提示にかかる案の実行を強く求めたことにより」，Yも期間満了により，Xとの雇用関係の終了を通知したものである．Yは，Xに対して期間の定めなく雇用を継続することを示唆し，期待させる言動や制度を取り入れる等の言動はしていない．

判決の結論

「本件雇用契約は，期間の定めのない契約と実質的に異ならないものであるとまでは解されず」，雇用契約は「期間満了により終了したものである」として，勤務形態変更申入れを拒否したXに対して，雇用期間満了を理由として

「雇用契約の終了を主張することは信義則上許されない」とした一審判決が取り消された.

4) 最高裁の判断

本件は上告・上告受理申立され, 2005年2月4日に棄却・不受理となった.

5) 検　　討

第一審では, 本件雇用契約においては, X の雇用契約は1992年1月から2001年10月1日まで当然のごとく繰り返され継続的に就業しており, その内容は名目こそ補助職ではあるものの, X の稼動状況は出向職員らに比肩すべきものであるといえるため, 期間の定めがない契約と実質的に異ならない関係が生じたと解すべきであり, Y が期間満了を理由に, 本件雇用契約の終了を主張することは信義則上許されないとして, 地位確認請求を任用し, 未払い給与等の支払い請求を一部容認した.

しかし, 控訴審では, 19回にわたって契約更新がなされていたが, 約10年間, 同一の勤務形態による就労が継続していること, 担当業務について, 事実上広範化していること等を認めたうえで, Y においては出向職員と臨時的任用職員の担当事務を区別しており, X は臨時的任用職員としての業務を担っていたとし, 第一審の事実認定とは異なる結果となった. また, 契約更新の手続きについて, X は満了の都度, 履歴書を提出し「臨時的任用通知書」を受け取るなどして, 更新による手続きが行われていており, 本件雇用契約は6カ月の定めがある契約であり, 雇用期間満了において, 更新等の手続きがなされない限り, 本件雇用契約は終了するとした. なお, 第一審では, 福岡市の経費削減について X の不利益を上回るほどの必要性を見出すことは困難としたが, 控訴審では Y が X らの不利益を回避するために相応の対応をし, また, 雇用を継続することを示唆する等の経緯は認められないため, 信義則に反することは認められないとした.

本件は, 労働条件の引き下げを目的とする雇止め事件である. 一般的に, 雇止めの法規制については, 雇止めが解雇規制の対象となるのはいかなる場合かという問題と, 雇止めの適法性の判断基準をどう解するかという問題に分けることができる. まず, 雇止めが解雇規制の対象となるのはいかなる場合であるかについての判断基準は, 具体的には個々のケースにおける雇用や勤務の実態

が重視され，① 職務内容・勤務実態の正社員との同一性・近似性，② 契約更新の状況（有無・回数・勤続年数等），③ 更新手続きの厳格さ・ルーズさ，④ 雇用継続を期待させる使用者の言動・認識の有無，⑤ 有期雇用による収入の割合が基準とされている．以下，3 タイプの典型的類型を記したい．

　第 1 のタイプは，「実質的に無期契約と同一」タイプであり，期間の定めが形骸化し，期間の定めのない契約と実質的に異ならない状態となったと認められる場合，4) 第 2 のタイプとして，「有期雇用であるが解雇規制を類推する」タイプであり，期間の定めが明確で，無期契約と同一視はできないが，雇用継続の期待利益が存することから，解雇法理が類推される場合，5) 第 3 のタイプは「当然終了」のタイプであり，期間満了とともに当然終了となる場合である．6) 本件は，第 2 のタイプ「有期雇用であるが解雇規制を類推する」タイプとして位置づけられ，上記の判断基準の①から⑤に即して判断がなされている．第一審では，① 職務内容について正職員との近似性を認め，③ 更新手続きの不的確性に着目し相当な理由がない限り無効とされたが，控訴審ではそれが否定され，Y が解雇回避努力をしたことも判断基準となり，信義則に反することは認められないという結果となった．使用者の雇用継続という点から考えたときには，同じ使用者の下で一定期間，特に問題なく勤務した労働者を雇止めすることは原則としてゆるされず，仮に雇止めをするときには，きわめて厳格な手続き及び客観的に合理的な理由が必要になると考えられている．使用者側の都合による解雇は，「整理解雇」として，解雇権濫用という視点から，厳しい要件を課す判例法理が形成されてきた．

　一般的には，人員整理の必要性，解雇回避努力，人選の合理性，労働者への説明・退職後の生活配慮などがなければ濫用的な解雇として法的に無効となる傾向がある．控訴審においては，福岡市の予算削減が，人員整理の必要性，解雇回避努力および人選の合理性の理由とされ，また，労働者への説明・退職後の生活配慮についても解雇回避努力がなされたと判断され，判断が分かれたところである．

　なお，本件判決後に施行された労働契約法19条では，有期労働契約の更新等について，「有期労働契約であって次の各号のいずれかに該当するものの契約期間が満了する日までの間に労働者が当該有期労働契約の更新の申込みをした場合又は当該契約期間の満了後遅滞なく有期労働契約の締結の申込みをした場合であって，使用者が当該申込みを拒絶することが，客観的に合理的な理由を

欠き，社会通念上相当であると認められないときは，使用者は，従前の有期労働契約の内容である労働条件と同一の労働条件で当該申込みを承諾したものとみなす」と定め，第1のタイプと第2のタイプの内容を例示している．

　民間の有期雇用の場合，その雇止めには解雇権濫用の法理（労働契約法16条）が類推適用されるため，使用者は期間満了を理由に雇止めをすることが当然には認められていない．したがって，有期雇用といえども民間の場合は一応救済の道が開かれている．しかし，公務員の非常勤職員の場合，従来の判例では任用更新拒絶の違法性が認められることはなく，Ｘのような外郭団体においても同様であった．そのため，何年も更新が繰り返されたとしても，更新拒絶を制限する法理はないため不安定な立場を強いられてきた．一審判決は，このような現状に一定の歯止めをかけた点で，画期的な判決である．

　しかし，控訴審判決では，こうした雇止め制限法理を通じた救済を否定する裁判例が一般的である[7]ことから，本件においても，任期付任用公務員に準じる判決となっている．

　安価な賃金で期間の定めがある雇用契約のもと，女性職員を活用して財政難を乗り切ってきた自治体の男女共同参画センターでは，「男女平等が目的なのに，女性の低賃金を利用するのは納得できない」との不満が募り，訴訟が続いている．「女性は夫に扶養されている」との固定観念に加え，契約期限が終われば解雇せずに雇止めできることから，高学歴者の多い相談員や企画担当などの女性を低賃金の非常勤で雇う例が一般化してきた[8]．

　第1節で示したように，Ｙが運営している，いわゆる「男女共同参画センター」は全国各地で自治体が多数，設置している．そうしたセンターでは，"女性教育"や"女性のエンパワーメント"という名目で，女性たち（特に，専業主婦）をボランティアとして活用していた経緯があり，その延長線上で雇用され，労働者となっていった事例が多く存在する．この場合，生活賃金を得るための稼ぎ手は一家のなかに存在することから，「臨時的任用職員」といった形態で，身分が不安定なまま雇用が継続しているケースが多い．さらに，「臨時的任用職員」として更新回数を経ていくほどに，男女共同参画分野における専門性が高くなるにもかかわらず，その専門性への適切な評価が行われず，雇用が継続されていくという課題が生じている．一方，福岡市女性協会が運営していたセンターは，「女性の自立と社会参画の促進等を目的」としており，この設置目的と乖離した雇用状況が運営組織の内部では継続していたことも明ら

かとなった.

　次に，自治体の財政状況と直結している外郭団体（財団）の状況として，福岡市から支給される経費の削減について検討する．地裁判決では，財団の経営判断の一つしてありえるが，Xの不利益を上回るほどの必要性を見いだすことは困難としていた．ところが，高裁判決では，福岡市から支給される運営経費の削減に対応して，Xらの雇用継続を図る対応をしたことが認められ，Xの勤務形態の変更をやむを得ないとしている．地位確認を認めた一審判決とは異なる判断となった背景には，Yが福岡市から運営経費の支給を受けていることが影響しているといえよう．男女共同参画センターの職員は，公務労働と民間労働の境界線上に存在する者として位置づけられ，自治体の予算に対応した不安定な雇用状況が継続しているのである．

（4）NPOにおける有償ボランティアの現状

　市民の自発性を重んじ，ゆるやかな規制を基本としているNPO法をみると，第1条には，「市民が行う自由な社会貢献活動」という文言が用いられている．また，第2条1項で，NPO法人を，「不特定かつ多数のものの利益の増進に寄与することを目的とする」ものと定めている．その他には，法人の設立運営に関する形式的な事項や，行政の関与および税法上の取り扱いについて定めている．したがって，NPO法人において活動する「NPO活動者」それ自体に関わる事項は，NPO法が想定するところにはない．また，NPO法人の役員に関しては，NPO法人における就業から報酬を受け取ることを前提とした規定（「定義」にかかる2条2項1号ロならびに「設立の認証」にかかる10条1項2号イ）があるが，必ずしも役員への報酬支払いを必然的なものであるとは想定していない．

　一方，法人格の取得にともない，NPOにとって資金調達や行政からの事業委託を容易にし，長い間，無償労働が当然視されていたボランタリーワークが職業として位置づけられる制度基盤づくりが進み，強化されていった．2001年には，寄付税制面での優遇を図る認定NPO法人制度が開始された．2011年には，認定NPO法人の要件を緩和するNPO法改正と，優遇税制の拡大を盛り込んだ税制改正法が導入された．これによって，有償労働として対応できる余地が不十分とはいえ拡大した．[9] 社会的課題を解決するために，資本主義的なビジネスの手法を取り入れつつ，事業に取り組むNPO（事業型NPO，社会的企業等）が増加している．

第 6 章　有償ボランティアと NPO　　*171*

　ところが，NPO はボランティア組織の活動から発展してきたという経緯がある．ボランティア組織では，自発性，社会性，無償性が尊重されていたことから，使用従属性が基礎となっている労働者の存在を認識することは本末転倒の意があり，受け入れられない状況も続いていた．実態をみると，無償ボランティアから有給労働者との間で，多様な就業形態が広がり，NPO にはさまざまな形態で活動に従事している者が存在している．そのなかには有償ボランティアという呼称のもと，何らかの対価を得ているボランティアが存在していることも明らかとなってきた[10]．

　2011年に，愛知県県民生活部が実施した調査報告『NPO 法人における雇用と働き方──現状・課題・今後に向けて──[11]』においても，NPO 活動に関わっている人数（団体への関わり方の形態ごとの平均人数，全体平均は45.3人）のうち，ボランティアは28.3人であり，そのうち有償ボランティアは8.4人となっており，役員（8.6人），職員（8.4人）と並ぶほどになっている．また，同調査報告によると，有償ボランティアと NPO との活動条件の取り決め状況（「明確に決めている」「ある程度決めている」の合計数値）は，「経費や報酬の支給条件」（83.5%），「仕事の種類や範囲」（83.0%），「誰の指揮の下で働くか」（73.7%），「勤務する日数や時間」（60.2%），「勤務する場所」（73.3%），「事故等の場合の保障」（66.5%）となっており，どれもが高い数値を示している．労働法の観点からは労働者性がかなり高く，労働者として判断される実態がある．

　現段階では，有償ボランティアは労働者として認識されず，謝礼は最低賃金以下の場合が多く，労働者として当然に享受すべき法的保護（安全衛生，労災保険，社会保障等）から疎外されているケースが多々みられる．さらに，有償ボランティアとして労務提供をすることにより，労働市場における他の労働条件を脅かすものとなること，さらには有償ボランティアの存在により，行政からの委託事業および指定管理者事業等において最低賃金以下で積算され事業費が安価に設定される可能性があることなど，NPO という組織内部の問題のみとして捉えることができない課題が生じている．

　ただし，有償ボランティアの存在を否定してしまうと，NPO 自体の事業運営が継続できなくなる可能性が高いという側面もある．その理由は，NPO が担っている事業は企業とは異なり多数の市民ニーズに対応した部分ではないことから，生産性と収益性の追求には限りがあり，NPO として事業運営の目的を達成するために生産性と収益性をあげることは，非営利組織としてのあり方

に対して矛盾を生む．そのために有給職員を雇用する余裕がなく，有償ボランティアに頼らざるを得ない実情もあるからである．さまざまな矛盾のなかで存在する有償ボランティアは，労働法では，どのように位置づけられているのか．労働者の定義をふまえつつ，次節で検討を深めていく．

＋2．労働法における有償ボランティアの位置づけ

（1）労働法における労働者の定義と有償ボランティアの関係

労働法は，従属労働と独立労働を区別し，従属労働に携わる人々の生存権や自己決定権の保障を目的に，さまざまなルールを設定してきた．現代社会においては，従属労働と独立労働の区別が困難となり，労働法の適用対象をめぐって，労働者の定義にゆらぎがみえている．また，技術革新や情報化の進展，産業構造の変化等により，労働法の典型的な適用対象であった労働が相対的に減少し，労働の態様が多様化し，労働者性の判断が困難となっている［村中2008：93］．労働法は，雇用という法形式をまとった労働者が，機械制大工場に大量に吸収されていったことから生じた弊害に対する対処として生まれた法であることから，労働契約類似の労務供給形態にも，雇用労働に類似する状況があれば，そこに労働法類似の観点から立法介入することが検討されるべきである［島田2003：61-62］．有償ボランティアの形態において，雇用労働に類似する状況があれば立法介入することが必要となってくる．そこで，有償ボランティアに関して，雇用労働に類似する状況があるかどうか，すなわち，労働者かどうかについて検討するにあたり，まず，労働法における「労働者」の定義を確認する．

労働法においては，「労働者」の定義が定められており，具体的には，労働保護法の中心法規である労働基準法（以下，労基法）9条が「労働者」を定義している．労基法9条は，「労働者」を，「職業の種類を問わず，事業又は事務所に使用される者で，賃金を支払われる者をいう．」と定めている．労基法上の労働者のメルクマールは，「使用される」ことと，「賃金を支払われる」ことを満たす者が「労働者」であり，「使用される」関係（使用従属関係）があるかどうかを中心に判断を行っている［和田・相澤・緒方ほか2015：24］．こうした労働者性の判断における使用従属性の有無について用いられる基準は，1985年の労働基準法研究会報告「労働基準法の『労働者』の判断基準について」で公表さ

れている.¹²⁾同報告では,労働者性の判断にあたって,労務提供の形態において重要なのは,「労働が他人の指揮監督下おいて行われているかどうか」であるとし,雇用契約,請負契約といった契約形式のいかんにかかわらず,実質的な使用従属性を,労務提供の形態や報酬の労務対償性,および,関連する諸要素から総合的に判断するものとしている.具体的な判断基準として,① 仕事の依頼,指示等に対する諾否の自由の有無,② 業務遂行上の指揮監督の有無,③ 勤務時間,勤務場所に関する拘束性の有無,④ 労務提供の代替性の有無,⑤ 報酬の労務対償性をあげている.さらに,判断の補強的要素として,⑥ 事業者性の有無(機械・機具の負担関係,報酬の額,業務遂行上の損害に対する責任等),⑦ 専属性の程度をあげている.こうした判断基準に合致しない場合には,「労働者」として認められず,労基法ほか労働法分野のさまざまな法律が適用されないこととなり,法が定める保護や権利を保障されないということとなる.有償ボランティアが「労働者」であるかどうかについては,NPOという組織のみならず,特に「NPO活動者」にとって重要な問題となってくる.

(2) 有償ボランティアの法的概念

有償ボランティアに関する問題は,1980年代半ばごろから,労働法に関わる問題として位置づけられ,1990年代に住民参加型の在宅福祉サービスが波及していく段階で,問題意識が高まっていった.ボランティアであるにもかかわらず,金銭を受け取ることへの倫理的な批判があったこともあり,有償ボランティアの問題は複雑な議論へとつながっていった.この議論においては,真のボランティアとは無報酬の活動であるべきであり,労働の対価を受け取るならばボランティアとは呼べないのではないか,という批判が自発性と無償性を重視するボランティアグループから起こり,ボランティアセクター内部だけでこの議論が展開されていた.そのため,労働法からの検討や,労働や就業という社会全体からの議論が,ほとんど行われていなかったが,徐々に顕在化している状況がある.¹³⁾

1) 労働法からのアプローチ

労働法からのアプローチでは,2003年に,山口浩一郎が,ボランティアの法的地位について検討しており,ボランティアの法的地位について,次の三つの可能性を示している.以下に,引用する[山口 2003:21-23].

一つは，サービスの提供が有償で対価性があると判断し，派遣労働とかパートタイム労働と似たものとして位置づける考え方である．この考え方では，ボランティアの法的地位を労働者類似のものと把握し，できるだけ労働法規を適用していくことになる．

　もう一つは，有償労働であるが市場的対価性はないと判断し，シルバー人材事業の就業者（受託者）と同じものと位置づける考え方である．この考え方では，ボランティアとサービス提供の相手方（受け手）との間に請負関係があるということになり，労働法規は適用されない．そのかわり，ボランティア団体に，シルバー人材センターのような仲介者としての役割を果たすよう義務づける必要があろう．

　さらにもう一つは，ボランティアとしてのサービスの提供は，形のうえでは有償であっても，実質的には無償で対価性がなく，好意の関係であって純粋の法律関係ではないという考え方である．この考え方では，労働法規の適用はないことはもちろん，すべての問題が自然債務のような関係として処理されるであろう．

　これらのどれが妥当かは，ボランティアの実態をよくみきわめるべきである．

　上記の三つの可能性をふまえ，「有償ボランティアの法律問題」を検討した皆川宏之は，その法的地位について次のように分析している［皆川 2008：117-19］．(ア)労務提供が有償であるという対価性をとらえ，労働者類似の者として労働法を適用する，または(イ)シルバー人材事業における就業者と同様に，雇用関係にはなく，労働法の適用を受けない就業形態として位置づける．

　(ア)の場合には，有償ボランティアは労働法の適用対象となることから，「NPO活動者」として，公的な法的枠組みのなかでさまざまな対応がなされる．特に，労務提供に対する保護がもたらされ，労災保険法の適用による労働災害に対する補償の給付が可能となることがメリットとなる．ただし，有償ボランティアに対して労働法を適用する場合には，最低賃金法の適用も必要となることから，NPO運営上の資金の問題が出てくる．さらに，NPOが独自の時間預託制度等を実施している場合などに，労働法制のなかでどのように扱うかといった課題もある．(イ)の場合には，謝礼等の金額や対価のあり方を当事者が自由に設定できるが，有償ボランティアの労務提供に対する危険への保護が課題と

なる．活動中の負傷等に対する補償は，民間のボランティア保険によるか，あるいは，民事訴訟を通じて，NPO の健康保護義務違反等にもとづき，損害賠償を請求するなどの方策によることとなる[14]．

　また，大内伸哉は，有償ボランティアについて，以下のように分析している［大内 2004：194-195］．有償ボランティアは，その就業形態や実態によっては，労働者として判断される余地があるとし，有償ボランティアの「対価性」について，着目している．有償ボランティアが受け取るのが，NPO の活動を遂行するうえで，必要な経費（民間企業でいう業務費に相当）の支給であれば，実質的には無償ボランティアと変わらないとし，「交通費などの実費支給」を受けている場合にも，それが，NPO 活動の経費の償還というものであれば，賃金としては認められないとしている．一方，「謝礼的金銭」となると，まさに「労働の対償」としての賃金そのものと解することができるのではないか．有償ボランティアの労働者性は，使用従属関係の有無だけでなく，当該ボランティアの受け取る金銭が「賃金」といえるのかが重要であり，しかも，最終的な労働者性判断は，当該 NPO 活動の分野や実態もふまえて行わなければならない．

　上記の三者の提案は，NPO および「NPO 活動者」に対して市場的価値のなかで「対価性」を基準に労働者性を判断している．有給職員であろうと無償ボランティアであろうと，有償ボランティアで問題視されていることと無縁ではなく，NPO 活動に関わる人々の大半が「有償ボランティア的存在」であるのが実態であり，NPO 活動に関わる人々全てに対して目配りの行き届いた包括的な議論が求められているという見解もある［浦坂 2008：108］．

　そこで，有償ボランティアを手がかりとしつつ，労働者概念の再構築および無償労働といった視点から検討を進めていきたい．

2）　労働者概念の再構築に向けて

　これまでの労働法に関する人的適用対象が，「労働者」か「自営業者」かの二分法によってきたことから，「労働者」とされる就業者と「自営業者」とされる就業者との間のグレーゾーンにある就業者が増加しつつある．柳屋孝安は，「NPO 活動者」を「労働者」と「自営業者」との間のグレーゾーンにある就業者として位置づけて検討し，無償労働の分野も含めて，労働法や社会保障その他法的レベルでの対応のあり方につき，議論が開始されている点は，雇用・就業形態の多様化に関わる学説上の新たな展開として評価できるとしている．さ

らに，労務提供を目的としない活動をする者を労働者として法的に取扱うこと
は妥当とは言えず，労務提供とは異なる目的を持っていると評価できる活動に
は，目的の点から労働者性を否定すべきであるとしている．特に，ボランティ
ア等の活動には，労働者としての取扱いを否定する客観的に合理的な当事者意
思の存在の肯定をあげ，活動実態からみて，客観的にボランティア等を目的と
していることがいえる場合には，この合理的な当事者意思の尊重を理由に，基
本的には労働法の適用ということではなく，必要に応じて労働法に準じた立法
対応や法解釈が考えられてもよいと述べている［柳屋 2005：16-20］.

　また，"社会法"と"利益"から NPO について言及している池添弘邦は，
「ボランティアは"労働契約"を締結しているのだろうか」という問いをたて
て分析している[15)] 池添によれば，有償ボランティアは，「給与ではないが，必
要経費，謝金などの支給を受けている者」と定義しているため，"働くこと"
から大きく逸脱している．これらの理由は，一般に"働くこと"の意味とは異
なる，社会全体を含め他者に対して利益を与えるという主観的内発的な動機付
けによって行われている活動の結果は，社会全体にとって重要な価値があるも
のであると客観的意義が付与されることによって成立している活動ではないか
と想定している．そのうえで，「NPO 活動者」を一つの例として，「労働」で
はない働き方が従来に比べて増えており，すでに労働者概念の把握の仕方が立
ち行かなくなっている状況がある．こうした状況の下，セーフティ・ネットと
しての社会法全体およびその人的適用範囲としての労働者概念の再構築が必要
である［池添 2004：241-45］.

（3）ケアとジェンダーの視点から

　1990年代後半から2000年代にかけて，日本では「ケア」に大きな関心が寄せ
られるようになり，従来の社会科学が前提としてきた「自律的人間」像は，
「ケアする人／ケアされる人」の「関係性」を組み込んだ「依存的人間（弱い人
間）」像へと転換されていった．「依存的人間」像を前提とするならば，「ケア
ワーク」は積極的に評価されなければならない．しかし，「ケアワーク」はア
ンペイド・ワークの一つとして，労働法では見えない問題とされていた［三成
2015：7-8］. こうした労働法の限界に対して，緒方桂子は，「ケアの倫理」を導
きの糸として，労働法の枠内で，法解釈による解決可能性を論じている［緒方
2015：37-49］.

他方，「労働」には雇用され労働契約を締結して働く労働と，家事や介護・ボランティアなどのシャドーワークとされる無償の「労働」があるが，労働法の解釈と適用の可能性が広がって有償労働者に対してのみケアの権利の保障が進んでいくなか，両者の「労働」を串刺しにして含みうる，ケアの倫理と労働の関係が模索されるべきであるという説［牟田 2015：63-65］を前提に，「労働の再定義とケアワークの位置づけ」も検討されている．そこでは，労働の目的を「自己生存」，「他社依存（ケアワーク）」，「自他共存（社会的協働）」の三つに分類し，表6-1で示すように分析している［三成 2015：8-10］．「労働の再定義とケアワークの位置づけ」にもとづき，ボランティアを検討すると，労働の目的・対償性としては「自他共存（社会的協働）」，「無償」に位置づけられる．労働の種類としては「社会的労働」，保障のあり方としては時間保障として「社会的時間」と位置づけている．この定義に示唆を得て，有償ボランティアについて下記の提案をしたい．

NPO法制定後，2018年時点で20年を経て，NPOは一つのセクターを形成し，政府・民間営利セクター（企業等）とは異なる多元的価値観を携え，両者と対等なパートナーシップを築きつつ，指定管理者制度や委託事業といった枠組みで協働し，社会経済システムの変革を担う存在となった．こうした要因をとらえ，元来は自主的なボランティア活動から生まれたNPOで，近年になり出現した有償ボランティアが，労働法上どのように位置づけられるのかについて検討した結果，「市民性」[16]と「事業性」[17]を両輪とするマネジメントを実現しつつあるNPOにとって，有償ボランティアは，NPO成長期に出現したものであり，NPO成熟期においては，淘汰されるべきであるという結論に至った．

具体的には，NPOマネジメントにおいては市場的価値を追求する「事業性」の側面だけでなく，NPOとしてのミッション達成に向けての市民参画（無償ボランティア，寄付等での参画）をも担保した「市民性」を追及するマネジメントを提案する．そのうえで，「事業性」と「市民性」を担保するNPOマネジメントの達成に向け，有償ボランティアはNPOが成長する過程においては必要な存在であったことは認めるが，あくまでも有償ボランティアはNPOが成熟期に入る以前に必要な存在であったことを主張したい．特に，「市民性」と「事業性」を担保するNPOマネジメントにおいては，有償ボランティアの存在はNPOマネジメントにおける混乱を招くからである．成熟したNPOには「事業性」といった視点からの労働者という存在と「市民性」といった視点からの

178

表6-1 労働の再定義とケアワークの位置づけ

労働の目的・対償性			労働の種類		保障のあり方		
目的	有償	無償	種別	特徴	人権保障	生活保障（重点政策）	時間保障
自己生存		○	自己労働	自己の生活のための労働（衣食住に関わる基本的な家事労働）	生存権	社会保障（生活保護）	生活時間
		○	教育労働	自己の技術向上のための労働	教育を受ける権利	教育保障（義務教育から生涯教育まで）	教育時間
	○		生計労働	自己（親密な他者を含むこともある）の生計維持のための労働	勤労の権利	雇用保障（同一価値労働同一賃金原則）	労働時間の自由な選択
他者依存（ケアワーク）	○		家事労働	他者の生活のための労働（家事）	グローバルなケア労働力移動への配慮		
		○	介護労働	親密な他者のための介護労働（世話・関わり）	ケア権*	社会保障（インフラ整備）	ケア時間
	○			他者のための介護労働（世話）	グローバルなケア労働力移動への配慮		
		○	育児労働	親密な他者のための育児労働（世話・関わり）	ケア権*	社会保障（再配分，インフラ整備）	ケア時間
	○			他者のための育児労働（世話）	グローバルなケア労働力移動への配慮		
自他共存（社会的協働）		○	社会的労働	福祉・ボランティア・地域活動など（下線は筆者）			社会的時間
		○	名誉職労働	団体・サークルなど			

注：＊ケア権＝ケアする権利・ケアされる権利・望まないケアや不適切なケアをされない権利・ケアワークを強制されない権利．
出典：三成 [2015：9]．

無償ボランティアという両輪の存在が重要である[18].

　なお，有償ボランティアが淘汰され，成熟したNPOとなるためには，無償ボランティアが活動できる「社会的時間」の確保が必須となる．そのためには，企業優先の長時間労働の是正，無償ボランティアが活動できる市民社会構築を前提とした労働時間法制など，労働法としての立法政策が必要となる．また，ボランティアの労務提供に対する危険への保護等を定めるボランティア保護法に関する立法政策，そして，寄付や遺贈といった市民性をもった資金がNPOへ資金循環するための立法政策も必要となってくる．このプロセスにおいて，労働法のサポートは欠かせない．

　次項では，有償ボランティアを手がかりとし，労働者概念の再構築および無償労働といった視点をとらえつつ検討を進めていきたい．

（4）「NPO 活動者」の位置づけと枠組みの検討

　社会的に有用な活動をしている者の安全と生活をどう保護するのか．「NPO活動者」のうち，有給職員を労働者として位置づけ労働法を適用することはおおよそ問題がないと考える．ただし，「自発性」を重んじるNPOという組織の理念に着目するとメンバー間（特に，ボランティア）には「指揮する者」と「従う者」という関係はなく，フラットな関係であることが重んじられており，「指揮命令関係」を持ち込むことはNPO活動の発展になるのであろうかといった疑問もわいてくる．そこで，ボランティアの位置づけを明確化するために，労働者概念として用いられている「使用従属性」とともに「対等自発性」「経済的依存性・拘束性」という判断基準を提案したい．

　「NPO活動者」が担っている「社会的有用労働」を「対等自発性」「経済的依存性・拘束性」「使用従属性」で判断し，労働法を適用するかどうかを決定するという枠組み（図6-1）である[19]．「NPO活動者」の労働法上の位置づけが，ある程度は明確になる[20]．

　まず，図6-1のAにおける「NPO活動者」「無償ボランティア」は，当然ではあるが，その活動に労働者性が認められない場合にのみ「無償ボランティア」として位置づける．なお，指定管理者事業および委託事業等といった，NPOと自治体との協働事業においては，原則として「無償ボランティア」は活用しない．現段階では，「無償ボランティア」に対して安全衛生関連法規および労災保険への適用が困難であるため，ボランティア保険等が取り入れられ

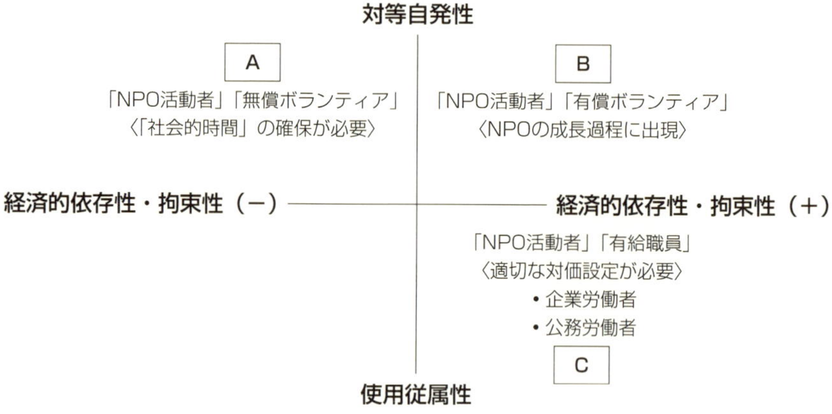

180

対等自発性

| A |

「NPO活動者」「無償ボランティア」
〈「社会的時間」の確保が必要〉

| B |

「NPO活動者」「有償ボランティア」
〈NPOの成長過程に出現〉

経済的依存性・拘束性（−）————————経済的依存性・拘束性（＋）

「NPO活動者」「有給職員」
〈適切な対価設定が必要〉
・企業労働者
・公務労働者

| C |

使用従属性

図6-1 「対等自発性」「経済的依存性・拘束性」「使用従属性」での判断枠組み

出典：筆者作成.

ているが，近い将来には，ボランティア保護法などの立法政策で対応する[21]．また，「労働の再定義とケアワークの位置づけ」からの示唆を受け，「無償ボランティア」を「社会的労働」として位置づける．その場合には，「社会的時間」の確保が必要である．「社会的時間」の確保については，日本社会における長時間労働の是正や市民社会構築を前提とした労働時間法制など，労働法の視点からの立法政策が必要となる．

　次に，図6-1のBにおける「NPO活動者」「有償ボランティア」については，NPOの成長過程で出現した存在と位置づける．今後，NPOに関する社会的認知度が高まり，NPOは「事業性」と「市民性」といった視点でマネジメントに取り組むことができ成熟期となる．そして，無償ボランティアに関する法制度整備が進んだ段階で「有償ボランティア」は淘汰され，「有給職員」と「無償ボランティア」が「NPO活動者」を構成する．

　なお，過渡期である現段階では，たとえ法人内で「有償ボランティア」として位置づけられていたとしても，労働者性が認められる場合には労働法の適用対象となり，労働者として保護する．公共サービスの提供者として「有償ボランティア」を処遇する場合には，公務における雇用劣化が促進されるため，特に留意する必要がある．たとえば，NPOと自治体の協働事業として，NPOが自治体の委託事業および指定管理者事業へ参入することとなった場合，有償ボ

ランティアを導入することは，事業費の積算を安価に留め，NPO 全体の発展を阻害する．NPO と自治体は，労働法をふまえた適切な対応をとることが必須である．

さらに，図 6‐1 の C における「NPO 活動者」「有給職員」には，当然に，労働者として労働法を適用する．ここで，NPO が自主事業を行う場合と，NPO と自治体との協働事業において公共サービスを担う場合といった二つの場合を検討したい．

まず，自主事業の場合には，市場での労働対価もふまえ，できる限り適切な対価の支払いが可能となるよう，NPO への資金循環システムの法整備を提案する．現段階では，特定非営利活動促進法には認定 NPO 法人制度があるが，一般の NPO にはハードルが高いため，まず，認定 NPO 法人に関する法改正を提案する．さらに，NPO への遺贈寄付[22]に関する調査研究が進んでいることから，今後は，市民からの寄付を着実に NPO へとつなげ，「市民性」を担保した資金が NPO へ届くための立法政策を提案する．

次に，NPO と自治体との協働事業において公共サービスを担う場合には，「NPO 活動者」「有給職員」を労働者として，公務との均等待遇をふまえ保護することが重要となる．まずは，恒常性がある公共サービスである指定管理者事業に就いている「NPO 活動者」「有給職員」を対象として進めていくことを提案する．指定管理者事業の職務と同一職務が公務上に存在する場合には，公務との均等待遇を担保する．同一職務が公務上に存在しない場合には，双方の職務の均等待遇の実現のために，職務評価を実施したうえで，その専門性を担保する立法政策が求められる．指定管理者事業での均等待遇の成果と実現をふまえ，次の段階として，指定管理者事業以外の NPO と自治体との協働事業へと立法政策の枠組みを拡大していくことを提案する．

今後は，「市民性」と「事業性」を重要視する NPO として，労働法へのコミットメントを持つことが必要である．現段階では，NPO という組織自身が，自覚的に労働法からの脱法行為をしないことを前提として，「NPO 活動者」の位置づけをしていくことが最重要課題である．そうした動きがあってこそ，NPO そのものが社会的な課題を解決する"組織"として社会から認知され，社会的な責任[23]を果たすことが可能となる．同時並行して，①「社会的時間」の確保に向けて，日本社会における長時間労働の是正や市民社会構築を前提とした労働時間法制に関する立法政策，② 現段階では，ボランティアに対する安全

衛生関連法規および労災保険への適用が困難であるため，ボランティア保護法などの立法政策，③寄付や遺贈といった「市民性」が担保された資金がNPOへの資金循環するための立法政策を提案する．そして，NPOおよび「NPO活動者」が，上記の立法政策を実現するため，主体的に政策提言活動に取り組むことを提案したい．

＋ お わ り に

　本章では，有償ボランティアの位置づけを明確化することができた．社会変動と国および自治体政策の影響を受けているNPOの変化に呼応して，「NPO活動者」の位置づけも変化を遂げている．NPO法人の根拠となるNPO法は，議員立法であるが，立法過程での市民と議員の共同作業という点をふまえれば，「市民の発案にもとづいた，市民と議員が協働もしくは市民と政府が協働した法の制定」であり，「市民立法」とも言うべき点に大きな特徴がある［小島2004：245］．NPO法制定後，NPOは一つのセクターを形成し，政府・民間営利セクター（企業等）とは異なる多元的価値観を携え，両者と対等なパートナーシップを築きつつ，指定管理者制度や委託事業といった枠組みで協働し，社会経済システムの変革を担う存在となっている．

　こうした要因をとらえ，元来は自主的なボランティア活動から生まれたNPOで，近年になり出現した有償ボランティアが，労働法上どのように位置づけられるのかについて検討した結果，「市民性」と「事業性」を両輪とするマネジメントを実現しつつあるNPOにとって，有償ボランティアは，NPO成長期に出現したものであり，NPO成熟期においては，淘汰されるべきであるという結論に至った．なお，有償ボランティアが淘汰され，成熟したNPOとなるためには，無償ボランティアが活動できる「社会的時間」の確保が必須となる．そのためには，日本社会における長時間労働の是正，無償ボランティアが活動できる市民社会構築を前提とした労働時間法制など，労働法としての立法政策が必要となる．また，ボランティアの労務提供に対する危険への保護等を定めるボランティア保護法に関する立法政策，そして，寄付や遺贈といった市民性をもった資金がNPOへ資金循環するための立法政策も必要である．

注

1） 有償ボランティアとは，提供した労働に対して若干の対価が支払われる類のボランティアをさす．ボランティアが一定の活動の見返りとして金銭的支給を受けるタイプのものと，ボランティアは金銭的支給を受けないが団体がサービスを有料で提供するもの等がある．

2） 『労働判例』890号（2005年）89-93ページ．

3） 『労働判例』863号（2004年）83-84ページ．

4） 東芝柳町工場事件・最一小判昭49・7・22『労働判例』206号27ページ．

5） 日立メディコ事件・最一小判昭61・12・4『労働判例』486号6ページ．

6） ロイター・ジャパン事件・東京地判平成11・1・29『労働判例』760号54ページ．

7） 大阪大学［図書館事務補佐員］事件・最一小判平6・7・14『労働判例』655号14ページ，名古屋市立菊井中学校事件・最三小判平4・10・6『労働判例』616号6ページ，札幌西郵便局事件・札幌高一小判平14・4・11『労働判例』833号78ページなどの判決がある．本件後には，長崎市［再任用拒否］事件・長崎地判平18・5・30『労働判例』917号93ページ，情報・システム研究機構［国情研］事件・東京高判平18・12・13『労働判例』931号38ページなどの判決がある．

8） 朝日新聞「女性施設　絶えぬ労使紛争――男女平等が目的なのに……低賃金で不安定――」2007年12月29日朝刊を参照．

9） この経緯については，仁平［2011：26］を参照．

10） 「NPO活動者」に関する全国規模の調査としては，労働政策研究・研修機構［2004；2006］があげられる．

11） 愛知県県民生活部は，愛知県認証NPO法人を対象として，雇用形態・給与水準・人員位置・人材育成方法等について『NPO法人における雇用と働き方――現状・課題・今後に向けて――』（愛知県県民生活部，2011年）で調査報告している．法人を対象としたアンケート調査では1260法人のうち512法人（40.6％）が回答し，スタッフを対象としたアンケート調査では1240人を対象とし595人（48.0％）が回答している．ヒアリング調査では，モデル事例として12団体が対象となっている．

12） 厚生労働省 労働基準法研究会報告「労働基準法の『労働者』の判断基準について」（http://www.mhlw.go.jp/stf/shingi/2r9852000000xgbw-att/2r9852000000xgi8.pdf，2017年12月1日閲覧）．

13） 労働新聞社の記事（2012年1月30日）によれば，山形労働局では，保育所・託児所などに対する重点監督の結果をまとめた．自主点検で法令違反が疑われたケースを中心に117事業場を調査してところ，労働基準関係法令違反が明らかになった．「有償ボランティア」の名称で働いている者の中に，実態として労働者に該当する者が存在したため，雇入通知書を交付して労働契約を締結するよう指導している（http://www.jip-grp.co.jp/news3/2012/news0130post_78.html，2017年12月1日閲覧）．

14） 判例として，国・西脇労基署長（加西市シルバー人材センター）事件・神戸地判平

22・9・27『労働判例』1015号34ページ等がある.

15) 池添弘邦は,"社会法"とは「契約の自由の原則などを基本原理とする市民法を修正し,労働者などの社会的経済的弱者の地位や生活の向上を目的とする,市民法に対置される法分野に属する各法令を総称としている」としている [池添 2004：196-197].また,"利益"とは「① 労働基準法に代表される労働者保護法規における労働者個々人の保護を目的とした規定および内容,② 労働組合法に代表される労使関係法規における組合活動等を行う者の保護を目的とした規定およびその内容,③ "働くこと"と直接的または間接的に関連づけられた労働保険法規または社会保険法規における受給内容およびその前提としての受給資格,を指すものとする.」としている [池添 2004：196-197].

16) 「市民性」について,田中弥生は「エクセレント NPO」の基本条件の一つに位置づけ,「寄付」「ボランティア」「自覚」という評価項目を設定している.詳細は,エクセレント NPO」をめざそう市民会議編 [2010：27] を参照.

17) 「事業性」とは事業型 NPO や社会的企業の動きとも連動している.社会的企業については「社会的課題の解決をミッションとしてもち事業として取り組む新しい事業体」として谷本寛治が定義している.詳細は,谷本 [2006：1-5].

18) 筆者が理事を担当している認定 NPO 法人ウィメンズアクションネットワーク（理事長：上野千鶴子）では,有償部分と無償部分を切り分けたマネジメントに取り組み,約100人の無償ボランティアが活動を展開している.認定 NPO 法人ウィメンズアクションネットワーク・ウェブサイト　https://wan.or.jp/（2017年12月１日閲覧）.

19) 渋谷 [2007：53] に記載した表を加筆修正したものである.

20) 和田・野川・野田 [1999：19] における「労働・仕事の４分類」の図から示唆を受けている.

21) 池添 [2004：196-245],藤本 [2012：27-34],および,大場 [2005：4-14] を参照.

22) 遺贈寄付については,2014年に弁護士,司法書士,税理士等の専門家,金融機関関係者,民間非営利組織関係者等が集まり「今後の日本で最適な遺贈寄付のあり方や事例研究」が始まり,その研究結果をふまえて2016年１月からは全国レガシーギフト推進検討委員会（委員長：堀田力さわやか財団会長／弁護士）を発足させ,遺贈寄付が持つ意味や推進するうえでの課題や施策について検討が重ねられてきた.2016年11月には全国レガシーギフト協会が発足し全国的な環境整備が進められつつある.詳細は,全国コミュニティ財団協会ホームページ参照（https://www.cf-japan.org/,2017年12月１日閲覧）.

23) 組織の「社会的責任」に関する国際ガイドライン規格 ISO26000 には「組織統治,環境,公正な事業慣行,消費者課題,コミュニティへの参画」とともに「労働」も含まれており,企業が求められている「社会的責任」について,組織として NPO も共に果たすことが求められている.

終　章　｜　NPO と労働法の未来

　1998年の「特定非営利活動促進法」(以下，NPO法) 制定・施行以来，2018年
時点で20年が過ぎようとしている．この間，多種多様なNPOが登場し，市民
社会構築に向けた展開がなされ，発展してきたかのようにみえる．しかし，政
府と自治体の政策からの影響を多大に受け，「自治体との協働をかかげて公共
サービスの担い手となるNPO」と「市民からの賛同を得て自立して自発的な
動きを進めるNPO」という二つの潮流に巻き込まれ，NPOおよび「NPO活
動者」にとって数々の課題が生じている．

　特に，「男女共同参画社会の形成の促進を図る活動」を行い，自治体との協
働で「男女共同参画センター」の指定管理者事業に取り組んでいるNPOと
「NPO活動者」が抱える問題は，他の分野のNPOと比較してより複雑な要因
が絡んでいる．本書では，この分野のNPOに着目し，筆者が代表理事を務め
るNPO法人参画プラネットの事例もふまえ，労働法の視点から問題を分析し，
新たな市民社会構築に向けたNPOと労働法の課題を考察した．

　労働法の研究対象は，労働法システムのアクターを当然としつつ，そのバイ
プレイヤーたちの捉える法現象を総合的に把握すること，すなわち「業際」と
いった視点から労働法の現象を捉えることが重要である．「業際」研究におい
ては法律学の世界で自己完結せず，NPOも含まれる労働法のさまざまなアク
ターがどのような社会を紡ごうとしているのか，その行動原理をふまえ，対し
て労働法はどのような自律的な社会を展望するのかを追究することが求められ
ている．

　労働法の視点から「NPO活動者」に着目し，新たな市民社会のありようを
研究することは，労働法における「業際」研究と位置づけられることとなる．
序章では，以上のような問題意識と研究の意義を提示した．

　第1章「NPOおよび『NPO活動者』の変遷」では，社会変動と国および自

治体政策の影響を受けている NPO の組織の変化に呼応して，「NPO 活動者」の位置づけも変化を遂げていることを示した．NPO 法人を定める根拠となっている NPO 法は，議員立法であるが，立法過程での市民と議員の共同作業という点をふまえれば，「市民の発案にもとづいた，市民と議員が協働もしくは市民と政府が協働した法の制定である」とする「市民立法」とも言うべき点に大きな特徴がある．NPO 法制定後，約20年を経て NPO は一つのセクターを形成した．政府・民間営利セクター（企業等）とは異なる多元的価値観を携え，両者と対等なパートナーシップを築きつつ，協働して社会経済システムの変革を担う存在として大きな期待が寄せられている．とはいえ，さまざまな課題を抱え，活動の発展の妨げにもなっている．第 1 は「ボランティアを起源とする課題——有償ボランティア」であり，第 2 は「政府および自治体との協働における課題——公務との均等待遇」，第 3 は「市民性と事業性のバランスについての課題——市民性からの乖離」である．

　第 2 章「『新しい公共』と NPO」では，1990年代後半からの「官から民へ」の流れのなかで，大きく変化した公共圏において，正規公務員以外のアクターが公務における活動領域を拡げていることに着目した．それらは，アウトソーシング，民間開放，規制改革であるとともに，「新しい公共」の領域である．「新しい公共」を紡ぎだしていくためには，公的分野（政府および自治体等）と，NPO の間で一定の協力関係が必要となってくる．その際の協力関係のあり方として「協働」という用語（異質なアクターが，共通の目標のために，対等かつ相互に自立した形で協力すること，また，そのような関係性を構築するために，相互の理解や信頼関係を醸成すること）が定着し，理念的に語られてきた．しかし，行政機関が行う行政評価が，政策立案部門・政策実施部門・正規公務員以外のアクターといった三者に対して実施されることにより，さまざまな混乱が生じている実態が浮き彫りとなった．こうした背景をふまえ，政策立案部門・政策実施部門・正規公務員以外のアクターが，分断されて評価によって生じる労働分野における課題を検討した．検討にあたっては，同一価値労働同一賃金を争点の一つとして争われた裁判事例として京都市女性協会事件を取り上げた．また，自治体との協働事業に NPO として参入した実践事例として，筆者が代表理事を務めている NPO 法人参画プラネットの指定管理者事業を検討した．その結果，地方自治体においては，その地域の公共サービスの担い手の労働環境の整備が適切でない場合には，公共サービスの質が劣化するだけでなく，公共サービスの担

い手自身が不安定な生活に陥ることが予想され，地域活性化の阻害要因へとつながることが判明した．

　第3章「指定管理者制度とNPOおよび『NPO活動者』」では，行財政改革のもとコスト削減の手法として定着しつつある指定管理者制度を取り上げ，NPOがその制度のなかに取り込まれている状況を確認した．指定管理者制度の問題は，単に民営化やサービスの有効性，効率性の議論にとどまるものではなく，自治体が何をすべきか，またサービスの受益者たる市民は何を求めているのか，地域社会の構成員である市民や事業者の役割は何かという問いにつながる．この章では，豊中市・とよなか男女共同参画推進財団事件の裁判事例を手がかりに，男女共同参画政策に対する政治的なバックラッシュといった圧力を受けるケースと指定管理者の関係に着目した．政治的圧力を背景にした自治体とNPOとの関係構築は，指定管理者制度の範囲にとどまらず，「新しい公共サービスのあり方をどのように考えるか」へと発展させることが重要である．指定管理者制度の確立は，これまでは参入できなかった官の分野に民が参入し，NPO等を含めた団体を指定して，民にも行政処分を行わせるという意味で新たな展開となった．これは，限定的ではあるが，公権力行使を広く民間に展開としていこうという動きでもある．こうした観点から考えるならば，指定管理者制度は，官製ではない「新しい公共」を生み出していく仕組みであると積極的に捉えることができる．この場合，指定管理者事業に参入するNPOと「NPO活動者」には，施設運営と設置目的に関する専門性を確保し，市民に対して責任を果たしていくという「専門性」と「公共性」が求められる．これら「専門性」と「公共性」を担保するために，「NPO活動者」に対する雇用の安定，適正な賃金と処遇の確保を具体化することは必須である．

　第4章「男女共同参画センターにおけるNPOおよび『NPO活動者』」では，NPO法人が指定管理者となっている比率が高い男女共同参画センターに着目し，男女共同参画センターの現状と課題を検討した．筆者は，2003年6月から2014年3月までの11年間にわたって，名古屋市の男女共同参画政策の拠点施設である男女共同参画センターの運営に携わり，実践のなかから数々の課題を見出している．その実践をふまえ，男女共同参画政策を推進する目的のNPOと自治体との思惑が合致しなくなったとき，NPOとの間で離齬が生じ摩擦が起きる可能性もあること，さらに，自治体が策定する男女共同参画計画における労働政策と，男女共同参画センターにおける労働環境が合致していないケース

が多々あることを示した.

第5章「NPO および『NPO 活動者』が求める公共サービスに関する法制度のあり方」では，NPO と自治体との協働における均等待遇の確保に関して，同一価値労働同一賃金原則を基盤とした「公務員と民間化された協働事業の担い手に関する職務評価システム」の構築が必要であることを提案した．さらに，2009年に成立施行した公共サービス基本法の実効性を担保するとともに，自治体における公契約条例制定の促進も求められる．

公契約条例に関しては，NPO と自治体における協働事業を対象として，「NPO と自治体の協働事業における公契約条例の規制範囲の概念」を盛り込んだ公契約条例を提案する．この条例の概念には，公契約法／条例が対象とする規制の範囲である① 社会条項，② 労働条項，③ 賃金条項とともに，NPO と自治体の協働に関する条項として，④ 協働条項を加え，下記の内容を盛り込む．

(1) 協働事業の条件は，NPO と自治体が，対等な立場において決定すること.

(2) 協働事業の実施にあたっては，それぞれがもつ特性と専門性を尊重しつつ，十分に活かすこと.

(3) 積算にあたっては，フルコスト・リカバリーをふまえた積算基準で対応すること.

(4) 同一価値労働同一賃金原則および公務との均等待遇をふまえた，適切な対価基準を設定すること.

(5) 上記(1)から(4)について，社会的インパクト評価という視点をもって政策評価を実施し，協働事業のさらなる発展に取り組むこと.

法および制度を問い直したうえで，市民社会構築のための政策的な動きをサポートするためには，重点的に何が必要なのかという問いに向き合うこととなった．その結果，「新しい公共」論の第一のベクトル「市民参加の論理」と第二のベクトル「行財政改革の論理」に対して，NPO こそが主体となって第三のベクトル「担い手のディーセント・ワークを実現し確かな市民社会を構築する論理」をつくりあげる役割を担う時期にあることが判明した．さらに，NPO は市民一人ひとりの投票行動を政策形成の場へと架橋し，市民の生活領域を政策発生源として活性化する役割を果たすべきであることが重要であると

提起した.

第6章「有償ボランティアとNPO」では，かつて，女性たち（特に，専業主婦）を“女性教育”や“女性のエンパワーメント”という名目で，ボランティアとして活用していた経緯があり，その延長線上で自治体等の非正規職員として雇用され，未だ不安定な雇用が継続している男女共同参画センターの状況を捉えた．その実態として，福岡市女性協会事件の裁判事例に着目し，元来は自主的なボランティア活動から生まれたNPOに，近年になり出現した有償ボランティアが，労働法上どのように位置づけられるのかについて問い直した．その結果，有償ボランティアは，時間的な経過に作用されるという判断に至った．

「市民性」と「事業性」を両輪とするマネジメントの実現を目指すNPOにとって，有償ボランティアはNPO成長期に出現したものであり，NPO成熟期においては淘汰されるという結論である．こうした結論に至るには，「ケアとジェンダー」に関する研究における「労働の再定義とケアワークの位置づけ」から示唆を受けている．「労働の再定義とケアワークの位置づけ」によると，ボランティアの存在は，労働の目的・対償性としては「自他共存（社会的協働）」で「無償」，労働の種類としては「社会的労働」，保障のあり方としては時間保障として「社会的時間」と位置づけられている．ここで着目したいのは，市民一人ひとりが自発的にボランティア活動へ参画できるような社会の実現に向け，社会的労働を営むことができる「社会的時間」である．この「社会的時間」確保に向け，労働法はどのような法政策を打ち出していけるのかという課題が生じる．

中・長期的には，有償ボランティアが淘汰され成熟したNPOとなるためには，「社会的時間」の確保に向けて，社会全体での長時間労働の是正，および，市民社会構築を前提とした労働時間法制に関する立法政策が求められる．ただし，現段階では，ボランティアに対する安全衛生関連法規および労災保険への適用が困難であるため，ボランティア保護法などの立法政策，加えて，寄付や遺贈といった「市民性」が担保された資金がNPOへ資金循環するための立法政策が必要であることを提案した．

新たな市民社会の構築に向け，NPOは従来と比較して拡充された「新しい公共」の場を生み出しえるのか．いま重要な分岐点に立っている．

NPO法制定時には，「改訂・政策の窓モデル」で分析されているように，さまざまな立場の関係者（アクティビスト等）が多様な活動を展開した．相互に関

係をつくり相乗効果と波及効果をもたらし，一定の活動が結集した瞬間に政策の実現へと結びつけていった．

今後に向けて，NPO は「担い手のディーセント・ワークを実現し確かな市民社会を構築する論理」という政策アジェンダをかかげ，公共サービス基本法の実効性の担保および「NPO と自治体の協働事業における公契約条例の規制範囲の概念」を盛り込んだ公契約条例制定を実現する役割が求められている．公契約条例制定のプロセスにおいては，成功事例となった NPO 法と同様に，さまざまなステークホルダーを巻き込みつつ活動を展開し，「市民立法」として，市民社会構築に向けての法制定へと結びつけていくことが重要である．

NPO の発展のためには，「NPO 活動者」に対しての法的保護と安定した法制度の後押しといった視点から，労働法の支援が有効となる．労働法における「NPO 活動者」の課題を解決していくことは，確かな市民社会構築への道すじとなるにちがいない．

NPO と労働法における課題追究を継続していくことは，新たな市民社会の構築へ結びつくと確信する．

あ と が き

　本書は，名古屋大学大学院法学研究科に提出し，2018年3月に博士（法学）
の学位を授与された博士論文「NPOと労働法——新たな市民社会構築に向け
たNPOと労働法の課題——」に加筆修正をおこなったものである．

　1993年に女性グループの活動に出会い，2005年に仲間とともにNPO法人参
画プラネットを設立した．自治体との協働事業を継続するうえで，「NPO活動
者」として数々の無理難題に向き合い，解決の糸口を求めて名古屋大学大学院
法学研究科博士前期課程へ入学，2007年4月に博士後期課程へと進学した．
日々の過程で直面している問題を社会的な課題としてとらえ，その課題を解決
したい思いで大学院の門をくぐった．

　自らも「NPO活動者」としての実践を中心に据えつつも研究の領域へ踏み
入れ，論文執筆を続けるプロセスは「人生の長い宿題」に向き合う日々であっ
たように思う．この道のりでは，極めて多くの方々からの有形無形のご指導や
ご支援に支えられてきた．この場を借りて，とくにお世話になった方々に感謝
を申し上げたい．

　ご指導を賜った和田肇先生（名古屋大学名誉教授・特任教授）は，労働法と「NPO
活動者」の関係性について，社会的に重要なテーマとして受け入れてくださり，
修士論文から博士論文執筆の間，あたたかく見守りつつご指導を継続してくだ
さった．ジェンダーの視点にも造詣が深く，NPO法人参画プラネットの活動
についてもご理解くださった．心より感謝申し上げたい．同じく，名古屋大学
大学院法学研究科教授の中野妙子先生と愛敬浩二先生には，博士学位論文審査
の副査を務めていただき，専門的な見地から有益な助言を賜った．また，修士
論文の副査をご担当くださった田村哲樹先生（名古屋大学大学院法学研究科教授）
にも背中を押していただいた．改めて，論文の審査を担ってくださった先生方
に，厚く御礼を申し上げる．

　また，同志社大学大学院総合政策科学研究科教授の山谷清志先生は，科研
「男女共同参画政策の推進に向けた評価に関する調査研究」のメンバーに加え
てくださり，労働法と「NPO活動者」の関係を評価という視点でとらえる機
会をいただいた．山谷先生のご高配に感謝申し上げたい．そのほかにも，ここ

に書ききれない多くの「学びの縁」でつながった先輩と仲間の一人ひとりに，心からの感謝を捧げたい．

　本書は，NPO 法人参画プラネットの活動があったからこそ芽吹いたともいえる．「わたしをつくる，仕事をつくる，社会をつくる.」をかかげ，一緒に活動を展開しているメンバーには，感謝の気持ちを伝えたい．私を女性グループへとつないでくれた重原惇子さん，事務局長として的確に支えてくれる林やすこさん，元気なムードメーカーの明石雅世さん，鋭い視点をもって分析できる伊藤静香さん，思慮深く安定している中村奈津子さん．ほんとうにありがとう．

　本書は，私の初めての単著である．この書籍の出版まで伴走してくださった晃洋書房編集部の丸井清泰氏と徳重伸氏からは，多大なご理解とご協力をいただき感謝を申し上げたい．

　最後に，夫であり，コピーライターとしての経験からいつも多くの気づきを与えてくれる上鵜瀬孝志に，心からお礼と共に本書を捧げたい．

　　2019年 4 月

　　　　　　　　　　　　　　　　　渋 谷 典 子

初 出 一 覧

【序　章　「NPO 活動者」と労働法】
書き下ろし

【第 1 章　NPO および「NPO 活動者」の変遷】
書き下ろし

【第 2 章　「新しい公共」と NPO，第 4 章　男女共同参画センターにおける NPO および「NPO 活動者」】
「自治体市場化における公務との均等待遇と評価―― NPO 活動を手がかりに――」内藤和美・山谷清志編『男女共同参画と評価――行政評価と施設評価――』晃洋書房，2015年.
「「協働」における公務との均等待遇と評価―― NPO「活動者」を手がかりに――」愛知大学中部地方産業研究所『年報・中部の経済と社会（2014年版)』愛知大学中部地方産業研究所，2015年.

【第 3 章　指定管理者制度と NPO および「NPO 活動者」】
書き下ろし

【第 5 章　NPO および「NPO 活動者」が求める公共サービスに関する法制度のあり方】
「公共サービスにおける NPO と NPO 活動者――ディーセント・ワークを実現し，新たな市民社会を構築するために――」愛知大学中部地方産業研究所『年報・中部の経済と社会（2015年版)』愛知大学中部地方産業研究所，2016年.

【第 6 章　有償ボランティアと NPO】
「NPO「活動者」と労働法についての予備的考察――ジェンダー視点を踏まえて――」東海ジェンダー研究所『ジェンダー研究』第10号，東海ジェンダー研究所，2007年.
「NPO「活動者」と労働法のあり方――有償ボランティアを手がかりとし

て――」愛知大学中部地方産業研究所『年報・中部の経済と社会（2013年版）』愛知大学中部地方産業研究所，2014年.

【終　章　NPO と労働法の未来】
書き下ろし

主要参考文献

【邦文献】

愛知県県民生活部［2011］『NPO 法人における雇用と働き方——現状・課題・今後に向けて——』愛知県.

浅倉むつ子［2000］「男女共同参画基本法と男女共同参画条例——労働法のインプリケーション——」『労働法律旬報』1487.

———［2006］「労働法と家庭生活——「仕事と生活の調和」政策に必要な視点——」『法律時報』975.

———［2010］「『「すてっぷ」館長雇止め事件』意見書」『労働法律旬報』1724.

———［2011］「労働法の再検討——女性中心アプローチ——」，大沢真理編『承認と包摂へ——労働と生活の保障——』ジェンダー社会科学の可能性第2巻，岩波書店.

朝日新聞［2007］「女性施設 絶えぬ労使紛争——男女平等が目的なのに……低賃金で不安定——」12月29日朝刊.

安立清史［2007］「社会政策と NPO」『社会政策研究』7.

天野正子［1997］『フェミニズムのイズムを超えて』岩波書店.

安藤裕［2011］「サービスの質の確保，適切な契約をめざす」『ガバナンス』119.

池添弘邦［2004］「セーフティ・ネットと法——契約就業者とボランティアへの社会法の適用——」，労働政策・研修機構『就業形態の多様化と社会労働政策』労働政策・研修機構.

石原俊彦［2005］「自治体行政評価の基礎知識」，INPM 行政評価研究会編『自治体行政評価ケーススタディ』東洋経済新報社.

伊藤静香［2015］「女性関連施設とその変遷」，内藤和美・山谷清志編『男女共同参画政策——行政評価と施設評価——』晃洋書房.

伊藤真理子［2011］「京都市女性協会裁判——嘱託職員と一般職員の賃金格差の是正を求めて——」『労働法律旬報』1737.

今田忠［2014］『概説市民社会論』関西学院大学出版会.

入江幸男［1999］「ボランティアの思想——市民的公共性の担い手としてのボランティア——」，内海成治・入江幸男・水野義之編『ボランティア学を学ぶ人のために』世界思想社.

入山映［2005］『市民社会論—— NPO・NGO を超えて——』明石書店.

上野千鶴子［2011］『ケアの社会学——当事者主権の福祉社会へ——』太田出版.

後房雄［2009］『NPO は公共サービスを担えるか——次の10年の課題と戦略——』法律文化社.

———［2012］「NPO からサードセクターへ」『東海社会学会年報』4.

内橋克人［1995］『共生の大地――新しい経済が始まる――』岩波書店.

浦坂純子［2006］「団体要因・労働条件・継続意思――有給職員の賃金分析を中心に――」, 労働政策研究・研修機構編『NPO の有給職員とボランティア――その働き方と意識――』労働政策研究報告書 No. 60, 労働政策研究・研修機構.

浦坂純子［2008］「NPO における有給職員とボランティア」『日本労働法学会誌』112.

「エクセレント NPO」をめざそう市民会議編［2010］『「エクセレント NPO」と何か――強い市民社会への「良循環」をつくり出す――』言論 NPO.

遠藤公嗣編［2013］『同一価値労働同一賃金をめざす職務評価』旬報社.

遠藤公嗣［2014］『これからの賃金』旬報社.

大内伸哉［2004］「業務委託契約および NPO での就労に関する労働法上の問題」, 労働政策研究・研修機構編『就業の多様化と社会労働政策――個人業務委託と NPO 就業を中心として――』労働政策研究報告書 No. 12, 労働政策研究・研修機構.

大槻奈巳［2015］『職務格差――女性の活躍推進を阻む要因はなにか――』勁草書房.

大場敏彦［2005］「ボランティア認知法案の検討――ボランティアと労働者概念――」『労働法律旬報』1956.

緒方桂子［2015］「ケアと労働――労働法の解釈学における「ケアの倫理」の可能性――」『ジェンダーと法――ケア・貧困とジェンダー――』12（ジェンダー法学会）.

岡本英雄［2005］「女性のキャリアと NPO 活動」, 国立女性教育会館編『女性のキャリア形成と NPO 活動に関する調査研究報告書』国立女性教育会館.

奥田香子［2010］「雇用・就業形態による賃金格差の違法性――京都市女性協会事件について――」『労働法律旬報』1713.

奥野信宏・栗田卓也［2010］『新しい公共を担う人々』岩波書店.

―――［2012］『都市に生きる新しい公共』岩波書店.

小野晶子［2007］「研究の背景と課題」, 労働政策研究・研修機構編『NPO 就労発展への道筋――人材・財政・法制度から考える――』労働政策研究報告書 No. 82, 労働政策研究・研修機構.

小畑精武［2010］『公契約条例入門――地域が幸せになる〈新しい公共〉ルール――』旬報社.

柏木宏［2007］『指定管理者制度と NPO――事例研究と指定獲得へのマネジメント――』明石書店.

―――［2008］「指定管理者から見た制度・実務の改善点」『地方自治職員研修――指定管理者選定のポイント――』41.

加藤哲夫［2001］『NPO その本質と可能性』せんだい・みやぎ NPO センター.

金井利之［2010］『実践自治体行政学――自治基本条例・総合計画・行政改革・行政評価――』第一法規.

川口清史［1994］『非営利セクターと協同組合』日本経済評論社.

上林陽治［2009］「地方公務員の臨時・非常勤等職員に係る法適用関係と裁判例の系譜」『自

治総研』369.

───── ［2012］『非正規公務員』日本評論社.

───── ［2013］「非正規公務員と間接差別──東京都内自治体の非正規公務員化の現状を
　　ふまえて──」『自治総研』420.

───── ［2014］「非正規公務員問題──研究と運動の到達点と課題──」『北海道自治研
　　究』548（北海道地方自治総合研究所）.

北大路信郷［2010］「自治体における公共調達改革の課題──指定管理者制度活用のために
　　──」『ガバナンス』7（明治大学）.

岸道雄［2012］「民間委託等の公契約条例に関する一考察──公平性と経済学の観点から
　　──」『政策科学』（立命館大学），19(3).

共助づくり懇談会［2015］『共助社会づくりの推進について──新たな「つながり」の構築
　　を目指して──』内閣府.

経済産業省ソーシャルビジネス研究会［2008］『ソーシャルビジネス研究会報告書』経済産
　　業省.

毛塚勝利［2012］「労働法学の危機とチャンスの時代に──今求められているものとは──」
　　『労働法律旬報』1759.

───── ［2013］「境界を超えて──労働法と労働法学の新たな姿を求めて──」『労働法律
　　旬報』1783.

公益信託税制研究会［1990］『フィランソロピー税制の基本的課題』公益信託税制研究会.

伍賀一道・西谷敏・鷲見賢一郎・後藤道夫・雇用のあり方研究会編［2011］『ディーセント・
　　ワークと新福祉国家構想　人間らしい労働と生活を実現するために』旬報社.

国税庁［2014］『民間給与実態統計調査（平成25年分）』国税庁.

国立女性教育会館［2007］『指定管理者制度導入施設についての調査結果分析』国立女性教
　　育会館.

───── ［2012］『女性関連施設の指定管理者導入施設に関する報告調査・事例集』国立女
　　性教育会館.

小島廣光［2004］『政策形成と NPO 法──問題，政策，そして政治──』有斐閣.

櫻井敬子［2013］「労働判例にみる公法論に関する一考察」『日本労働研究雑誌』637（労働
　　政策研究・研修機構）.

佐藤慶幸［2002］『NPO と市民社会──アソシエーション論の可能性──』有斐閣.

自治体アウトソーシング研究会［2005］『自治体アウトソーシング──指定管理者制度と地
　　方独立行政法人の仕組みと問題点──』自治体研究社.

渋谷典子［2005］「女性による NPO と名古屋市の協働事業」，村尾信尚編『日本を変えるプ
　　ランB』関西学院大学出版会.

───── ［2007］「NPO「活動者」と労働法についての予備的考察──ジェンダー視点を踏
　　まえて──」『ジェンダー研究』10（東海ジェンダー研究所）.

───── ［2008a］「『境界線上に存在する者たち』──時代の変化と労働法的課題──」，鶴

本花織・西山哲郎・松宮朝編『トヨティズムを生きる——名古屋カルチュラル・スタディーズ——』せりか書房.

———［2008b］「『新たな公共』の担い手と評価のあり方——市民主体で行政をとらえる——」，参画プラネット編集局『プラネットの軌跡2007』参画プラネット.

———［2009］「NPO活動における『人間発達』」『東海社会学会年報』1.

———［2014］「NPO『活動者』と労働法のあり方——有償ボランティアを手がかりとして——」，愛知大学中部地方産業研究所『年報・中部の経済と社会（2013年版)』愛知大学中部地方産業研究所.

———［2015a］「『協働』における公務との均等待遇と評価—— NPO「活動者」を手がかりに——」，愛知大学中部地方産業研究所『年報・中部の経済と社会（2014年版)』愛知大学中部地方産業研究所.

———［2015b］「自治体市場化における公務との均等待遇と評価—— NPO活動を手がかりに——」，内藤和美・山谷清志編『男女共同参画政策——行政評価と施設評価——』晃洋書房.

———［2016］「公共サービスにおけるNPOとNPO活動者——ディーセント・ワークを実現し，新たな市民社会を構築するために——」，愛知大学中部地方産業研究所『年報・中部の経済と社会（2015年版)』愛知大学中部地方産業研究所.

———［2017］「女性とNPO活動——新自由主義における『両義性』を超えて——」『経済社会とジェンダー』2（日本フェミニスト経済学会).

島和博・古久保さくら［2010］「現代都市における市民活動の現実と可能性」，大阪市立大学大学院創造都市研究科編『創造の場と都市再生』晃洋書房.

島田陽一［2003］「雇用類似の労務供給契約と労働法に関する覚書」，西村健一郎・小嶌典明・加藤智章・柳屋孝安編『新時代の労働契約法理論』信山社.

市民政策編集委員会［2010］『市民政策』66，市民がつくる政策調査会事務局.

城塚健之［2004］「自治体アウトソーシング——地方独立行政法人と指定管理者制度を中心に——」，西谷敏・晴山一穂編『公務の民間化と公務労働』大月書店.

新藤宗幸［2001］『現代日本の行政』東京大学出版会.

菅原敏夫［2011］「指定管理者制度の現状と課題，見直しの方向——公契約条例との関連で——」自治研作業部会 公正労働と指定管理者等検討委員会『公契約条例のさらなる制定に向けて』自治研作業委員会報告.

菅野和夫［2012］『労働法第10版』弘文堂.

総合研究開発機構［1994］『市民公益活動基盤整備に関する調査研究』総合研究開発機構.

総務省自治行政局［2009］『公の施設の指定管理者制度の導入状況等に関する調査結果』総務省.

———［2012］『公の施設の指定管理者制度の導入状況等に関する調査結果』総務省.

高橋義次［2010］「公契約運動の前進で確かな建設産業を」『労働法律旬報』1719.

田中尚輝［2007］「労働の成果の分配論——利己を越える「労働」を考える——」，労働政策

研究・研修機構編『NPO 就労発展への道筋——人材・財政・法制度から考える——』労働政策研究報告書 No.82，労働政策研究・研修機構.

田中弥生［2006］『NPO が自立する日——行政の下請け化に未来はない——』日本評論社.

————［2011a］『市民社会政策論——3.11後の政府・NPO・ボランティアを考えるために——』明石書店.

————［2011b］「エクセレント NPO 基準——課題解決としての評価——」『日本評価研究』11(1)（日本評価学会）.

谷本寛治編［2006］『ソーシャル・エンタープライズ——社会的企業の台頭——』中央出版社.

地方自治総合研究所 全国地方自治研究センター・研究所 共同研究・指定管理者制度編［2008］『指定管理者制度の現状と今後の課題』地方自治総合研究所.

塚本一郎・山岸秀雄編［2008］『ソーシャル・エンタープライズ——社会貢献をビジネスにする——』丸善.

辻村みよ子編［2011］『壁を超える——政治と行政のジェンダー主流化——』ジェンダー社会科学の可能性 第 3 巻，岩波書店.

辻山幸宣・勝島行正・林陽冶［2010］『公契約を考える』公人社.

寺沢勝子［2010］「大阪高等裁判所で逆転勝訴——雇止め，不採用で人格権侵害を認定——」『労働法律旬報』1724.

内藤和美［2009］「職能の可視化を職員をめぐる制度整備に生かしたい」『女たちの21世紀』60（アジア女性資料センター）.

————［2010］「女性関連施設事業系職員の実践の分析——発揮されている能力とその相互関係——」『女性学』17，日本女性学会.

————［2015］「男女共同参画社会形成政策」，内藤和美・山谷清志編『男女共同参画政策——行政評価と施設評価——』晃洋書房.

内閣府［2009］『明日の安心と成長のための緊急経済対策』内閣府.

————［2014］『平成25年度 特定非営利活動法人に関する実態調査』内閣府.

————［2015］『我が国における社会的企業の活動規模に関する調査』内閣府.

————［2015］『平成26年度 特定非営利活動法人及び市民の社会貢献に関する実態調査報告書』内閣府.

中窪裕也・野田進［2015］『労働法の世界第11版』有斐閣.

永山利和・自治体問題研究所編［2006］『公契約条例（法）がひらく公共事業としごとの可能性』自治体研究社.

中村和雄［2010］「『同一（価値）労働』の認定のあり方」『労働法律旬報』1713.

中村和雄・脇田滋［2011］『「非正規」をなくす方法』新日本出版社.

名古屋市総務局［2003a］『行政評価の実施結果——行政評価委員会の外部評価——』名古屋市.

————［2003b］『男女共同参画センター管理委託公募プロポーザル参加要領』名古屋市.

―――― ［2005c］『名古屋市男女平等参画推進センター指定管理者募集要項』名古屋市.

―――― ［2007d］『名古屋市男女平等参画推進センター指定管理者募集要項』名古屋市.

名古屋市総務局行政システム部行政経営室編［2003］『行政評価の実施結果――行政評価委員会の外部評価――』名古屋市.

新川達郎［2008］「指定管理者の成果と課題」,『地方自治――指定管理者選定のポイント――』41（580）（公職研）.

西谷敏［2005］『規制が支える自己決定――労働法的規制システムの再構築――』法律文化社.

―――― ［2011］『人権としてのディーセント・ワーク――働きがいのある人間らしい仕事――』旬報社.

―――― ［2016］『労働法の基礎構造』法律文化社.

二宮厚美［2010］「新しい公共と自治体のローカル・ガバナンス」『議会と自治体』149.

仁平典宏［2011a］『「ボランティア」の誕生と終焉』名古屋大学出版会.

―――― ［2011b］「揺らぐ『労働』の輪郭――賃労働・アンペイドワーク・ケア労働の再生産――」, 仁平典宏・山下順子編『労働再審5――ケア・協働・アンペイドワーク――』大月書店.

日本経営者団体連盟［1995］『新時代の「日本的経営」――挑戦すべき方向とその具体策――』日本経営者団体連盟.

日本NPOセンター編［2007］『市民社会創造の10年――支援組織の視点から――』ぎょうせい.

日本労働法学会編［2008］『日本労働法学会誌』112. 法律文化社.

日本ILO協会編［2008］『雇用平等法則の比較法研究――正社員と非正社員の賃金格差問題に関する法的分析――』労働問題リサーチセンター.

橋本理［2013］『非営利組織研究の基本視角』法律文化社.

初谷勇［2001］『NPO政策の理論と展開』大阪大学出版会.

馬場英明［2014］「公契約における費用積算――公共サービス事業者の会計的課題に関する一考察――」『公会計研究』（国際公会計学会）.

林やすこ［2013］「男女共同参画条例からとらえる男女共同参画センターのあり方――プログラム評価の視点を踏まえて――」, 参画プラネット編集局『プラネットの軌跡2010・2011』参画プラネット.

原田晃樹［2010］「NPOと政府との協働」, 原田晃樹・藤井敦史・松井真理子『NPO再構築への道――パートナーシップを支える仕組み――』勁草書房.

治田友香［2007］「NPO法の成立と日本NPOセンターの取り組み」, 日本NPOセンター編『市民社会創造の10年』ぎょうせい.

晴山一穂［2004］「構造改革下の公務員制度とその改革」, 西谷敏・晴山一穂編『公務の民間化と公務労働』大月書店.

―――― ［2005］「岐路に立つ公務員制度と公務員制度改革の基本方向」, 二宮厚美・晴山一

穂編『公務員制度の変質と公務労働』自治体研究社.

─────［2010］「資料4『尼崎市における公契約の契約制度のあり方に関する条例案』に対する意見書（2009年2月18日）」『労働法律旬報』1719.

東根ちよ［2015］「『有償ボランティア』をめぐる先行研究の動向」『同志社政策科学院生論集』.

日詰一幸［2005］「市民的公共性の創出とNPO」，賀来健輔・丸山仁編『政治変容のパースペクティブ』ミネルヴァ書房.

藤井敦史［2010］「NPOとは何か」，原田晃樹・藤井敦史・松井真理子『NPO再構築の道』勁草書房.

藤川伸治［2010］「公共サービス基本法の背景と今後の取組み」『市民政策』66.

藤本真理［2012］「非『労働者』の保護と保護対象者の相対的把握」『日本労働研究雑誌』624.

布施哲也［2008］『官製ワーキング・プア──自治体の非正規雇用と民間委託──』.

古川景一［2004］「公契約規制の理論と実践」『労働法律旬報』1581.

古川俊一・北大路信郷［2004］『公共部門評価の理論と実際──政府から非営利組織まで──』日本加除出版.

本間正明編［1993］『フィランソロピーの社会経済学』東洋経済新報社.

松井真理子［2010a］「NPOと自治体との契約の現状と課題──フルコスト・リカバリーの可能性を中心に──」，原田晃樹・藤井敦史・松井真理子『NPO再構築への道──パートナーシップを支える仕組み──』勁草書房.

─────［2010b］「NPOの財源と自治体との契約の現状」，原田晃樹・藤井敦史・松井真理子『NPO再構築の道──パートナーシップを支える仕組み──』勁草書房.

松井祐次郎・濱野恵［2012］「公契約法と公契約条例──日本と諸外国における公契約事業従事者の公正な賃金・労働条件の確保──」『レファレンス』733.

松下圭一［2007］『市民・自治体・政治 再論・人間型としての市民』公人の友社.

松森陽一［2009］「公共工事の分野から働くルールを求めて」『賃金と社会保障』1502.

三成美保［2015］「『ケアとジェンダー』を問う意義」『ジェンダーと法──ケア・貧困とジェンダー──』12.

皆川宏之［2008］「有償ボランティアの法律問題」『日本労働法学会誌』112.

南学［2011］「指定管理者制度の"最適化"に向けて」『ガバナンス』119.

宮崎由佳［2009］「一般職員と嘱託職員との賃金格差と均衡待遇原則」『法律時報』1015.

牟田和恵［2015］「『ケアの倫理』と法の接近可能性」『ジェンダーと法──ケア・貧困とジェンダー──』12.

武藤賀典・楢崎早百合［2005］「名古屋市の行政評価と経営改革──事務事業評価を中心としたシステム改革──」，石原俊彦編『自治体行政評価ケーススタディ』（東洋経済新報社）.

村中孝史［2008］「有償ボランティアと労働法・シンポジウムの趣旨と総括」『日本労働法学会誌』112.

森ます美・浅倉むつ子編［2011］『同一価値労働同一賃金原則の実施システム』（有斐閣）.

森幸二［2008］「法的視点から見た指定管理者制度運用上の諸問題と解決策」『地方自治——指定管理者選定のポイント——』41(580).

柳屋孝安［2005］「雇用・就業形態の多様化と労働者概念」『法と政治』（関西学院大学），56(1，2).

山岸秀雄［2008］「NPO の新しい戦略としてのソーシャル・エンタープライズ」，塚本一郎・山岸秀雄『ソーシャル・エンタープライズ——社会貢献をビジネスにする——』丸善.

山口浩一郎［2003］「NPO 活動のための法的環境整備」『日本労働研究雑誌』515.

山口定［2005］『市民社会論——歴史的遺産と新展開——』有斐閣.

山谷清志［2006］『政策評価の実践とその課題——アカウンタビリティのジレンマ——』萌書房.

――――［2012］『政策評価』ミネルヴァ書房.

――――［2015］「男女共同参画政策に関わる評価の諸問題」，内藤和美・山谷清志編『男女共同参画政策——行政評価と施設評価——』晃洋書房.

横山麻衣［2015］「男女共同参画センターの相談事業の現状と課題——女性をエンパワーしない構造に着目して——」『ジェンダー研究』17.

吉川富夫［2008］「指定管理者制度の課題と解決の指針」『地方自治——指定管理者選定のポイント——』41(580).

労働政策研究・研修機構編［2004］『就業の多様化と社会労働政策——個人業務委託と NPO 就業を中心として——』労働政策研究報告書 No. 12.

――――［2006］『NPO の有給職員とボランティア——その働き方と意識——』労働政策研究報告書 No. 60.

――――［2007］『NPO 就労発展への道筋——人材・財政・法制度から考える——』労働政策研究報告書 No. 82.

渡辺元［2008］「NPO 法の経緯と意義を振り返り，NPO の『いま』と『これから』を考える」『21世紀社会デザイン研究』（立教大学）.

和田肇［2008］『人権保障と労働法』日本評論社.

――――［2016］『労働法の復権——雇用の危機に抗して——』日本評論社.

和田肇・相澤美智子・緒方桂子・山川和義［2015］『労働法』日本評論社.

和田肇・野川忍・野田進［1999］『働き方の知恵』有斐閣.

【欧文献】

Drucker, P. F.［1990］*Managing the non-profit organization: practices and principles*, New York: Harper Collins（上田惇生・田代正美訳『非営利組織の経営——原理と実践——』ダイヤモンド社，1991年）.

――――［1992］*Managing for the future: the 1990s and beyond*, New York: Dutton（上田惇生・佐々木実智男・田代正美訳『未来企業——生き残る組織の条件——』ダイヤモ

主要参考文献　*203*

ンド社，1992年).

───────［1993a］*Post-capitalist society,* Oxford: Butterworth-Heinemann（上田惇生・佐々木実智男・田代正美訳『ポスト資本主義社会──21世紀の組織と人間はどう変わるか──』ダイヤモンド社，1993年)

───────［1993b］*The Drucker Foundation self─assessment tool for nonprofit organizations*（田中弥生訳『非営利組織の「自己評価手法」──参加型マネジメントへのワークブック』ダイヤモンド社，1995年).

───────［1995］*Managing in a time of great change,* New York: Truman Talley Books（上田惇生・佐々木実智男・林正・田代正美訳『未来への決断──大転換期のサバイバル・マニュアル──』ダイヤモンド社，1995年).

Salamon, L. M.［1997］*Holding The Center: America's Nonprofit Sector at A Crossroads,* New York: The Nathan Cummings Foundation（山内直人訳『NPO 最前線──岐路に立つアメリカ市民社会──』岩波書店，1999年).

Salamon, L. M. and H. K. Anheier［1994］*The Emerging Sector: an Overview,* Maryland: Johns Hopkins University（今田忠監訳『台頭する非営利セクター──12カ国の規模・構成・制度・資金源の現状と展望──』ダイヤモンド社，1996年).

【ウェブページ】

1．ILO 駐日事務所「ディーセント・ワーク（decent work）」(http://www.ilo.org/tokyo/about-ilo/decent-work/lang--ja/index.htm，2017年12月1日閲覧).

2．ILO 駐日事務所「ILO 第94号条約（日本語訳）」(http://www.oit.org/public//japanese/region/asro/tokyo/standards/c094.htm，2017年12月1日閲覧).

3．International Labour Organization/Ratifications of C094-Labour Clauses (Public Contracts) Convention, No. 94［1949］(http://www.ilo.org/dyn/normlex/en/f?p=NORMLEXPUB:11300:0::NO::P11300_INSTRUMENT_ID:312239，2017年12月1日閲覧).

4．公務公共サービス労働組合［2006］「良い社会をつくる公共サービスを考える研究会・最終報告」公務公共サービス労働組合（http://www.komu-rokyo.jp/kokyo_campaign/final_report/final_report2.html，2017年12月1日閲覧).

5．第17次国民生活審議会［2002］『我が国経済社会における NPO の役割と展望』旧内閣府旧国民生活局(http://warp.da.ndl.go.jp/info:ndljp/pid/10311181/www.caa.go.jp/seikatsu/shingikai2/17/saishu/first.html#first，2017年12月1日閲覧).

6．内閣府［2013a］「地方公共団体における男女共同参画社会の形成又は女性に関する施策の推進状況（条例）／都道府県・政令指定都市」(http://www.gender.go.jp/research/kenkyu/suishinjokyo/2013/pdf/rep/02-1.pdf，2017年12月1日閲覧).

7．内閣府［2013b］「地方公共団体における男女共同参画社会の形成又は女性に関する施策の推進状況（条例）／市区町村」(http://www.gender.go.jp/research/kenkyu/suishinjokyo/2013/pdf/rep/02-2.pdf，2017年12月1日閲覧).

索　引

〈ア　行〉

ILO（国際労働機関）　141
　──第94号条約　147, 149
アウトカム　81
アウトソーシング　3, 54, 59, 86
新しい公共　22, 26, 32, 60, 72, 135, 186, 187
新しい働き方　76
天野正子　136
委託事業　7, 138, 182
NPO（非営利組織）　1, 3, 11, 12, 15, 16, 23,
　25, 28, 30, 32, 33, 35, 36, 49, 50, 53, 60, 109,
　113, 117, 138, 143, 145, 147, 152, 156, 187
　──活動　11, 17, 29, 136
　──活動者　1, 2, 7-9, 11, 25, 30, 35, 36, 41,
　94, 109, 113, 117, 138, 159-161, 173-176,
　179-182, 185, 187, 190
　寄付型──　33
　事業型──　33
　──法　7, 12, 17-19, 21, 22, 24, 26, 28, 32,
　50, 170, 177, 182, 185, 186
　──法人　1, 36
エンパワーメント　76, 132, 161, 169, 189
公の施設　86, 95, 113

〈カ　行〉

介護保険制度　8, 33
外部評価　77
官製市場の見直し　55
官製ワーキングプア　117, 139, 143, 145, 149
議員立法　19, 186
業際　9
共助社会づくり　22
行政評価　53, 58
行政法　62
協働　1, 6, 8, 27, 32, 53, 73, 75, 81, 107, 152,
　153, 155
　──事業　117, 153, 181
　──条項　153-155, 188
京都市女性協会事件　53, 66

均等待遇　30, 81, 155, 186
ケア　2, 7, 176
ケアワーク　11, 12, 160, 176
経済的依存性・拘束性　179
公共サービス　7, 31, 33, 60, 61, 65, 135, 137,
　143, 144, 156, 188
　──基本条例　156
　──基本法　82, 141, 142, 144, 145, 147, 156,
　190
公共性　187
公契約法（条例）　141, 147, 150, 152, 156, 188
公的セクター　32
公務の民間化　81, 136, 137
公務労働　57, 62, 81, 137
小島廣光　21
コミュニティビジネス　6

〈サ　行〉

参画プラネット　53, 59, 75-77, 79, 160, 186
サンセット方式　78
自営業者　175
ジェンダー　2, 7, 140, 141, 176
事業性　33, 35, 177, 180-182, 186
下請け化　6
自治体　53, 58
　──アウトソーシング　53
質的民間化　137
指定管理者事業　1, 7, 78, 109, 138
指定管理者制度　32, 54, 71, 73, 85, 86, 88, 93,
　94, 103, 104, 113, 117, 121, 126, 182, 187
市民活動　1, 11, 16
　──団体　12
市民参加　6
市民社会　9, 33, 60, 135
市民性　26, 27, 33, 35, 103, 177, 180-182, 186,
　189
市民立法　23, 182, 190
社会的企業　6
社会的時間　177, 179-182, 189
社会的有用労働　179

社会的労働　177, 180, 189
使用従属性　179
職務評価　139
女子に対するあらゆる形態の差別に関する条約　119
女性センター　118
人格権侵害　99, 102
新自由主義　3, 57, 85
政策評価　107
専門性　103, 117, 187
組織マネジメント　36
ソーシャルビジネス　6, 33, 34

〈タ　行〉

対等自発性　179
田中弥生　26
男女共同参画社会　117
　──基本法　119, 147
男女共同参画センター　1, 8, 71, 88, 103, 117-119, 121, 126, 128, 185, 187
地方分権　85
ディーセント・ワーク　136, 143, 147, 155, 156, 188, 190
同一価値労働同一賃金　53, 69, 186
　──原則　65, 68, 139, 155
特定非営利活動促進法（NPO法）　1, 5, 185
豊中市・とよなか男女共同参画推進財団事件　95
ドラッカー, P. F.　3

〈ナ　行〉

内部評価　77
日本的経営　57

認定特定非営利活動法人制度　18

〈ハ　行〉

バックラッシュ　95
パブリック・サポート・テスト　18
非常勤公務員　102
非正規公務員　62, 65, 117
評価　76, 81, 128, 138
福岡市女性協会事件　161, 162
フルコスト・リカバリー　138, 153
ボランティア　1, 7, 8, 12, 16, 17, 19, 27, 29, 135, 159, 162, 171, 173, 174, 176, 177
　──活動　1
　──保護法　180, 182
　無償──　7, 29, 179, 180
　有償──　7, 27, 29, 160, 170-173, 175-177, 179, 180, 182, 186, 189

〈マ・ヤ行〉

民営化　86, 113
民間委託化　65
無償労働　175
有給職員　7, 29, 180, 181

〈ラ　行〉

量の民間化　137
連携　31, 32
労働　2, 128, 131, 177
労働者　63, 156, 172, 173, 175
　──概念　175
　──性　172, 179
労働法　1, 7, 9, 62, 63, 172, 173, 181, 185, 190

《著者紹介》

渋谷典子（しぶや　のりこ）

1956年　横浜市生まれ.
2016年　名古屋大学大学院法学研究科博士後期課程満期退学，博士（法学）
現　在　NPO法人参画プラネット代表理事，同志社大学大学院総合政策科学研究科嘱
　　　　託講師，愛知大学地域政策学部，愛知淑徳大学ビジネス学部等非常勤講師

主要業績

『主婦からプロへ──夢を実現した女性たちの記録──』（共著），風媒社，2001年.
『日本を変えるプランB』（共著），関西学院大学出版会，2005年.
『無名戦士たちの行政改革』（共著），関西学院大学出版会，2007年.
『トヨティズムを生きる』（共著），せりか書房，2008年.
『女性たちの大学院──社会人が大学の門をくぐるとき──』（編著），生活書院，2009年.
『男女共同参画政策──行政評価と施設評価──』（共著），晃洋書房，2015年.

ガバナンスと評価 7

NPO と労働法
──新たな市民社会構築に向けた NPO と労働法の課題──

2019年6月30日　初版第1刷発行	＊定価はカバーに
2025年6月5日　初版第2刷発行	表示してあります

著　者　　渋　谷　典　子Ⓒ

発行者　　萩　原　淳　平

印刷者　　江　戸　孝　典

発行所　株式会社　晃　洋　書　房

〒615-0026　京都市右京区西院北矢掛町7番地
電話　075（312）0788番（代）
振替口座　01040-6-32280

装丁　クリエイティブ・コンセプト　　　印刷・製本　共同印刷工業㈱
ISBN978-4-7710-3206-4

JCOPY 〈（社）出版者著作権管理機構　委託出版物〉
本書の無断複写は著作権法上での例外を除き禁じられています.
複写される場合は，そのつど事前に，（社）出版者著作権管理機構
（電話 03-5244-5088, FAX 03-5244-5089, e-mail: info@jcopy.or.jp）
の許諾を得てください.